Bünte-Ludwig

Horst-Eberhard Richter

Zur Psychologie
des Friedens

Rowohlt

Einbandentwurf von Werner Rebhuhn

1. Auflage Oktober 1982
Copyright © 1982 by Rowohlt Verlag GmbH,
Reinbek bei Hamburg
Alle Rechte vorbehalten
Satz 10 pt Garamond Monotype Lasercomp
durch LibroSatz, Kriftel
Druck und Bindung Clausen & Bosse, Leck
Printed in Germany
ISBN 3 498 056 964

Für meine Enkel
Sonja und Maja,
Nina und Merle,
Oliver und Sebastian

Inhalt

Dritter Teil
Zur Psychologie der Friedensfähigkeit

**Erster Teil
Politik ist so,
wie die Menschen sind,
die sie machen
oder für sich machen lassen**

1. Aus einer Gruppentherapiesitzung

Beim Thema Politik spalten sich die Ängste.

Die Gruppe ist schon geraume Zeit zusammen. Lange ist Politik nicht mehr im Gespräch gewesen. Heute ergibt sich ein besonderer Anlaß: Die Studenten planen für den Abend eine Veranstaltung über das Verhalten der hiesigen Medizinischen Fakultät im Dritten Reich. Die meisten Gruppenmitglieder wollen hingehen.

Ist diese Therapiestunde überhaupt der richtige Platz, um über das Verhältnis zur Politik zu sprechen? Ist die Beschäftigung mit Politik nicht etwas ganz anderes als die Bearbeitung persönlicher psychischer Probleme? Die Mehrheit findet schließlich, daß beides doch zusammengehört.

Aber es stellt sich noch ein anderes Hemmnis heraus: Inge fürchtet, es werde zu schweren Spannungen in der Gruppe kommen, wenn die sicher kontroversen politischen Meinungen offen geäußert würden.

Ernst läßt sich nicht bremsen: Für ihn sei dieses Thema jetzt wichtig. Ihn bedrücke die Aussicht auf einen Krieg fürchterlich. Überhaupt erschrecke ihn der Anblick jeglicher Gewalt. Aber er sei darüber beunruhigt, ob das nicht auch in ihm selbst sei. Er habe sich einmal sehr intensiv mit seiner Freundin gestritten, die für die Todesstrafe plädiert habe. Darauf habe er einen Traum gehabt. Er habe einer Massenhinrichtung beigewohnt. Und er könne sich genau besinnen, daß er in dem Traum nicht weggeguckt, sondern alles genau beobachtet habe. Diese Faszination spreche doch dafür, daß in ihm auch solche Gewalttendenzen vorhanden seien. Er glaube, daß eine entscheidende Bedingung in unserer aller Erziehung liege. Man müsse eben dazu kommen, Kinder toleranter zu erziehen, so daß sie nicht unter einem sich stetig vermehrenden Aggressionsdruck aufwachsen müßten.

Diese Vorstellung findet in der Gruppe Bestätigung. Wir sind uns mehrheitlich einig, daß wir zum erheblichen Teil von Kriminalfilmen und ähnlichen sadistischen Darbietungen angezogen werden, um uns mit deren Hilfe von eigenen destruktiven Impulsen zu entlasten.

Dieter ist anscheinend der einzige in der Gruppe, der solche Kanalisierungen nicht braucht. Er schildert eine militärische Übung aus seiner Bundeswehrzeit, bei der alle seine Kameraden in Jubel ausbrachen, als sie bei der simulierten Verfolgung eines Feindes einen ‹Volltreffer› anbrachten. Ihn schauderte, weil er daran denken mußte, wieviele Menschen im Ernstfall infolge dieses Volltreffers gestorben wären.

Das Gespräch geht dann darüber, wie man etwa persönlich dazu beitragen könnte, einen Krieg zu verhüten. Man ist sich uneinig darüber, ob es etwas bringe, etwa als Arzt den Militärdienst zu verweigern. Einer aus der Gruppe hat das getan. Aber die «Gewissensprüfung» hat er als so schauerlich erlebt, daß er sich jetzt darüber gar nicht auslassen möchte. Ein anderer macht einen Sanitäts-Ersatzdienst. Wenn er nicht Mediziner wäre, hätte er verweigert. Indessen bleiben Zweifel, ob solche Verweigerungen selbst vieler einzelner einen Krieg verhüten können.

Man kommt schließlich noch einmal auf Dieter zurück, der die Gruppe dadurch beunruhigt hat, daß er sich nicht in den Kreis derer einbezogen hatte, die über ihre eigene latente Aggressivität gesprochen hatten. Man fragt ihn, wie er zum Engagement gegen die Militarisierung stehe. Er antwortet: Würde er drüben im Osten leben, würde er hoffentlich Widerstand leisten. Er wisse nicht, ob er es unter dem dortigen Druck tatsächlich schaffen könnte. Aber es sei dies sein Anspruch. Hier sehe er keinen Grund dazu, denn dieses System bejahe er.

Er erntet Widerspruch. Er verteidigt sich: Wenn die anderen Völker es nicht übers Herz gebracht hätten, gegen Hitler in den Krieg zu ziehen, säßen wir heute nicht hier und lebten noch unter einem faschistischen System. In einem Atemzug argumentiert er mit wachsender Schärfe gegen den Kommunismus.

Plötzlich wird dabei sein eigener Haß sichtbar. Aber im Gegensatz zu Ernst, der gleich auch über seine eigene latente Aggressivität nachdenkt, sieht sich Dieter als jemand, der nur von außen in das Problem verwickelt wird.

Es erscheint ihm rätselhaft, warum insbesondere Inge sich durch ihn ängstlich gemacht fühlt.

Barbara, die lange geschwiegen hat, verbindet das Problem mit ihrem familiären Konflikt. Sie ist innerlich stark an ihren Vater gebunden. Der ist ein höherer Beamter mit ausgeprägt konservativen Ansichten. Noch nie hat sie bisher gewagt, sich mit ihm politisch anzulegen, obwohl sie, weil sie die Aufrüstung als bedrohlich empfindet, auch schon heimlich Veranstaltungen der Friedensbewegung besucht hat. Manchmal hatten sie Andeutungen des Vaters schon hoffen lassen, daß dieser in der Befürwortung der Aufrüstung schwankend werden könnte. Aber immer wieder seien ihre Erwartungen enttäuscht worden. Jedenfalls fühle sie sich durch ihre Vaterbindung in diesem Punkt immer noch unfrei.

Eher bedrückt wirkt auch Günter. Nach seiner Meinung hat sich gar nichts an der Grundhaltung der Menschen verändert, die zu den Grausamkeiten in der Nazi-Zeit und des Zweiten Weltkrieges geführt hätten. Er sei zutiefst pessimistisch.

Am Ende der Sitzung ist uns ziemlich beklommen zumute. Niemand äußert zwar mehr Zweifel daran, daß die politischen Probleme eng mit der psychischen Verfassung jedes einzelnen verbunden sind. Wir spüren indessen, wie sehr Inge mit ihrer Sorge recht hatte, daß dieses Thema zu einer Zerreißprobe führen könnte. Man kann nur noch schwer über Krieg oder Frieden reden, ohne in ein Wechselspiel von Verfolgern und Verfolgten zu geraten. Eher als bedrohlich wird erlebt, wer sich nur als Opfer äußerer Aggression und Unvernunft erleben kann. Vermittelnd erscheint, wer anerkennen kann, daß auch in ihm latent ein Stück der Gewalt schlummert, worüber er sich außerhalb seiner entsetzt. Das entlastet von Spannung und bietet eine bessere Chance zur Verständigung in der Gruppe.

Szenen wie diese regen dazu an, weiterzufragen: Wie gehen wir eigentlich mit den politischen Bedrohungen um, die uns innerlich viel mehr aufwühlen, als wir in der Regel miteinander besprechen? Wie können wir unsere Sprachlosigkeit überwinden, die weitgehend auf einer Lähmung durch Angst beruht? Welche Kräfte unseres Inneren sind andererseits am Werke, die uns eben die Strategien gutheißen und mittragen lassen, die wiederum als Bedrohung gegen uns zurückschlagen?

2. Nachdenken über unser Zögern, Psychologie auf Politik anzuwenden

Die Illusion von der Vernunft der Technokratie.
Die technokratische Erlösungsformel vom
Gleichgewicht – Symptom neurotischer Ambivalenz?

Wenn ein einzelner Mensch sich offenbar unsinnig verhält, dann unterstellen wir, daß er durch unbewußte Motive irritiert wird. Durch FREUD haben wir gelernt, solche verborgenen psychopathologischen Zusammenhänge aufzudecken. Wenn ganze Gesellschaften miteinander so umgehen, daß wir darin keine Logik mehr finden können, dann zweifeln wir eher an unserer Urteilsfähigkeit, als daß wir etwa auch hier an etwas Psychopathologisches zu denken wagen. Und dies, obwohl wir uns längst daran gewöhnt haben, etwa das ungebremste atomare Wettrüsten als Verrücktheit oder als Wahnsinn zu bezeichnen. Aber das sagen wir alle nur noch so dahin, Rüstungsgegner wie Rüstungsbefürworter, Kommentatoren wie führende Politiker. Niemand meint damit ernstlich, daß die Verantwortlichen für die atomare Überrüstung oder wir anderen, die wir diese Politik dulden, psychisch nicht in Ordnung wären. Obwohl ja nicht die Rüstung, sondern nur die Menschen, die die Rüstung wollen und machen, verrückt oder wahnsinnig sein könnten.

Nüchterne Politiker, besonnene Experten und Beobachter verdeutlichen uns die Absurdität der atomaren Risikopolitik durch schockierende Bilder: Der Historiker und ehemalige amerikanische Moskau-Botschafter J. B. KENNAN, Einstein- und Friedenspreisträger, vergleicht uns mit Lemmingen, die kopflos ins Meer rennen, oder mit Opfern einer Hypnose. Der britische Psychologe HUMPHREY erinnert sich aus seiner Kindheit an eine Schildkröte, die vor dem Winter Schutz in einem großen Holzstoß suchte, der zum Abbrennen bestimmt war. Der Journalist THEO SOMMER schrieb in der *Zeit*:

«Amerika und Rußland sind wie zwei kleine Jungen, die bis zu den Knien im Benzin stehen. Einer hat fünf Feuerzeuge, der andere zehn. Der mit den zehn prahlt: ‹Ich fühle mich sicherer, weil ich zehn Feuerzeuge habe.› Und beide wollen sich auf Deubel komm raus immer mehr verschaffen.»

«Wächst nicht mit jedem Feuerzeug die Gefahr, daß einer zu zündeln anfängt und alles in die Luft jagt?»

Die durchschnittliche Reaktion des Publikums auf solche Vergleiche ist sonderbar. Die Leute sind nicht etwa empört, daß man sie mit Lemmingen, Hypnotisierten, Schildkröten oder bestenfalls kleinen Jungen (die übrigens dieses Spiel sicher nicht veranstalten würden) vergleicht. Viele finden derartige Bilder sogar treffend und loben möglicherweise ihre Erfinder für den geistreichen Einfall. Dennoch werden sie durch die darin verborgene Diagnose keineswegs erschüttert. Sie sagen sich insgeheim: Natürlich sind wir alle nicht wirklich schwachsinnig, todessehnsüchtig oder realitätsblind. Da fügen sich eben hoch über unseren Köpfen unglückliche Bedingungen, die etwa wie Konjunkturverläufe eine gewisse Eigendynamik entfalten. Aber letztlich müßte es den Experten, die heute selbst Mondflüge exakt ausrechnen können, doch gelingen, die Rüstungsdynamik unter Kontrolle zu halten.

Manche versuchen es zunächst mit der anderen Theorie, daß zwar gewiß die große Mehrheit der Völker vernünftig sei, daß aber bestimmte mächtige gesellschaftliche Gruppen planmäßig auf einen Atomkrieg zusteuerten: etwa die Moskauer Kommunisten, die Bosse der Rüstungskonzerne oder mächtige Militärs. Aber diese Erklärungsversuche müssen an der Einsicht scheitern, daß alle noch so schlimmen Absichten solcher Gruppen durch deren Erwartung gebremst werden müßten, in einem Atomkrieg selbst mit unterzugehen.

Also bleibt, so scheint es, nur jene andere Annahme übrig, die sich mit der Macht des menschlichen Selbsterhaltungstriebes besser verträgt: Niemand kann einen Atomkrieg ernstlich wollen. Also kann seine Verhinderung nicht an unseren Mo-

tiven scheitern, sondern höchstens an technischen Komplika-
tionen – die aber die Expertengehirne in Ost und West letztlich
in Schach halten können müßten.

Wie aber, wenn wir uns da an eine große Selbsttäuschung
klammern? Sind wir nicht vielleicht doch ahnungslos verstrickt in ein sozialpsychologisches Beziehungsmuster, dessen
Pathologie in schroffem Widerspruch zu unserer Selbsteinschätzung steht? Sind es nicht in der Tat irrationale Motive, die
entgegen allen bewußt verkündeten Absichten bislang sämtliche Versuche haben scheitern lassen, den atomaren Rüstungswettlauf zu stoppen?

Gewöhnlich sträuben wir uns, hier weiterzudenken. Zunächst erinnern wir uns daran, daß unsere computerisierte
Bürokratie-Gesellschaft doch offenbar keinem von uns mehr,
am wenigsten den politischen Führungsgruppen, Platz für
impulsive Tollheiten zu lassen scheint. Schließlich leben wir
doch in einer Welt zunehmender Ernüchterung, Versachlichung, Entemotionalisierung. Wo außer für Künstler, Musiker, Dichter gibt es überhaupt noch Spielräume für spontanes und intuitives Handeln? Die Politiker zumal sehen wir
umgeben von Expertengremien für alles und jedes. Und wir
hören laufend ihre Beteuerungen, ihre Entscheidungen seien
vorher genau kalkuliert und in ihren Folgen erforscht. Wir
erleben sie als die nüchternen Vollzieher von sachlichen Notwendigkeiten, ständig bedacht, auch noch das Unsichere total berechenbar zu machen. Die Reste an Unberechenbarkeit
sind es, welche ihnen noch Kopfzerbrechen machen. Wo
manche ihrer Entscheidungen uns dennoch als abenteuerlich
oder waghalsig erscheinen, lassen wir uns meist bald wieder
von den Kommentatoren beschwichtigen, die das Verblüf-
fende in den Zusammenhang wohlkalkulierter Strategien
einordnen.

Aber es bleibt die Tatsache, daß wir an dem Sinn der
technokratisch begründeten Abschreckungspolitik immer
mehr zweifeln. Wenn beide Seiten inzwischen mehr als das

Zwanzigfache der zur Abschreckung erforderlichen Vernichtungsenergie angehäuft haben und diesen Wettlauf auf Kosten eines sich ständig vermehrenden Elends in den armen Ländern fortsetzen, so finden wir das nicht mehr rational begründet. Und wir müssen uns fragen, wie eine zunehmende Technokratisierung unserer Gesellschaften und auch unseres Denkens der Möglichkeit Raum läßt, daß wir mit der wichtigsten politischen Frage schlechthin offenbar nicht zurechtkommen. Oder liegt darin vielleicht gar kein Widerspruch? Verträgt sich Technokratisierung der Sicherheitspolitik durchaus mit einem Durchbruch blinder Irrationalität? Hat ERHARD EPPLER recht, wenn er sagt: «Ich glaube, daß es eine technokratische Vorstellung von Gleichgewicht gibt, die uns nicht aus der Gefahr, sondern in die Gefahr führt?» Und warum und wo könnte sich in dieser technokratischen Denkweise genau die Torheit verbergen, die sie auszuschalten vorgibt?

Natürlich steckt in der Vorstellung von einem Frieden auf der Basis eines Waffengleichgewichtes an sich nichts Unvernünftiges. Seitdem jede Seite imstande ist, die andere gleich vielfach zu zerstören, müßte zwar keine genaue Ausgewogenheit herrschen. Der Junge, der ein paar Feuerzeuge mehr hat, würde genauso wie sein Gegner bei einer Explosion in die Luft fliegen. Immerhin scheint es für die Entspannung des Klimas wünschenswert, wenn ungefährer Ausgleich zwischen Bedrohen und Bedrohtwerden zustande kommt. Dementsprechend neigen die Völker beider Seiten ja seit langem dazu, ihren Führungen die Versicherung abzunehmen, daß lediglich zur Abwendung eigener Unterlegenheit weiter gerüstet werde. In diesem Sinne versorgen uns ja auch die Verantwortlichen laufend mit Meldungen darüber, wo überall alte oder neue Mißverhältnisse in den Waffensystemen ausgeglichen werden müßten. Hier können wir nun als Publikum schwer folgen. Weder können wir die Rüstungsdaten kontrollieren, noch könnten wir, wären wir dazu in der Lage, die Potentiale rechnerisch bewerten und miteinander vergleichen. In unserer

Ohnmacht entschließen wir uns – jedenfalls die meisten – daran zu glauben, was wir nicht mehr kritisch zu überprüfen vermögen. Wir delegieren an die Militärtechnokraten die Aufgabe, unter Rücksichtnahme auf die unterschiedlichen geopolitischen Voraussetzungen die Waffensysteme beider Seiten nach vielfältigen Kriterien gegeneinander zu verrechnen und schließlich eine vernünftige Patt-Stellung zu ermitteln. Und wir bauen darauf, daß die von den Experten beratenen Politiker irgendwann dieses Patt festschreiben werden, um dann möglichst schrittweise eine ebenso gleichgewichtige Reduzierung vorzunehmen. Zunächst scheint es uns plausibel, daß wir uns genauso wie die Politiker den hochspezialisierten Expertenstäben anvertrauen, die allein diese komplizierte Materie noch übersehen und berechnen können.

Aber nun zweifeln wir, ob unser Vertrauen sinnvoll ist. An der Kompliziertheit der Materie allein kann es doch nicht liegen, wenn dieses Patt in Jahrzehnten immer noch nicht hergestellt worden ist. Dabei hätte es in der Vergangenheit, als die atomare Rüstung beiderseits sehr viel bescheidener und leichter übersehbar war, noch eher als heute möglich sein müssen, ein Gleichgewicht zu errechnen und festzuschreiben. Um so mehr müssen wir daran zweifeln, daß bei dem Unternehmen redlich die Absichten verfolgt wurden und verfolgt werden, die wir vertrauensvoll unterstellen.

«Die Grenze der Vernünftigkeit der Technokratie liegt darin», so hat es CARL FRIEDRICH VON WEIZSÄCKER formuliert, «daß die Rationalität der Zwecke der Rationalität der ihnen dienenden Mittel nicht gleichkommt.» Wir sind durch die Technokratie so fasziniert, daß wir uns nahezu schon an die Illusion gewöhnt haben, in ihr stecke die Vernünftigkeit selber. Die Dinge verlieren ihre Unheimlichkeit, wenn sie sich in Zahlen verwandeln. Und die Sachverständigen für diese Zahlen bürgen uns dafür, daß nirgends mehr emotionale Einflüsse zur Geltung kommen und Chaos stiften. Die großen Experten sind unsere modernen Heiligen, deren mathematischer Verstand uns von den Verirrungen alten Aberglaubens und aller sonstigen emotionalen Vorurteile erlösen soll.

Aber wenn das nun selbst nur ein neuer verhängnisvoller Aberglaube wäre? Wenn die Fixierung an die Erlösungsformel «nukleares Gleichgewicht» Ausdruck einer zwangsneurotischen Ambivalenz wäre?

Vereinfachend läßt sich der von FREUD aufgedeckte Mechanismus einer Zwangsstruktur so erläutern: Es sind Menschen, die unter besonders starker Aggressionsspannung stehen. Um sich gegen den Durchbruch der nicht integrierten Aggressivität zu schützen, entwickeln sie eine eigenartige «Gewissenhaftigkeit» und Pedanterie. Es kommt zu einer «Ichveränderung». Der innere Kampf gegen die aufgestauten aggressiven Regungen verfestigt sich zu einer Charakterhaltung, die sich in einem auffallenden Ordnungsfanatismus ausdrückt. Der Kampf gegen jegliche Unordnung in der Außenwelt wird zum Spiegelbild der Abwehr des inneren Chaos. Solche Zwangsmenschen klammern sich an Formalien, an Rituale und Paragraphen, weil sie diesen eine geradezu magische Schutzfunktion gegen das Böse zutrauen, das sie nach außen projizieren, obwohl es in ihnen selbst als unverarbeitete Aggression steckt. Sie sind es, die überall nach strenger Bestrafung von Ordnungsverletzungen rufen. Damit führen sie einen Kampf gegen ihre eigene Feindseligkeit. Es entlastet sie, wenn sie laufend andere bei dem ertappen können, wovon sie selbst innerlich ständig bedroht werden.

Menschen mit einer zwangsneurotischen Struktur glauben an die schützende Allmacht von Satzungen, Ordnungen und Sicherheitssystemen jeder Art. Am liebsten würden sie mit allen Menschen, mit denen sie es zu tun haben, pedantisch genaue Verträge schließen, in denen die gegenseitigen Rechte und Pflichten ein für allemal festgelegt wären. Dennoch wecken sie bei ihren Partnern stets berechtigte Zweifel an ihrer Friedfertigkeit. Obwohl sie scheinbar darauf aus sind, das Böse in der Welt in Schach zu halten, drängt es sie, überall nach ihm zu fahnden und Anlässe für Vergeltungshandlungen zu konstruieren. Das läuft aber unbewußt ab. Bewußt suchen sie nur die Zauberformel, um sich selbst gegen unberechenbare Gewalt von außen zu schützen. Insgeheim sind sie aber weder willens noch imstande, sich wirklich mit Hilfe irgendeiner formalen Regelung mit ihrer sozialen Umwelt versöhnlich zu arrangieren. Ihr unbewältigter innerer Aggressionsdruck macht zunichte, was sie sich als redliches Bestreben so sehr einsuggerieren, daß sie daran schließlich nicht mehr zu zweifeln vermögen.

Erinnert nicht die ewig scheiternde Suche nach einem perfekten numerischen atomaren Gleichgewicht in fataler Weise an diesen zwangsneurotischen Mechanismus? Das würde bedeuten, daß vielleicht beide Seiten gar nicht den friedlichen Ausgleich verwirklichen wollen, dessen theoretische Ermittlung sie ihren Expertenstäben immer wieder auftragen. Man würde die Formel vom Gleichgewicht mit geradezu fanatischem Eifer immer wieder hochspielen, um genau das nicht zu tun, was man mit ihr zu erreichen vorgibt. Gegen die uneingestandenen Kräfte der Aggression wären alle technokratischen Lösungen machtlos, so vernünftig sie auch immer kalkuliert wären.

Nun mehren sich ja auch in letzter Zeit die kritischen Stimmen, die vor einer Überschätzung der militärtechnokratischen Rezepte warnen. Es heißt, man solle nicht mehr primär darauf starren, wie das Verhältnis der schrecklichen Waffenpotentiale beider Seiten zu bewerten bzw. quantitativ zu korrigieren sei. Das Geschäft der Friedenssicherung sollte endlich repolitisiert werden. Die Politiker sollten mit ihrem klaren Wollen vorangehen und sich nicht länger von den Technokraten vormachen lassen, daß die Beendigung des Wettrüstens nach Art einer komplizierten Schachaufgabe zu errechnen und zu bewältigen sei. Als Konsequenz werden uns einfachere und leichter durchschaubare Konzepte vorgelegt. U. a. Pläne für atomwaffenfreie Zonen, für den Ersatz nuklearer durch konventionelle

Verteidigungsstrategien. Aber die Reaktionen auf diese zum Teil sehr plausiblen politischen Vorschläge lassen daran denken, daß die psychopathologische Ambivalenz nur auf diese neuen Formeln verschoben wird. Rein theoretisch erscheint das Prinzip ohne weiteres einsichtig, das der Sicherheitspolitiker EGON BAHR als Basis für neue Vereinbarungen so formuliert hat: «Im Zeitalter der gegenseitig gesicherten Zerstörung ist Sicherheit nicht mehr *vor* dem Gegner, sondern nur noch *mit* ihm zu erreichen. Die Gegner wären im Untergang vereint: Sie können nur *gemeinsam* überleben. Das nukleare Zeitalter verlangt die Doktrin der gemeinsamen Sicherheit.» Aber bald bekam er zu hören, daß die Amerikaner nicht einmal Begriffe wie «gemeinsame Sicherheit» oder «Sicherheitspartnerschaft» ertragen. Was BAHR und mit ihm die UN-Abrüstungskommission (Palme-Kommission) für eine unmittelbar evidente Voraussetzung von moderner Sicherheitspolitik halten, erscheint natürlich unakzeptabel, wenn man eher auf Bedrohung als auf Einvernehmen aus ist. Unversehens finden sich die «Sicherheits-Partnerschafts-Politiker» bald in der gleichen Lage wie jene Militärtechnokraten, die vielleicht endlich ein überzeugendes Raketen-Patt ausgerechnet haben: Sie scheitern an der Ambivalenz der Verantwortlichen – und wohl auch erheblicher Teile des Publikums. Ob komplizierte Militärexperten-Formeln, ob schlichtere Politiker-Abrüstungspläne – sie alle bedürfen zu ihrer Verwirklichung eines ambivalenzfreien «guten Willens». Ihre innere Logik verbürgt nicht die Überzeugungskraft, von der sich ihre Schöpfer oft voreilig faszinieren lassen. Diese meinen, so viel Substanz kritisch aufklärerischen Denkens müßte schließlich angesammelt sein, daß die Notwendigkeit einer blockübergreifenden Sicherheitspartnerschaft eine Erkenntnis wäre, die sich gegen alle widersprechenden Phantasien und Strebungen automatisch durchsetzen müßte. Aber wie man sieht, täuschen sie sich.

3. Psychologie im Widerspruch
zum gesellschaftlichen Entinnerlichungs-Prozeß

Emotionale Motive fordern
die Entemotionalisierung der Politik.

Erinnern wir uns noch einmal an die eingangs zitierten Gleichnisse von KENNAN, HUMPHREY und SOMMER, die uns die totale Irrationalität der herrschenden Politik der eskalierenden wechselseitigen Bedrohung vor Augen führen. Wäre diese Verhaltensweise nur Ausfluß eines Denkfehlers, so hätte man diesen und damit die Strategie zweifellos längst korrigiert. Deshalb nützt es wenig, nur diesen Denkfehler aufzudecken und alternativen politischen Plänen schon deshalb einen Durchbruch zuzutrauen, weil sie in sich logischer sind. Die Wurzel des Fehlverhaltens liegt jenseits der Ebene des logischen Argumentierens.

Daraus die Folgerung zu ziehen, daß man sich ernsthaft an das Studium der sozialpsychologischen Hintergründe der fragwürdigen «Sicherheitspolitik» machen sollte, fällt uns dennoch schwer. Noch immer gilt es für viele als ein eisernes Tabu, psychologischen Faktoren in der Politik überhaupt ernsthaft Beachtung zu schenken. Und so scheint es nötig, zunächst dieses Tabu als solches kritisch in Augenschein zu nehmen, ehe weitere Überlegungen speziell zur Psychologie der Abschreckung anzustellen sein werden.

Warum scheuen wir uns so sehr, Politik zu «psychologisieren»? Zur gründlichen Beantwortung hätte man sehr tief anzusetzen und weit auszuholen. Denn die letzte Antwort steckt in der einseitigen Ausrichtung unseres Selbst- und Weltverständnisses auf Stärke, Aktivität und Macht. Diese kulturell verankerte Perspektive läßt uns glauben, wir könnten unser Leben stetig mehr erweitern und zugleich sichern, indem wir außer uns und in uns alles beherrschen, wovon wir fürchten, daß es uns beherrschen könnte. Fortschritt verwechseln wir mit einem ewig erfolgreichen Bemächtigungsdrang, der sich auch unmittelbar in der gigantischen Atomrüstung ausdrückt.

Später sollen die psychologischen Aspekte dieses Bemächtigungsdranges noch differenzierter betrachtet werden. An dieser Stelle geht es vorerst darum zu erkennen, daß Psychologie schon durch sich selbst einen Widerspruch zu dieser kulturellen Grundhaltung bedeutet. Denn wenn man sie im Sinne FREUDS versteht, verfolgt sie eine genau entgegengesetzte Richtung. Sie rehabilitiert allein schon durch ihre Betrachtungsweise, was sonst eher geächtet ist: nämlich Emotionalität, Passivität, Sanftheit. Sie zeigt, daß die Öffnung für diese in uns angelegten Möglichkeiten nicht gleichbedeutend ist mit unerträglicher Schwäche oder tödlicher Ohnmacht. Daß es vielmehr in einem anderen als im üblichen Sinne mehr Stärke, mehr Freiheit, mehr Lebensfreude und mehr sozialen Halt vermittelt, wenn man diese üblicherweise krampfhaft unterdrückten Qualitäten in sich zuläßt und im Zusammenleben zur Geltung bringt. Aber es wäre töricht zu verkennen, daß die gesellschaftlich herrschenden Kräfte noch immer dabei sind, unsere Welt nach dem konträren Prinzip zu verändern. Wir werden immer mehr in anonyme Datenbündel verwandelt, verrechnet und verplant, um möglichst reibungslos in den von den Zentren wirtschaftlicher und politischer Macht programmierten Betrieb eingepaßt zu werden. Wie es dabei in uns aussieht, wie wir uns persönlich und in den Beziehungen miteinander fühlen, gilt als irrelevant, als reine Privatsache. Am besten funktionieren wir, wenn wir uns überhaupt so weit abzustumpfen oder zu verhärten vermögen, daß uns gar keine gefühlshaften Impulse, keine Sehnsüchte oder Ängste mehr in die Quere kommen. Totale Entemotionalisierung, Kühle und Glätte machen uns am brauchbarsten. Dann «schalten», «spuren», «ticken» wir wie technische Apparate, die man störungsfrei bedienen kann.

Zu einem gewissen Teil hat die Psychologie diese Unterdrückung des Psychischen, also die Verleugnung ihrer ureigenen Aufgabe, willig mitvollzogen. Es gibt heute auch schon eine Psychologie ohne Psyche, wo nur äußeres Verhalten in Analogie zu technischen Systemen und Prozessen beschrieben wird. In einer weniger offenkundigen, aber nicht minder effektiven Form geschieht diese Unterdrückung dadurch, daß man sagt, Psychisches spiele sich allein im Gehäuse der privaten Innerlichkeit ab und habe in den überindividuellen Lebensformen der Gesellschaft keine Bedeutung mehr. Man warnt geradezu davor, in Wirtschaft oder Politik nach psychischen Einflußkräften zu suchen, die angeblich nur in der Innenwelt des einzelnen ihr Unwesen treiben. Politik etwa werde nur von materiellen Fakten bestimmt und habe nichts mit den Motiven zu tun, die Psychologen im Behandlungszimmer oder in Forschungsinstituten studiert haben.

Freilich läßt sich die Gesellschaft auch nur von ihrer Außenseite her beschreiben. Da schrumpfen die Menschen zu Teilen sozialer Strukturen, die wiederum allein durch ökonomische und organisationssoziologische Faktoren gelenkt werden. Was ich fühle, denke und will, scheint nur noch mich allein oder in meinen intimen persönlichen Beziehungen zu betreffen. Aber es soll nichts mehr zu tun haben, was den Lauf der Gesellschaft steuert.

Dieser Standpunkt folgt nicht aus wissenschaftlicher Erkenntnis. Wir müßten vielmehr alles vergessen, was Freud entdeckt hat, wenn wir nicht allenthalben die Wirksamkeit unbewußter Motive auch und gerade in politischen Prozessen annehmen würden. Seit Freuds psychoanalytischen Beiträgen zur Kulturkritik und zur Massenpsychologie sollte es eigentlich keiner weiteren Begründung dafür bedürfen, Psychologie in die Politikforschung einzubringen. Aber der Widerstand kommt ja auch aus einer Wurzel, die gar keinen rationalen Begründungen zugänglich ist. Es ist ein natürliches Interesse der Machtelite, die in der Politikszene vorherrschenden Motive des Expansionismus und des egozentrischen

Rivalisierens zu verleugnen und das eigene Tun als nüchterne Regelung von Sachfragen zu beschreiben. Es sind also selbst emotionale Motive, die eben die Bedeutung solcher Motive in der Politik bestreiten und die Psychologie auf den Privatbereich der Individuen und der Familien verweisen wollen. Mit der Unterwerfung unter diese Vorschrift würde man indessen einen wesentlichen Aspekt ausblenden, dessen Klärung zur Heilung der «psychischen Krankheit Friedlosigkeit»* von zentraler Bedeutung ist.

---

* «Friedlosigkeit als psychische Krankheit» ist eine Kapitel-Überschrift in C. F. v. WEIZSÄCKERS Buch: «Der bedrohte Friede».

4. Hinweise auf die vielfältige Abhängigkeit politischer Handlungsweisen von psychischen Faktoren

Emotionale Erwartungen der Wähler.
Auswirkungen von Charakter, Stimmungen, Krisen und gruppendynamischen Konflikten der Entscheidungsträger.
Die politische Bühne als Nährboden für psycho-pathologische Reaktionen.

Obwohl wir uns alltäglich spontan und intuitiv mit der psychologischen Seite politischer Vorgänge beschäftigen, reden wir uns ein, es handle sich hierbei um etwas Nebensächliches, um unwesentliches Beiwerk. Dabei folgen wir nicht nur einer entsprechenden Suggestion der Mächtigen und ihrer Gehilfen in den Medien, sondern wir machen diese Entwertung des Psychologischen zumeist willig mit. Allzu sehr schreckt uns die Vorstellung, daß sich in der Politik bis in die großen Entscheidungen über das Schicksal der Völker hinein auswirken könnte, was wir alles in uns spüren an Angst und Ressentiment, an Haß und Selbstsucht, an Eitelkeit und Größenideen. Es ist ein tiefer Argwohn gegenüber unserer inneren Welt, der uns inständig wünschen läßt, sie möge dort ohne Einfluß sein, wo nur das Vernünftige und Gute geschehen sollte.

Letztlich gibt also unser Selbstmißtrauen den Ausschlag, wenn wir die Rolle der Psychologie in der Politik nicht klar sehen wollen. Es soll nicht sein, was nicht sein darf. Wehe, wenn alles, was an dunklen Triebkräften und Anfälligkeiten in unserem Unbewußten lauert, die Maßnahmen motivieren würde, die letztlich über Krieg oder Frieden bestimmen! Aber was rechtfertigt eigentlich unsere Annahme, daß ausgerechnet ein so aufregendes Feld wie die Politik den handelnden Personen die Möglichkeit einräumen könnte, ihre Emotionalität abzuschalten und sich ausschließlich nüchterner Sachlichkeit hinzugeben?

Insgeheim wissen wir, daß diese Annahme nicht zu halten ist. Und wir müßten uns auch fragen, ob überhaupt eine menschliche Politik herauskommen kann, wenn sie von Leuten gemacht würde, die in ihr nicht als vollständige Menschen mit Empfindungen und Gefühlen handeln. Dennoch ist die Angst verständlich, daß aus der psychischen Tiefenschicht eher Unheilvolles als Förderliches entspringen könnte. Wir erleben uns und unsere Umwelt täglich mit vielfältigen neurotischen Mechanismen, Verstimmungen und ambivalenten Tendenzen belastet. Wie gerecht, sanft, friedlich, wie «gesund» kann Politik sein, wenn wir mehrheitlich zutiefst daran zweifeln, daß wir selbst so beschaffen sind?

Im folgenden wird die These verfolgt werden, daß die gesamte Strategie der Abschreckung in der Tat von schwerwiegenden psychopathologischen Einflüssen mitbestimmt wird. Es wird darum gehen, diese sozialpsychologische Komponente durchschaubar zu machen und schließlich nach den psychischen Gegenkräften zu fragen, die zur Überwindung jener destruktiven Impulse beitragen könnten. Zuvor aber erscheint es sinnvoll, doch noch einige weitere Anhaltspunkte dafür vorzutragen, daß die tendenziell unterschätzte Psychologie die Politik tatsächlich vielfältig durchdringt – das Handeln der delegierten Verantwortlichen wie auch unser eigenes Wählerverhalten. Ohne diese grundsätzliche Tatsache zu akzeptieren, wird man sich nicht leicht gefallen lassen, überhaupt die Möglichkeit zu prüfen, daß das unsere Sicherheitspolitik beherrschende Abschreckungsdogma Ausfluß eines neurosenpsychologisch beschreibbaren Beziehungskonfliktes sein könnte.

Täglich erfassen wir intuitiv Zusammenhänge zwischen den psychischen Merkmalen exponierter Politiker und ihren Handlungsstrategien. Wir empfinden: Da faßt einer diese oder jene Entschlüsse nicht nur, weil sie mit irgendeinem errechneten Programm übereinstimmen, sondern weil er aus seiner psychischen Beschaffenheit heraus nur so und nicht anders handeln kann. Aber wir stoßen auch laufend auf triftige Hinweise dafür, daß wir als Publikum in sozialpsychologische Wechselbeziehungen mit den verantwortlichen Politikern verwickelt sind. An dem schwankenden Ansehen unserer politischen Repräsentanten lesen wir nicht nur deren positive oder negative Leistungsbilanz ab, sondern auch unsere eigenen wechselhaften Stimmungen und Erwartungen. Wünschen wir uns ein eher liberales Klima, befördern wir entsprechend strukturierte Persönlichkeiten an die Spitze und ermutigen sie, soziale Zwänge zu lockern. Aber dann befällt uns Krisenangst. Autoritäre Denkmuster gewinnen die Überhand. Sehnsucht nach der starken, strengen Führungshand breitet sich aus. Eben noch gerade wegen ihrer Sanftheit und liberalen Reformfreudigkeit geehrte und geliebte Politiker sehen sich als inkompetente Schwächlinge angeprangert. Das scheinbar passiv ergebene Publikum enthüllt seinen erheblichen Einfluß auf die Inszenierung des Spiels, das auf der sichtbaren politischen Bühne abläuft. Hier ist also eine sozialpsychologische Dynamik wirksam, die sowohl von oben wie von unten gesteuert wird. Aber verweilen wir zunächst bei den sichtbaren Hauptakteuren auf der Bühne und der Frage, wie ihre Psyche mit ihrer Politik zusammenhängt.

Die Behauptung erscheint gerechtfertigt: Im Inhalt und im Stil des Handelns jedes verantwortlichen Politikers wirkt sich in hohem Maße aus, was er für ein Mensch ist und in welcher psychischen Verfassung er sich aktuell befindet. Mit der Machtfülle wächst der Einfluß der psychischen Eigenschaften.

In Amerika ist man längst daran gewöhnt, an solche Zusammenhänge zu denken und sie freimütig zu beschreiben. Dort interessierte man sich z. B. lebhaft für MICHAEL MACCOBYS Buch «The Gamesman» (deutsche Ausgabe unter dem Titel: «Gewinner um jeden Preis», die Taschenbuchausgabe unter dem Titel: «Die neuen Chefs» bei Rowohlt). Darin stellt der Autor eine Typologie von Führungspersönlichkeiten dar und reiht amerikanische Präsidenten in diese Typentabelle ein. Er unterscheidet den «Spielmacher», den «Dschungelkämpfer», den «Firmenmenschen» und den «Fachmann». Den «Spielmacher» preist er als den «neuen Menschen». Er liebe das Risiko, sei enorm ehrgeizig und zugleich begeisterungsfähig: «Sein Hauptziel im Leben ist, Sieger zu sein.»

Als typischen Spielmacher kennzeichnet MACCOBY JOHN F. KENNEDY: Er «wollte der Erste der Welt sein». «Für den neuerungsfreudigen Spielmacher Kennedy erfüllte sich der uralte Traum, den Mond zu erreichen. Sein Suchen nach Ruhm erhielt erste Priorität, förderte die Entwicklung kostspieliger neuer Technologie, setzte neue wirtschaftliche Interessen in Bewegung und brachte Bedrohungen für die nationale Sicherheit.» LYNDON B. JOHNSON und RICHARD M. NIXON erscheinen bei MACCOBY als «komplexe Dschungelkämpfer», d. h. als Machtmenschen mit dem Prinzip: «Friß, oder werde gefressen!» – «Obwohl JOHNSON gegenüber den Machtlosen mitfühlend sein konnte, wurde er von Furcht über seine eigene Verletzlichkeit heimgesucht und dazu getrieben, seine Überlegenheit gegenüber den Mächtigen zu beweisen. NIXON war so von Furcht besessen, daß er sich selbst zerstörte, als er versuchte, seine Feinde zu vernichten.» EISENHOWER und FORD werden von MACCOBY dagegen als ausgleichende «Firmenmenschen» beschrieben.

Das amerikanische Publikum findet es nicht im mindesten ungewöhnlich, vielmehr instruktiv, mit solchen «Psychogrammen» seiner politischen Führer konfrontiert zu werden. Es legt hier die Regeln des Taktes weniger eng aus, als wir das zu tun pflegen. Die Rechtfertigung lautet: Das Wohl des Volkes ist ein höheres Gut als der Schutz der Persönlichkeitssphäre eines Menschen, von dessen Entscheidungen das Schicksal vieler Millionen abhängt oder abhängen wird. Das ist eine konsequente Einschätzung, wenn man davon ausgeht, daß die individuelle psychische Disposition stets ihren Niederschlag im politischen Verhalten findet.

Die Biographie des Betreffenden unter die Lupe zu nehmen,

ist der verläßlichste Weg, sich über seine psychische Disposition ein Bild zu machen. Es ist legitim, vor einer entscheidenden Wahl wissen zu wollen, ob ein Kandidat nach seiner Vorgeschichte dafür Gewähr bietet, daß er in Krisen Stabilität und Kontrolle bewahren kann, ob er in seinen menschlichen Beziehungen bislang Verläßlichkeit, Fürsorglichkeit und Fairneß bewiesen hat usw. Man hat zu erwarten, daß psychische Mängel um so krasser zum Vorschein gebracht werden, je mehr Verantwortungsdruck einem Menschen zugemutet wird.

Jeder von uns findet es nicht nur normal, sondern wünschenswert, daß man die Besatzung von Raumfahrzeugen vorher Dutzenden von körperlichen und psychologischen Leistungstests unterwirft, um ganz sicher zu gehen, daß sie nicht versagen werden. Ein Raumflug kostet Unsummen, und man will jede Verzögerung in der Weiterentwicklung der technischen Programme durch Fehlschläge vermeiden. Wieviel größer ist demgegenüber die Verantwortung, die ein zu wählender Staatsmann unter den heutigen politischen Bedingungen übernimmt! Da ist ein Schiff zu steuern, in dem ganze Völker sitzen. Und es können Krisensituationen eintreten, die viel weniger als die möglichen Zwischenfälle bei Raumflügen vorherzuberechnen sind. Konflikte sind denkbar, die in Tagen oder sogar in Minuten Beschlüsse von unabsehbarer Tragweite verlangen. Ist es da nicht eine anachronistische und falsche Zurückhaltung, wenn wir uns vor entscheidenden Wahlen regelmäßig mit dem geschönten Bild der Kandidaten begnügen, das hochbezahlte PR-Agenturen uns einsuggerieren? Sollten wir nicht mehr Mut dazu aufbringen, uns genauer über die Menschen zu informieren, an die wir – selbst in unseren repräsentativen Demokratien – eine gewaltige Macht über uns delegieren?

Freilich sind die Zeitungen jeden Tag voll von hingeworfenen psychologischen Kurzdiagnosen. Da heißt es von Ministern oder Parteiführern, sie seien machtbesessen, überempfindlich, zaghaft und unentschlossen, kalt, extrovertiert, labil, launisch usw. Gelegentlich leisten sich Journalisten auch etwas ausführlichere psychologische Motiv-Analysen. Neuerdings läßt der *Spiegel* einen mit besonderem psychologischen Spürsinn begabten Reporter jeweils wochenlang mit exponierten Politikern überall hinreisen, um deren Verhalten lückenlos zu protokollieren und zu erklären. Vielleicht ist dies ein Symptom für einen beginnenden allgemeinen Einstellungswandel. Man getraut sich, etwas näher und etwas neugieriger an die heiligen Kühe heranzugehen und ihr Bild durch Details und Interpretationen über das Maß hinaus zu ergänzen und zu vertiefen, das bislang als statthaft galt.

Dabei kommen dann allerdings Porträtierungen heraus, die vielfach nur bestätigen, was jeder aufmerksame Beobachter schon zuvor intuitiv gewußt hat. Wir müssen ja überhaupt einen Unterschied machen zwischen den psychologischen Wahrnehmungen, die wir spontan machen, und den Befunden, über die wir öffentlich sprechen. Selbst Ungeschulte erfahren mit Hilfe ihrer natürlichen Einfühlungsgabe über die psychische Beschaffenheit der politischen Führer vieles, was nicht in die allgemeine Diskussion eingeht. Auch über die Zusammenhänge von Charakter und politischem Verhalten ist ein intuitives Wissen weit verbreitet. Für niemand ist es überraschend, daß weichere Politiker im Zweifelsfall eher für sanftere und mildere Methoden zur Problemlösung eintreten, während ausgesprochene Kämpfernaturen unter ähnlichen Umständen weniger kompromißgeneigt sind und gern härter zupacken. Viele dürften spontan empfunden haben, daß ein Kanzler wie WILLY BRANDT seinerzeit deshalb im besonderen Maße zu einer Versöhnungs- und Verständigungspolitik gegenüber dem Osten geeignet war, weil diese Perspektive hervorragend zu seiner ausgeprägten sozialen Sensibilität paßte. Und verbreitet ist die plausible Vermutung, die Russen hätten BRANDT deshalb besonders vertraut, weil sie erkannt hätten, daß er als Mensch voll hinter seinen Ausgleichsbemühungen gestanden habe.

Wenn dagegen ein Mann wie Franz Josef Strauss außenpolitisch, innenpolitisch und auch innerparteilich immer wieder besonders eine Freund-Feind-Perspektive hervorkehrt und einer harten Gangart gegenüber allen Gegnern das Wort redet, so sehen darin zweifellos viele ebenfalls intuitiv einen Zusammenhang zwischen politischer Strategie und Charakter. Spontan und ohne jede fachliche Analyse unterstellt man, daß jemand so Politik macht, wie er als Mensch ist.

Unverkennbar ist auch, daß nicht nur feste Charaktermerkmale, sondern darüber hinaus vorübergehende psychische Krisen und Stimmungsschwankungen politisches Handeln beeinflussen. Politische Rückschläge oder auch persönliche Konflikte können zu Entscheidungshemmungen oder ungereimten Impulshandlungen führen. Ein Mann aus der engeren Umgebung von Bundeskanzler Schmidt meinte, die Bonner Politik sei monatelang ganz wesentlich davon bestimmt worden, daß der Kanzler sich sehr schwer damit getan habe, sich das Rauchen abzugewöhnen.

Wir sehen: Wir sind eigentlich jeden Tag dazu spontan bereit, bestimmte politische Phänomene zu «psychologisieren». Das Tabu betrifft also eigentlich nicht die Sache selbst, sondern nur ihre offizielle Anerkennung und Erforschung. Wir gehen ja sogar so weit, daß wir uns Politik so vorstellen, als werde sie durch die Gefühlsbeziehungen zwischen den Völkern oder zwischen ihren führenden Repräsentanten entschieden. Uneingestanden betreiben viele Journalisten ständig diese psychologisierende Vereinfachung. Politik sieht verständlicher aus, wenn man sie laufend wie ein Drama darstellt, das durch psychologisch einfühlbare Konflikte unter den handelnden Figuren gelenkt wird. Wenn z. B. unsere Regierung der amerikanischen Administration von einer Preisgabe der Entspannungspolitik abrät, so wird dies in zahlreichen kritischen Kommentaren gleich in Psychologie übersetzt: Man sei dabei, die Amerikaner zu verstimmen. Und diese könnten aus Gekränktheit leicht dazu bereit sein, ihre Beschützerrolle zu revidieren und uns mit dem Abzug von Truppen zu bestrafen. «Auch der amerikanische Riese braucht Streicheleinheiten», so betitelte z. B. P. Boenisch einen *Zeit*-Artikel. Man unterstellt also, daß der wesentliche Prozeß sich auf der emotionalen Ebene abspiele, als ob die Gefühlsbeziehung darüber entscheiden werde, was man letztlich mache. Wir haben Angst, daß die Dinge schieflaufen, wenn z. B. der amerikanische Präsident sich über unseren Kanzler persönlich ärgert. Was passiert, wenn die wichtigsten Entscheidungsträger verbündeter Nationen einander vom Grund auf zuwider sind? Wird das nicht dazu führen, daß sie miteinander seltener reden, daß der Mächtige den Schwächeren weniger konsultiert und auf die von diesem vertretenen politischen Interessen geringere Rücksicht nimmt? Kann man sich vorstellen, daß es überhaupt keinen Einfluß auf Haigs England-Kontakte hatte, wenn er den britischen Ex-Außenminister – wie verlautete – als «doppelzüngigen Bastard» einschätzte? Natürlich wirken sich persönliche Antipathien wie Sympathien auf das politische Verhalten aus. Seine freundschaftliche Beziehung zu US-Außenminister Shultz werde es gewiß erleichtern, miteinander sinnvolle politische Kompromisse zu finden, erklärte kürzlich erst Bundeskanzler Schmidt auf die entsprechende Frage eines Fernseh-Korrespondenten.

Kaum noch nehmen wir wahr, daß wir gar nicht umhin können, psychologische Begriffe einzuführen, um das politische und militärische Verhältnis zwischen den Hegemonialmächten zu beschreiben. Von der augenblicklichen fragwürdigen Sicherheitspolitik sagen wir, daß sie auf dem Prinzip der Abschreckung beruhe. Eigentlich verweist dieser Begriff auf Menschen oder Gruppen, die sich gegenseitig ein Gefühl des Bedrohtseins vermitteln, so daß sie vor der Entfaltung aggressiver Impulse zurückschrecken. Freilich treten in unserer Vorstellung die handelnden Menschen immer mehr hinter abstrakte Systeme und am Ende hinter die Technik zurück. Wir sagen: Rußland bedroht Amerika oder umgekehrt. Oder die

SS 20 bedrohen Westeuropa, dagegen die Pershing II Mittelrußland. Schließlich sieht es gar so aus, als seien die eigentlich handelnden und einander bedrohenden Figuren gar nicht mehr Menschen und Völker, sondern nur noch ihre Vernichtungsmaschinen. Tatsächlich würde ja auch ein künftiger Atomkrieg zwar die Menschen in unvorstellbaren Mengen dahinraffen, aber Menschen würden darin nur noch in kleiner Zahl durch Bedienung von Schaltern oder Knöpfen eine aktive Rolle spielen. Das eigentliche Duell würden die Waffensysteme miteinander austragen. Uns kommt die Idee, daß sich vielleicht jetzt schon gar nicht mehr eigentlich Politiker und Völker wechselseitig mit ihren Atombomben bedrohen, sondern daß die Bedrohung schon an die Bomben selbst delegiert sei, die ja auch tatsächlich durch technisches Versehen oder eine Panne von selbst losgehen könnten.

Das wäre der Endpunkt unserer psychischen Selbstentmündigung, die in der Tat in beunruhigendem Maße fortzuschreiten scheint. Wir starren auf die toten technischen Gebilde wie auf gewaltige Raubtiere, die – wenn nicht noch ein Wunder geschieht – jederzeit aus ihrem Käfig ausbrechen und Verheerendes anrichten könnten. Dabei sind wir allein diese potentiellen Raubtiere und könnten, wenn wir wollten, das gesamte aufgetürmte Vernichtungspotential mit einem Schlage beseitigen.

Aber andererseits findet auch wiederum eine psychologische Übersetzung von Vokabeln in der Politiksprache statt. Vergegenwärtigt man sich den monatelang erbitterten Streit um den Begriff Entspannung, so fühlt man sich fast in die magisch-mystische Periode des Spätmittelalters zurückversetzt. So als ginge es um einen Begriff mit Zauberkraft, von dessen Anrufung oder Vermeidung ungeheure Wirkungen ausgehen würden. Ist Entspannung ein heilbringender oder ein böser Geist, muß man an sie, oder darf man gerade nicht an sie glauben? Tatsächlich steckt in diesem Wort verdichtet die entscheidende Frage, ob es noch wenigstens teilweise miteinander oder nur noch gegeneinander weitergehen soll, ob man einen echten Ausgleich mit dem Gegner oder doch nur seine Unterwerfung betreiben, ob man noch Vertrauen probieren oder dieses aufgeben will. In dieser Perspektive nehmen die großen Systeme und Mächte wieder die Gestalt von Personen an, die voller Ambivalenz in einer schlimmen Beziehungskrise stecken. Und schlagartig wird uns deutlich, wieviel offenbar wirklich davon abhängt, welche Motive die Mächtigen hüben und drüben verfolgen und wie treffend sie einander darin wahrnehmen. Beunruhigen muß es uns natürlich in hohem Maße, wenn jede Seite nahezu pausenlos erklärt, in den eigenen Absichten planmäßig mißverstanden zu werden.

Die Vorstellung, daß in den innenpolitischen Beziehungssystemen psychologische Konfliktanteile eher zurückträten, ist trügerisch. Geltungssucht, überkompensatorischer Ehrgeiz und Rivalenhaß finden offensichtlich gerade in den höheren Ebenen der Parteien und Administrationen einen idealen Nährboden. Hemmungslose Konkurrenz wird ja oft sogar ungeniert in Form spektakulärer Schaukämpfe ausgetragen. Man denke etwa daran, wie schwer es in Washington HAIG und WEINBERGER hatten, ihre persönliche Rivalität auch nur einigermaßen unter Kontrolle zu halten. Der eine sagte, die NATO habe in ihren strategischen Plänen einen atomaren Warnschlag vorgesehen. Am nächsten Tag sagte der andere das Gegenteil. Nicht ihre verschiedenen Meinungen bezeugten ihre gefühlsmäßige Verstrickung, aber ihre Unfähigkeit, sich ohne Irritierung der Öffentlichkeit zu verständigen.

In der Bundesrepublik konnte man lange miterleben, wie nachteilig sich die chronische persönliche Kluft zwischen WEHNER, BRANDT und SCHMIDT auf das Bild der Sozialdemokratischen Partei und auf ihre politische Überzeugungskraft auswirkte. Nicht minder irritierten die politischen Führer von CSU einerseits und CDU andererseits ihre Anhänger mit einem ewigen Machtgerangel. Vielen schien es so, daß 1980 nicht der Kanzlerkandidat mit dem repräsentativsten

Programm, sondern der in den internen Rivalitäten erfolgreichste «Dschungelkämpfer» – im Sinne von MACCOBY – den Wählern präsentiert wurde.

Mit der Last politischer Verantwortung erhöht sich die Gefahr gruppendynamischer Spannungen unter den handelnden Personen. Wahlkampfzeiten oder andere Zwangslagen mögen vorübergehend solche Spannungen überdecken, aber dann wird immer wieder sichtbar, daß hier Menschen unter chronischer Überforderung stehen und ihre psychischen Labilisierungen aneinander abreagieren. Überfordernd wirkt eine einzigartige Kombination irritierender Faktoren. Die Verantwortlichen müssen laufend Entscheidungen von großer Tragweite fällen. Die Folgen können sie häufig nur sehr mangelhaft kalkulieren. Der Zwang zum Erfolg ist gewaltig. Zu bewältigen sind mannigfache Schwierigkeiten in der eigenen Behörde und in der Rivalität mit Nachbarressorts, ferner in der Partei, in der Parlamentsfraktion. Die Konkurrenz mit den anderen Parteien ist zu bestehen. Dann soll trotz aller Rücksichtnahme auf diese verwickelten Beziehungssysteme noch eine klare politische Linie, die man als sinnvoll erkannt hat, durchgehalten werden. Schließlich soll man keinen Augenblick darin nachlassen, dem Wählervolk gegenüber Sicherheit, Optimismus, überlegenes Wissen, großartige Tatkraft und physische Hochform vorzuspielen. Angst, Zweifel, Bedrücktheit, Erschöpfung sollen verdrängt oder zumindest überspielt werden, um jeden Verdacht auf «Führungsschwäche» auszuschließen. Das Arbeitspensum ist meist enorm. Minimaler Freiraum bleibt für ein erholsames Privatleben. Nur für Augenblicke kann dem Licht der kritischen Öffentlichkeit entwichen werden. Kurzum: Führende Politiker erfüllen geradezu lehrbuchmäßig die Bedingungen für erhöhte Bereitschaft zu psychischen und psychosomatischen Gleichgewichtsstörungen. Gut einfühlbar erscheinen ihre nach außen mühsam verheimlichten Gereiztheiten, Verstimmungen und Schwächeanfälle. Alkohol, Tabak und Medikamente, zur Spannungsabfuhr häufig im Übermaß konsumiert, fördern auf die Dauer noch das Risiko psychischer und physischer Destabilisierung. Die Anfälligkeit dieser Männer für Herzkrisen nehmen wir als Publikum schon als Selbstverständlichkeit hin.

Wir machen uns aus den genannten Gründen nur ungern klar, welchen höllischen Lebens- und Arbeitsbedingungen sich diejenigen aussetzen, an die wir die höchste politische Verantwortung delegieren. Millionen sorgen sich darum, daß ihre Lieblingsfußballer nur ja ideale Vorbereitungs- und Erholungsmöglichkeiten finden, damit diese schließlich in der Arena ihre Fans mit Höchstleistungen beglücken. Von den verantwortlichen Politikern erwarten wir permanent mindestens so kräftezehrende Höchstleistungen von ungleich höherer gesellschaftlicher Bedeutung. Aber wir übersehen geflissentlich die Widrigkeiten, welche die Akteure in der politischen Arena einem ständigen Versagensrisiko ausliefern. Dieses Versagen bedroht uns insbesondere in Form von impulsiven Kurzschlußentscheidungen oder auch in Gestalt von längerfristigen Planungen, in denen neurotische Phantasien und Realitätsverkennungen durchschlagen.

Jedenfalls ist festzuhalten: Auf der Bühne der professionellen Politik bestimmen beileibe nicht die Sachfragen einseitig das Handeln der Menschen. Vielmehr prägen Charaktere und Stimmungen der verantwortlichen Personen und Gruppen die Entscheidungen wesentlich mit. Darüber hinaus bilden diverse Überlastungsfaktoren einen gefährlichen Nährboden für individuelle psychische Krisen und Fehlhandlungen sowie für gruppendynamische Konflikte. Schwer durchschaubare, aber unzweifelhaft wichtige sozialpsychologische Prozesse spielen sich zwischen den politischen Führern und dem großen Publikum ab und liefern mitunter die Haupterklärung für seltsame und irrational erscheinende politische Trends.

**Zweiter Teil
Zur Psychologie
der Unfriedlichkeit**

5. Die psychischen Antriebe
   der Abschreckungsstrategie

Vom Mißtrauen, das sich selbst bestätigen muß, um seinen
aggressiven Hintergrund zu verdecken. Das sadomasochistische Weltverständnis. Allmacht versus Vernichtetwerden – die
Wiederholung eines Denkmusters aus der analen Phase.
Über den scheinbaren Widerspruch der Interpretation zu
dem Oberflächenbild der Gesellschaften.

Die gegenwärtige Sicherheitspolitik wird durch das Abschreckungsdogma bestimmt. Dieses Dogma besagt etwa: Ich
lebe neben einem Feind, der nur darauf lauert, mich in seine
Gewalt zu bringen, sobald ich ihm eine Blöße biete. Nur indem
ich genügend stark und jederzeit kampfbereit bin, kann ich
diesen feindlichen Nachbarn zwingen, von seinen Angriffsab-
sichten wenigstens vorläufig abzulassen. CARL FRIEDRICH
VON WEIZSÄCKER hat den Sachverhalt so definiert:

«Das übliche Grundmißverständnis des Problems des Wettrüstens besteht darin, daß jede Seite der anderen ständig übermäßige, also offenbar aggressiv gemeinte Rüstung vorwirft.
Dieser Vorwurf ist meist sogar aufrichtig. Wenn zwei Gegner
einander mißtrauen, fühlt sich aber in Wahrheit jeder erst dann
sicher, wenn er erheblich stärker ist als der andere. Die Bedingung, daß jeder stärker sei als der andere, ist unerfüllbar. So
jagen beide einem vor ihre Nase gebundenen Köder nach, den
sie nie erreichen; das nennt man Wettrüsten.»

Worin liegt dabei das Mißverständnis? Offensichtlich darin,
daß jeder glaubt, daß er nur defensiv auf eine übermäßige
Drohung des anderen reagiere. Das Streben nach eigenem
Übergewicht versteht er jeweils nur als «Nachrüsten», jedenfalls als bloße Abwehr einer Gefahr, die vom anderen ausgeht.
Vom anderen als potentieller Aggressor erlebt zu werden und
bei diesem ebensoviel Mißtrauen auszulösen, wie man selbst
empfindet, erscheint jedem als absurde Vorstellung.

43

Nun wäre es eigentlich logisch, daß beide Seiten ein Interesse haben müßten, die Berechtigung ihres gewaltigen Mißtrauens zu überprüfen. Und dabei müßten sie zu der entlastenden Feststellung gelangen, daß der andere genausoviel Angst hat wie man selbst. Dies wiederum müßte dazu ermutigen, daß man einander den vorwiegend defensiv gemeinten Charakter der eigenen Rüstung verständlich macht. Die sinnvolle Konsequenz wäre der Abbau von Angriffspotentialen und die sichtbare Beschränkung auf eine reine Verteidigungsstrategie. Damit wäre der Weg zu einer schrittweisen beiderseitigen Abrüstung geebnet.

Nun sieht man aber, daß die Supermächte offenbar alles daransetzen, jenes «Mißverständnis» aufrechtzuerhalten. Zwischen den Führungen gibt es nur minimale Gesprächskontakte. In beiden Lagern spielen die Propagandamaschinen nur solche Nachrichten hoch, welche die aggressiven Absichten des Gegners belegen oder belegen sollen. Pausenlos werden die Völker gewarnt, ihr Mißtrauen gegeneinander oder zumindest gegen die gegnerische Führung abzubauen. Versöhnlich scheinende Gesten des Kontrahenten werden von vornherein als pure Hinterlist gebrandmarkt. Das heißt, man tut alles, um das «Mißverständnis» weiter zu hegen. Sozialpsychologisch spricht dieses Verhalten dafür, daß der eine wie der andere an dem Bild des aggressionslüsternen Feindes festhalten *will*, um die eigenen Machtansprüche verdecken oder als reines Verteidigungskonzept erklären zu können. So schürt man emsig die Angst voreinander, von der man scheinheilig in einem fort beteuert, daß man unter ihr leide. Man bedient sich ihrer, um vor sich selbst und vor der Umwelt die eigene Militarisierung als Notwehrmaßnahme umzufälschen.

Aber aus sozialpsychologischen Erfahrungen wissen wir, daß solche Prozesse vielfach tatsächlich unbewußt verlaufen. Viele aggressive Planungen geschehen mit Hilfe der Illusion, nur einen übermächtigen bösen Feind fernzuhalten oder abzuwehren. Man glaubt an etwas, wozu man sich innerlich über-

44

redet und ist in diesem Sinne am Ende sogar aufrichtig, wenn man für sich nur das Notwehrmotiv in Anspruch nimmt. In Wirklichkeit aber ringen beide Supermächte um die Vorherrschaft in der Welt, wie angestrengt sie auch immer beteuern, daß jeweils nur die andere Seite von diesem Streben besessen sei.

Resultat ist jedenfalls das von WEIZSÄCKER beschriebene Wettrennen mit dem unerreichbaren Ziel. Wenn man aber – um bei seinem Bild zu bleiben – einem ewig entschwindenden Köder nachjagt, dann entspringt solches Handeln jedenfalls nicht klarer Besinnung, sondern irrationalen Impulsen. Man muß unbewußte emotionale Einflüsse annehmen, die verhindern, daß die Unverhältnismäßigkeit von Mittel und Zweck durchschaut wird. Bei Hunderennen bedient man sich bekanntlich der Illusion der Hunde, die ihnen vorgehaltenen Köder irgendwann erreichen zu können. Wenn man bei Menschen, Völkern, Staaten ein ähnlich illusionäres Benehmen zu erkennen glaubt, so unterstellt man ihnen damit, daß sie unter der Herrschaft eines übermächtigen blinden Dranges stehen.

Es erscheint nach wie vor mit unserer Selbstachtung schwer vereinbar, diese psychopathologische Diagnose weiter zu verfolgen. Andererseits haben uns die pionierhaften Entdeckungen von FREUD schon verschiedentlich dazu verholfen, dunkle und schockierende Aspekte unseres Selbst zu akzeptieren, wie sehr sich unsere Elterngeneration und zum Teil auch noch wir selbst dagegen ursprünglich gesträubt haben. Unvorstellbar war es für die viktorianische Epoche, den Sexualtrieben und den infantilen Sexualphantasien jenen Einfluß auf die Psyche und das Sozialverhalten zuzugestehen, den wir heute als normal unterstellen. Die Psychoanalyse stand unter dem Vorwurf, den Menschen auf den Rang eines primitiven animalischen Triebwesens zurückzustufen. Inzwischen müssen wir erkennen, daß wir bis hin in unsere politischen Strategien von tiefreichenden archaischen Triebkonstellationen beeinflußt werden. Der FREUD-Schüler und Biograph ERNEST

Jones hat davon gesprochen, daß das odium sexicum inzwischen durch ein odium politicum abgelöst bzw. ergänzt worden sei. Die offenkundige Irrationalität in der Behandlung der wichtigsten politischen Frage, nämlich der Friedenssicherung, ruft dazu auf, nach solchen unbewußten Phantasien und komplexhaften Verhaltensweisen zu fahnden, die entwicklungsgeschichtlich einen disponierenden Hintergrund bilden könnten. Die psychoanalytische Sexualforschung hat ja die Fruchtbarkeit dieser genetischen Perspektive erwiesen. Wo immer wir bei Erwachsenen, bei einzelnen, Gruppen oder Massen auf irrationale oder pathologische Verhaltensweisen stoßen, lassen diese sich psychoanalytisch als Nachwirkungen kindlicher Konfliktmuster aufschlüsseln. Überall dort versagen wir durch affektives Fehlverhalten bei der Lösung von Aufgaben, wo wir diese unbewußt mit Konstellationen verwechseln, an denen wir in der Kindheit gescheitert sind.

Wo aber finden sich in unserer Kindheit Erlebnisvorlagen, aus denen die Bereitschaft zu einem ewigen und am Ende möglicherweise tödlichen Machtkampf herrühren könnte? Wann und unter welchen Umständen benehmen sich Kinder so, als könnten sie nur durch ein unerbittliches Drohverhalten Schaden von sich fernhalten? Wann und wie kommt es dazu, daß Eltern fürchten, der Tyrannei ihrer Kinder zu erliegen, wenn sie diese nicht ihrerseits aufs Massivste bedrohen?

Ist es in einer bestimmten Entwicklungsphase nicht sogar ein häufiger Beziehungskonflikt zwischen Kind und Eltern, daß jede Seite die andere nur durch maximale «Abschreckung» in Schach halten zu können glaubt? Angedeutet oder sogar deutlich ausgeprägt findet sich dieses Drama tagtäglich: Unnachgiebig ringen Kind und Eltern um die Macht, bis – in der Regel – das Kind äußerlich kapituliert. Es ist eine Periode, an die sich alle Beteiligten später nur ungern, wenn überhaupt, erinnern. Die Eltern schämen sich der Angst und der Wut, die das Kind in ihnen entfesseln konnte. Und das Kind verdrängt, was seine schützende Anpassung gefährdet – bis es u. U. später

46

durch eigene Kinder genötigt wird, sich mit dem unerledigten Verdrängten erneut zu konfrontieren.

Ich verweise hier auf einen kindlichen Reaktionstyp, der aus einer frühen Entwicklungsphase stammt und den ich auch bereits in meinem Buch «Der Gotteskomplex» skizziert habe. Es handelt sich hierbei um ein gelegentlich sehr stark ausgeprägtes Verhalten in der sogenannten analen Phase, das durch abgrundtiefes Mißtrauen, Trotz und Drohverhalten charakterisiert ist.

Ein solches Kind ist ganz und gar von dem Mißtrauen erfüllt, daß es von der Mutter bzw. von der Elternfigur abgelehnt und Schaden erleiden wird, wenn es diese nicht unablässig unter Kontrolle hält und beherrscht. Es phantasiert: Nur wenn ich den Eltern ständig Angst mache, kann ich sie zwingen, ihre bösen Tendenzen zurückzuhalten. Dabei kommt es dann in der Tat nicht selten zu einer Art Umkehr des Generationenverhältnisses: Das tyrannische Kind beherrscht seine Mutter bzw. seine Eltern. Aber es übt diese Tyrannei, wie gesagt, nicht etwa aus Übermut aus, sondern aus der tiefen Angst heraus, daß es nur durch diese erpresserische Dominanz in Sicherheit leben könne. Würde es sich sanfter und nachgiebiger verhalten, würden sich seine Eltern – so glaubt es – sogleich rücksichtslos über seine Interessen hinwegsetzen. Ohnmacht sei lebensgefährlich, nur Macht schütze vor der Katastrophe. Es sind dies Kinder, die manchmal bereits im Säuglingsalter ihre Mutter durch Schreien oder Nahrungsverweigerung fortgesetzt in Atem halten.

Eine pathologische Wechselbeziehung schleift sich dann um so eher ein, je mehr sich die Eltern tatsächlich als erpreßbar erweisen und sofort unter inneren Druck geraten, sobald das Kind sie durch Protestverhalten bedroht. Intuitiv deutet das Kind diese Reaktionsweise so: Aha, sie haben deshalb so viel Angst vor mir, weil sie von schlechtem Gewissen geplagt werden. Es ist also gut und notwendig, wenn ich sie fortwährend unter Druck halte, denn freiwillig wären sie nicht gut zu mir.

Innerhalb dieses Machtkampfes spielt übrigens die Analität oft eine besondere Rolle. Das Machtmittel, das dem an sich hoffnungslos unterlegenen Kind verbleibt, ist sozusagen ein Streik mit den Magen-Darmfunktionen. Das Kind nimmt nichts mehr an und gibt nichts mehr her. Es mißtraut den mütterlichen Nahrungsangeboten, und es behält das, was es schließlich doch zu sich nimmt, unter Umständen tagelang bei sich. Es verschließt sich. Es geizt mit seinen Exkrementen, so als bedeute deren Ausscheidung bereits einen schwächenden Verlust und eine Ausbeutung durch die Mutter. Als dürfe man dieser etwas nicht schenken, was dieser eine gefährliche Übermacht verschaffen könnte.

Spricht man mit den dazugehörigen Eltern, so findet man diese zwischen Angst und Wut schwankend. Sie fühlen sich durch solch ein Kind gepeinigt und gekränkt. Mal schimpfen und drohen sie, mal unterwerfen sie sich wieder aus Furcht, die Widerspenstigkeit des Kindes ins Unerträgliche zu steigern. Eben aber deshalb, weil das Kind ihnen diese Ambivalenz anmerkt, bewahrt es seinerseits seinen Argwohn und läßt von seinem Trotz nicht ab.

Dieses Phänomen aus der Kinderpsychoanalyse, dem ich selbst einmal eine ausführlichere Studie gewidmet habe, führt also zu dem Ursprung eines Komplexes zurück, bei welchem sich ungeheures Mißtrauen und massives Drohverhalten gegenseitig aufschaukeln. Nimmt dieses Erlebnismuster von dem kindlichen Ich ganz Besitz, schwinden für das Kind aus der Welt alle Aspekte des Libidinösen, der Liebe, des Vertrauens. Es fühlt sich verloren und tödlich bedroht, wenn es seiner Umgebung nicht vollständig seinen Willen aufzwingt: Nur wen ich durch Einschüchterung manipulieren kann, vor dem fühle ich mich sicher!

Bemerkenswert ist die Hartnäckigkeit und Maßlosigkeit, mit der das Kind seine ganze Umwelt in magischer Weise dämonisiert. Dabei wird nun deutlich, daß das Kind seine Umgebung unbewußt mit derjenigen Feindseligkeit färbt, von der es selbst überflutet wird. Die massive Aggression, die das eigene Ich nicht bewältigen kann, spiegelt sich in der als durch und durch unverläßlich und böse erlebten Außenwelt ab. Und natürlich wird die Mutter als wichtigste Repräsentantin dieser Außenwelt zu der zentralen Projektionsfigur, also zur hauptsächlichen Adressatin des übergroßen Mißtrauens.

Das Kind verfällt also auf eine erpresserische Sicherheitsstrategie, die daher rührt, daß sich das gesamte Weltverständnis auf eine sadomasochistische Perspektive eingeengt hat. Es ist nur konsequent, wenn man nur durch eine Gegendrohung in einer Welt bestehen zu können glaubt, die ihrerseits nichts als Feindseligkeit ausstrahlt.

Nun kommt aber eine kulturelle Bedingung hinzu, die – wie immer die Eltern auch persönlich beschaffen sind – den kindlichen Trotzkonflikt fixieren kann. An sich wäre es angemessen, dem Kind mit Geduld und Besonnenheit dabei zu helfen, seine Aggressivität allmählich unter Kontrolle zu bekommen. Unbeirrte positive Zuwendung könnte in dem Kind zugleich diejenigen libidinösen Energien stärken, die sowohl zur Stabilisierung des Selbstvertrauens wie des Vertrauens zur Welt bereitliegen. Um so eher könnte der Zustand echt überwunden werden, der fachlich als «anale Trotzphase» benannt wird. Aber es besteht für die Eltern wie für die übrige Umgebung eine große Versuchung, sich in dieses archaische Reaktionsmuster hineinzuverwickeln. Schließlich trifft die kindliche Provokation auf einen hoch sensiblen Punkt in uns allen. Wir leben in einer Kultur, in der Größe, Macht und Stärke als Ideale einer erfolgreichen Selbstverwirklichung verherrlicht werden. Aber zugleich wird von uns als permanente Anpassungsleistung eine mühsame Zügelung dieses Strebens verlangt. Sich überall in unserem hierarchischen Gesellschaftssystem flexibel den Rollenzwängen zu fügen, in denen wir funktionieren sollen, ist die Anstrengung, die aus uns wohlgelittene Teile eines nivellierten Kollektivs macht. Die ungebändigten Größen- und Machtansprüche des trotzbesessenen Kindes rühren in jedem, der damit zu tun bekommt, die entsprechenden eigenen verdrängten Impulse auf. Plötzlich sieht sich die Mutter neben ihrem Kind nicht mehr als eine überlegene, zur Hilfe aufgerufene Erwachsene. Sondern sie erlebt sich klein gemacht durch ein Wesen, das vor ihren Augen die Gestalt eines riesigen Tyrannen annimmt, der all die Kränkungen ihres Stolzes in ihr wieder aufbrechen läßt, die in ihr psychische Spuren hinterlassen haben. Und so kommt es, daß sie entweder zum offenen Kampfe antritt oder zumindest die Zähne zusammenbeißt, womit sie so oder so die sadomasochistische Perspektive des Kindes bestätigt.

Wenn der Kinderpsychotherapeut ausgeprägte Fälle dieser Art zu sehen bekommt, geht es jedenfalls fast nie mehr nur um ein trotzgeplagtes Kind, sondern um eine etablierte Beziehungsneurose, in der alle Familienmitglieder ganz und gar auf das Thema Sieg oder Niederlage, Herrschaft oder Unterwerfung fixiert sind. Und es ist selbst für den therapeutischen Fachmann nicht einfach, sich nicht auch noch in das pathologische System verwickeln zu lassen.

Wesentlich ist jedenfalls: Hier spielt sich mehr ab als eine landläufige kindliche Krise in einer typischen Entwicklungsphase. Vielmehr entlarvt das Kind durch sein trotziges Mißtrauen bzw. durch die Projektion seiner überschießenden Aggressivität, daß seine gesamte erwachsene Umwelt von dem gleichen Konflikt betroffen ist. Die Mütter und Väter finden immer scheinvernünftige Erklärungen dafür, warum sie in der einen oder anderen Weise in den Machtkampf mit dem Kind einsteigen. Es heißt, man müsse doch dem Kinde Grenzen setzen. Man müsse ihm helfen, seinen Machtwillen zu zügeln. Innere Disziplinierung werde ihm zu besserer Ausgeglichenheit verhelfen. Und schließlich würde es ja doch später in einer Welt scheitern, die eine derartige expansive Anspruchlichkeit nirgends zulasse. Aber eigentlich sind es nicht primär solche einleuchtenden Überlegungen, vielmehr eben Gefühle der Gekränktheit und der Empörung, welche die Erzieher motivieren. Die Erwachsenen werden wie durch einen gewaltigen Sog auf das sadomasochistische Erlebnisniveau des Kindes hinabgezogen und antworten mit ähnlichem Mißtrauen, ähnlicher Angst und ähnlicher Wut auf die Regungen, die das Kind in die Situation einbringt. «Wir müssen ihm den Bock austreiben!» sagen manche und verraten bereits durch die Formulierung, wie magisch sie die Szene beurteilen. In der Tat erinnert das Drama vielfach an einen exorzistischen Akt, an den Versuch, entfesselte Dämonen zu beschwören.

Mit ihrer allergischen Anfälligkeit bezeugen die Erwachsenen, wie wenig sie, wie wenig letztlich wir alle in unserer Kultur das Problem bewältigt haben, das solche Kinder aktualisieren. Wir mögen «im Hinterkopf» sehr wohl bedenken, daß die kindlichen Ausbrüche in der Trotzphase nur Symptome einer momentanen entwicklungspsychologisch bedingten Verwirrung sind. Aber emotional rasten wir so ein, als würde uns wieder einmal vor Augen geführt, von welchen Trieben diese Welt in Wahrheit regiert wird. Gefühlsmäßig interpretieren wir die kindlichen Aggressionen als repräsentativ für die vorherrschenden egozentrischen Macht- und Größenwünsche, die wir nur so lange in uns unterdrücken können, als alle um uns herum sie unter Kontrolle halten bzw. verdrängen. Wo auch immer gegen diese Konvention verstoßen wird und sei es auch nur in Form einer kindlichen Entwicklungskrise, droht in uns entfesselt zu werden, was wir sonst gerade eben bändigen und verleugnen können.

Infolge ihrer unbewältigten Allmachts- und Größenphantasien scheitert jede neue Elterngeneration daran, ihre Kinder bei der Integration der Aggressivität zu unterstützen. Damit wird diese Pathologie ewig neu reproduziert. Aber die Folge sind nicht etwa nur stereotyp wiederkehrende Erziehungsschwierigkeiten, sondern darüber hinaus gesellschaftliche Fehlentwicklungen von größter Tragweite.

Es bietet sich an, die erläuterten psychoanalytischen Erfahrungen und Erwägungen daraufhin zu untersuchen, ob sie ein neues Licht auf den irrationalen Bedrohungswettlauf werfen können, dessen Motive verständlich gemacht werden sollen.

Diesen Gedanken zu verfolgen, erfordert Mut zu der Wahrnehmung, daß wir als Glieder einer sich fortschrittlich aufgeklärt dünkenden Gesellschaft in einem beunruhigenden Maße noch immer von emotionalen Impulsen beeinflußt werden, die aus infantilen Phantasien und Komplexen herrühren. Für den Psychoanalytiker und jeden Analysanden ist dies eine täglich zu bestätigende Tatsache. Jeder macht in einer analytischen Therapie die Erfahrung, daß in seinen Wünschen und Ängsten, in seinem sozialen Verhalten und in seinem Bild von der Welt noch eine Fülle von kindlichen Vorstellungen und Vorurteilen steckt. Das heißt, wir gehen mit der Gegenwart immer noch teilweise so um, als wiederholten sich in ihr nur Situationen, die sich in uns in frühen Entwicklungsphasen eingeprägt haben. In einer Psychoanalyse überwindet jeder irgendwann die Kränkung, die darin liegt, diese «Unreife» zuzugestehen. Denn gerade durch das psychische Nacherleben dieser haftengebliebenen infantilen Konstellationen in der Analyse schwindet der Druck, den diese belastenden und einengenden infantilen Anteile ausüben. Wer durchschauen kann, wo er immer noch als allmächtiges oder total ohnmächtiges, als tödlich kränkbares oder amokläuferisches trotziges Kind reagiert, der wird hinfort eben nicht mehr von diesen Phantasien oder Tendenzen hinterrücks überfallen. Der gewinnt davon Abstand und kann vielleicht lernen, sich und die umgebende Welt neu zu sehen und nicht mehr automatisch durch die Brille unverarbeiteter Erinnerungen zu verzerren.

Allerdings ist dieses Durchschauen auch in einer Psychoanalyse besonders dort erschwert, wo die Erwachsenenkultur genau die infantilen magischen Phantasien und Denkmuster zu bestätigen scheint, die lernend zu überwinden wären. Wie kann jemand eine psychische Reife erlangen, die der fixierten Unreife der umgebenden Gesellschaft widerspricht? Was hilft es ihm, wenn der innere Druck der mitgeschleppten infantilen

Komplexe nachläßt, dafür aber der äußere Druck eingetauscht wird, der durch die Abweichung von nach wie vor im Kollektiv verankerten infantilen Einstellungen und Vorschriften provoziert wird? Dies ist ein schwer auflösbares Dilemma.

Im «Gotteskomplex» habe ich die Hypothese ausführlich zu belegen versucht, daß unsere Zivilisation im Ganzen wesentlich durch magische Allmachtsideen und die Unterdrückung infantiler Ohnmachtsphantasien geprägt ist. Die Angst, wertlos oder sogar verloren zu sein, wenn man nicht selber groß und mächtig werden oder zumindest an kollektiver Größe und Macht teilhaben kann, ist vielfach wirksam in Individuen, Gruppen und größeren sozialen Einheiten. Es ist dies eine kollektive Männer-Neurose. Aber die Männer-Dominanz in der Gesellschaft hat dazu geführt, unsere Zivilisation in toto auf das magische Ideal der Omnipotenz auszurichten. Obwohl die Frauen, denen die gefürchteten und verachteten «Minusmerkmale» der Ängstlichkeit und der Schwäche kulturell zugeteilt wurden, sich jetzt wehren und damit die gesellschaftliche Verdrängung erschweren, kommt dieser kollektive Selbstheilungsprozeß nur sehr langsam voran. Die Entwicklung erleidet immer wieder Rückschläge.

Ein solcher ist z. B. deutlich in der jüngsten Vergangenheit sichtbar geworden und hat in den politischen Prinzipien der Reagan-Administration einen prägnanten symptomatischen Ausdruck gefunden: Verherrlichung von Stärke, Propagierung von egozentrischer Rivalität auf Kosten sozialer Hilfe, Wille zur Macht – wo überall diese errungen und gesteigert werden kann. Wie eine Krankheit drängen solche verhängnisvollen antisozialen «Heilsphantasien» in vielen Ländern wieder die eben erst aufgekeimten Ansätze zu einem reiferen und humaneren Menschen- und Gesellschaftsbild zurück. Zartheit, Sanftheit, soziale Sensibilität, Solidarisierung mit den Schwachen und den armen Völkern, Auflockerung expansionistischer Rivalitäten – all dieses geriet wieder in den Schatten der Entwertung, wenn nicht Diskriminierung. Unbelehrbare

Machtpolitiker fanden überall wieder Anklang. «Entspannung» wurde zu einem anrüchigen Wort. Gewalt und Folter fand man plötzlich wieder verzeihlich, wo sie innerhalb des eigenen Bündnissystems ausgeübt werden.

Auf den ersten Blick scheinen solche politischen Entwicklungen allerdings wenig zu der zuvor angebotenen psychoanalytischen Interpretation zu passen. Da hieß es doch, daß wir als Kinder unsere trotzigen Größen- und Machtphantasien typischerweise schließlich unterdrücken müßten, um uns durch angepaßtes Wohlverhalten den Schutz der Eltern und aller späteren Mächtigen zu erhalten, von denen wir abhängig sind. Wie kann denn nun aber das, was alle mehr oder minder zu verdrängen gelernt haben, zu einem bestimmenden Motiv in der großen Politik werden?

Zur Auflösung dieses scheinbaren Widerspruches hat FREUD durch seine Untersuchungen über massenpsychologische Phänomene wesentliche Erkenntnisse beigesteuert. Der einzelne kann sich dafür, daß er seine persönlichen Macht- und Größenwünsche weitgehend unterdrücken muß, dadurch entschädigen, daß er diese insgeheim an das Kollektiv und dessen Führer abtritt. Die Verdrängung in der analen Trotzphase besagt ja eben nicht eine Ausschaltung, vielmehr nur eine Abspaltung der zwiespältigen Gefühle von Mißtrauen, Haß und Allmachtstendenzen. Wie alles Verdrängte verbleiben diese psychischen Elemente auf einer infantil archaischen Stufe. Und in dieser Form können sie jederzeit durchbrechen, wenn ihnen – auf welchen Umwegen oder Maskierungen auch immer – eine Kanalisierung angeboten wird. Ein übliches und höchst gefährliches Angebot ergibt sich dadurch, daß die staatliche Obrigkeit die innere Zensur aufhebt, die im einzelnen wirksam ist, und daß sie sich als eine Art Ersatzgewissen etabliert. FREUD sprach davon, daß der einzelne sein Ich-Ideal in der Masse durch deren Führer ersetze. Die Führung des Kollektivs kann diesen Prozeß so steuern, daß sie einerseits die Bereitschaft zur Unterwerfung und Aggressionsunterdrückung für die Festigung ihrer Herrschaft nach innen ausnützt, daß sie sich jedoch andererseits der abgespaltenen antisozialen Impulse bedient, um diese nach außen zu lenken gegen alles, was draußen in der Welt erobert und unterworfen werden kann – oder auch gegen planmäßig diskriminierte Gruppen innerhalb des eigenen Kollektivs.

So wird es verständlich, wenn ein Gemeinwesen als Ganzes aggressive größenwahnsinnige Ziele verfolgt, obwohl – oder gerade weil – jedes seiner abhängigen Mitglieder mehr oder weniger zu einem fügsamen Werkzeug geschrumpft ist, dessen persönliche Geltung immer mehr absinkt. Die winzige Rolle, in der die nivellierten Wesen in der Masse mitfunktionieren, macht sie blind dafür, welche ungeheure Gefahr in der millionenfachen Bündelung der abgespaltenen destruktiven Triebkräfte liegt, die in archaischer Weise längst in die große Politik eingebrochen sind und auf den Weg unserer Zivilisation einen verhängnisvollen Einfluß gewonnen haben.

6. Warum entgeht uns unsere Unfriedlichkeit?

Das Kollektiv absorbiert die abgespaltene Aggressivität der einzelnen. Der freundliche Nachbar als geheimer Komplize. Der Enthüllungseffekt des Falklandkrieges.
Die Abschreckungsdoktrin als die Krankheit, gegen die sie als Rezept verschrieben wird.

Es handelt sich dabei also um einen durchgängigen verdeckten Spaltungsprozeß, der sowohl innerhalb der einzelnen wie innerhalb des Gemeinwesens wirksam ist. Da er im wesentlichen unbewußt abläuft und da unsere Selbstachtung davon abhängt, seinem Resultat zu widersprechen, ist es schwierig, seine Wirksamkeit anzuerkennen. Vielen von uns ist es immer noch lieber, sich mit den Lemmingen von KENNAN, mit der Schildkröte von HUMPHREY oder mit den Feuerzeug-Spielern von SOMMER vergleichen zu lassen, weil das exotische Moment jener Interpretationen dazu verhilft, sie auf Distanz zu halten. Um so schwerer fällt es uns, im Spiel mit dem Feuer bzw. mit dem stetig wachsenden Risiko einer atomaren Weltkatastrophe unmittelbar psychische Antriebe zu erkennen, an denen jeder einzelne von uns teilhat. Schließlich haben wir uns allesamt einer Moral und staatlichen Gesetzen verschrieben, welche die Gewalt und insbesondere das Töten strengstens verbieten. So möchten wir den Wettlauf der wechselseitigen mörderischen Bedrohungen lieber durch alles andere erklären als ausgerechnet durch Motive, für die wir sämtlich mitverantwortlich sind.

Aber es hilft alles nichts: Es ist unser eigener rasender Sadismus, den wir jeweils im Spiegelbild des teuflischen Feindes erblicken, der uns die Welt in ein atomares Pulverfaß verwandeln läßt. Und es ist eben dieser unbewußte anale Sadismus, der beide Seiten unfähig macht, ihre wechselseitigen Feindbilder zu mildern; der ihnen verbietet, ihr Mißtrauen abzubauen, das ihnen ja in Wirklichkeit hilft, sich von dem

56

unerträglichen Selbstmißtrauen abzulenken, das sie sonst befallen würde.

Keineswegs dürfen wir uns dadurch täuschen lassen, daß wir in der großen Mehrzahl in unseren Gesellschaften gut angepaßt mitfunktionieren. In unseren hierarchischen Systemen sorgt vor allem eine durchgängige Kette von Abhängigkeitsverhältnissen dafür, daß die meisten sich äußerlich den Regeln der sozialen Ordnung zu fügen vermögen. In «Flüchten oder Standhalten» habe ich den sozialpsychologischen Mechanismus ausführlicher untersucht, der dieses Verhalten begründet. Es ist so eingerichtet, daß die Kinder an die Erwachsenen, die Frauen (bisher) an die Männer, die sozial Schwachen an die (wirtschaftlich oder politisch) Mächtigen jeweils das Maß an Machtwillen und aggressivem Potential abtreten, das sie bei sich selbst zu unterdrücken gezwungen sind. Die sozial Schwachen lernen, sich mit der Fügsamkeit, der Passivität und der Kleinheit abzufinden, die für ihre Rollen vorgeschrieben sind. Aber was sie nicht selbst ausleben, bleibt in ihnen nichtsdestoweniger unbewußt wirksam. In versteckter, gelegentlich aber auch offen durchbrechender Form, partizipieren sie psychisch an anderen, die oben sind und sich keine solche Hemmungen auferlegen. Die Bedingung dafür ist, daß sie sich mit solchen vergleichsweise Mächtigen narzißtisch identifizieren können. Sie müssen phantasieren können, daß deren aggressive Durchsetzung zugleich für sie und in ihrem Namen geschehe. – Außerdem binden sie ihren verdrängten Machtwillen an größere soziale Gebilde, denen sie zugehören. In seinem Brief an EINSTEIN «Warum Krieg?» hat FREUD dargestellt, wie sich die einzelnen eine Kanalisation von Gewalt, die sie selbst nicht praktizieren dürfen, mit Hilfe des Kollektivs ermöglichen können, das ihre Gewaltbereitschaft absorbiert und stellvertretend für sie ausübt.

Geradezu erlösend ist es dann, wenn besondere Umstände die mächtigen Stellvertreter bzw. die Führer des Kollektivs veranlassen, der Masse der gefügigen «kleinen Leute» zu erlauben, ihre abgespaltene Aggressivität selbst auszuleben. Dann spielen sich Szenen ab, wie wir sie unlängst im Falkland-Krieg beispielhaft erlebt haben. Da zeigt sich, welch ein gewaltiges Pulverfaß an Aggressivität in den betroffenen Völkern bereitlag, dem die Regierungen in Buenos Aires und London nur einen Zündfunken liefern mußten, um es zu entfachen. Augenblicklich wurden die innenpolitischen Polarisierungen und die differenzierten gesellschaftlichen Strukturen durch eine Welle gemeinsamer Kriegsbegeisterung unkenntlich. Einigermaßen fassungslos starrten die europäischen Nachbarvölker auf die Engländer, die bei den jüngsten Nachwahlen nur mehr ihre Dankbarkeit für den Kriegstriumph über den amokläuferischen argentinischen Junta-Chef auszudrücken fähig schienen. Alle anderen politischen Probleme waren im Sog dieses Enthusiasmus momentan – so sah es aus – völlig bedeutungslos geworden.

Was die Engländer uns hier vorgeführt haben, gilt für uns andere nicht minder. Die sozialpsychologischen Voraussetzungen für eine solche Reaktionsweise sind ubiquitär gegeben. Sie bleiben nur so lange verdeckt, wie ihnen vergleichbare Anlässe zur Auslösung fehlen. Wie weit wir zumindest zu einem großen Teil verführbar sind, Gewalt in kaum verhüllter sadistischer Form auszuüben, hat das in verschiedenen Ländern wiederholte MILGRAM-Experiment schlagend bewiesen. Darin geht es bekanntlich darum, daß sich ahnungslose Versuchspersonen widerspruchslos bereitfinden, anderen Menschen schmerzhafte elektrische Schläge zu verpassen, wenn ihnen von seiten einer geachteten Autorität eingeredet wird, daß dies einem vernünftigen Zweck diene. Obwohl die Versuchspersonen nach den Umständen glauben müssen, daß sie ihre Partner durch die elektrischen Schläge in regelrechte Gefahr bringen, folgen sie dem «Folterbefehl» aus Gehorsam gegenüber der Autoritätsperson, indem sie sich einreden, daß diese die Verantwortung zu tragen habe.* Bewiesen ist durch

* MILGRAM, ST.: Das Milgram-Experiment. Rowohlt Verlag, Reinbek 1974

dieses Experiment, daß z. B. in den USA und in der Bundes-republik ein ziemlich hoher Anteil der Bevölkerung imstande ist, den persönlichen Moralvorstellungen zuwider zu handeln, wenn eine respektierte gesellschaftliche Instanz dazu auffor-dert, die persönlichen Gewissenszweifel zu unterdrücken. Da-durch wird nicht etwa das moralische Selbstbild dieser Men-schen erschüttert. Sie loben sich vielleicht sogar dafür, daß sie die ihnen zugemutete «Selbstüberwindung» fertiggebracht ha-ben, um die vermeintliche Gehorsamspflicht zu erfüllen.

So erklärt es sich, daß gelegentlich eine Masse von Men-schen, deren jeder Unrecht, Machtmißbrauch und erst recht Krieg ablehnt, am Ende eine Politik mitzutragen bereit ist, die dieser Überzeugung strikt widerspricht. Die einzelnen bleiben währenddessen unter Umständen liebevolle Ehemänner und Väter, sensible Tierliebhaber und Naturfreunde. Ihre Partizi-pation an einem kollektiven archaischen Sadismus ändert nichts daran, denn keinem von ihnen ist da eigentlich bewußt, daß das Böse, was er tut, aus ihm selbst kommt. Es kommt ja auch nicht aus dem «Selbst», es ist kein Handeln aus persönli-cher Überzeugung. Es verselbständigt sich ein desintegriertes psychisches Element, in welchem sich das Ich nicht wiederer-kennt.

ERICH FROMM hat sich mit der Frage beschäftigt, warum so viele deutsche Juden sich nur schwer oder sogar zu spät zu einer Emigration aus Nazi-Deutschland entschließen moch-ten. Er fand, daß diese Juden sich dadurch täuschen ließen, daß sie die große Mehrzahl der Deutschen, mit denen sie alltäglich zu tun hatten, nach der Machtergreifung HITLERS unverän-dert als freundliche und anständige Leute empfanden. So konnten sie sich nicht vorstellen, daß HITLER seine schon früh angekündigten Verfolgungspläne mit diesen liebenswürdigen Mitbürgern je würde durchsetzen können. Weil sie den ge-schilderten Spaltungsprozeß verkannten, hielten sich diese gutgläubigen Juden nur daran, wie sich ihre Mitbürger im alltäglichen Umgang darstellten. Und es war ja auch nicht so, daß die Nachbarn, Freunde und Geschäftspartner ihre Freundlichkeit nur heuchelten. Viele, die später zu willigen Nazi-Werkzeugen wurden, waren von ihrer Rechtschaffenheit durchaus überzeugt und gegenüber ihren abgespaltenen antisozialen Impulsen blind, die schließlich scheinbar erst auf fremdes Geheiß von ihnen Besitz nahmen. Deshalb war nach dem Ende des Nazi-Spuks auch so mancher ehrlich verwundert darüber, daß er sich in eine verbrecherische Politik hatte verwickeln lassen, die ihm weit entfernt von seiner eigentlichen Identität schien. Er konnte sagen: Da ist mit mir etwas gemacht worden, was nicht aus mir kam. Ich war nur ein Verführter. Aber Verführung greift immer nur dort, wo spezifische Verführbarkeit mitwirkt. Und FREUD hat stets darauf bestanden, daß jeder auch für sein Unbewußtes verantwortlich ist. Ohne massenhafte unbewußte Anstauung archaischer Herrschsucht und analer Aggressivität, die HITLER mit Geschick im Volke zu mobilisieren verstand, wäre er mit seinen Absichten leergelaufen.

Man braucht nicht zu unterstellen, daß zur Zeit irgendeine der verantwortlichen politischen Führungsgruppen ähnliche kriminelle Absichten hegt. Aber die Sorge ist begründet, daß wir uns um so ahnungsloser in eine expansionistische Konfrontationspolitik verwickeln lassen, je weniger selbstkritisch wir uns mit den Bedingungen unserer Verführbarkeit auseinandersetzen. Immerhin gestatten wir den Verantwortlichen ja jetzt bereits eine Politik der stetigen Militarisierung mit wachsendem Kriegsrisiko und sind in Gefahr, uns voreilig damit zu beschwichtigen, daß sich bei Meinungsumfragen überwältigende Mehrheiten für eine unbedingte Kriegsverhütung aussprechen. Dabei sind wir im Westen sicher mit Recht davon überzeugt, daß unter den Bürgern der Warschauer-Pakt-Staaten die Kriegsgegnerschaft nicht minder verbreitet ist als hier. Aber auf beiden Seiten finden sich die Menschen allzu leicht mit einem Selbstbild ab, das sie sich wünschen. Jedes Volk glaubt trotz aller historischen Gegenbeweise an seine absolute Harmlosigkeit und Friedfertigkeit. Und eben diese massenhafte Identifizierung mit einem schönfärbenden psychologischen Trugbild schafft die Gefahr, daß die abgespaltenen sadomasochistischen Triebkräfte sich hinterrücks durchsetzen.

Eben diese Triebkräfte haben wir aber unbedacht längst zugelassen, indem wir wie ahnungslos der Suggestion erlegen sind, wir müßten unsere Sicherheit nur noch auf das Abschreckungsdogma bauen. In psychoanalytischer Sicht bedeutet das Abschreckungsdogma einen Rückfall auf das Denksystem der anal-sadistischen Entwicklungsstufe: In dieser primitiven Perspektive kann man sich als Mittel zur Friedenssicherung nur die unfriedlichsten aller Instrumente vorstellen. Man denkt nur gegeneinander, obwohl Frieden seinem Wesen nach auf ein Miteinander, auf positiven Beziehungen, Vertrauen und Verständigung hinauslaufen muß. Vor 22 Jahren sagte ALBERT EINSTEIN: «Der Irrglauben, Sicherheit könne durch Anhäufung von Waffen erzielt werden, ist so weit verbreitet wie je zuvor.» Dieser Irrglauben bestimmt nach wie vor unsere offizielle Politik. Um so dringender erscheinen alle Anstrengungen, ihn kritisch zu untersuchen und durch Aufdeckung seiner sozialpsychologischen Hintergründe zu erschüttern.

Unter psychologischem Aspekt ist die Abschreckungsdoktrin selbst Ausdruck der Krankheit Friedlosigkeit, gegen die sie uns als Rezept aufgedrängt wird. Man sagt uns, die Abschreckung müsse nicht nur durch unsere atomare Rüstung glaubwürdig sein, sondern natürlich auch durch unsere psychische Bereitschaft, die Waffen im Ernstfall jederzeit anzuwenden. Das heißt, mit dem Auftürmen immer neuer phantastischer Vernichtungswaffen muß unsere Bemühung Schritt halten, unsere ansteigenden Skrupel und Ängste vor Entfesselung des atomaren Infernos zurückzudrängen. Dies ist die wahrhaft groteske Paradoxie: Wir sollen angeblich psychisch immer unfriedlicher werden, um den Krieg zu verhindern.

Gemäß dieser Logik ist es eine der wichtigsten «Friedens-aufgaben» der im Dunkeln arbeitenden Organisationen der «Psychologischen Kriegsführung», uns mit Haßgefühlen fest an das offizielle Außenfeindbild zu binden und diese Gefühle unablässig zu schüren. Diese psychologische «Wartung» wird eben durch die Sorge gefördert, eine versöhnlichere Stimmung dem Gegner gegenüber könnte uns veranlassen, uns im Ernstfall zu verweigern und den Atomkrieg zu sabotieren. Würde die «psychische Rüstung» eines Tages hinter der technischen Rüstung wesentlich zurückbleiben, weil die Menschen vor den Folgen eines Nuklearkrieges zurückschrecken würden, dann wären, so lehren uns die maßgeblichen Strategen, mit der Abschreckung zugleich unsere Sicherheit und letztlich der Frieden dahin.

Warum, so kann man sich fragen, erzeugt dieser Widerspruch nicht noch mehr Angst? Wie ist diese Absurdität auszuhalten, daß wir, indem wir unablässig zur prompten Auslösung der Katastrophe auf dem Sprunge sein sollen, angeblich die wirksamste Kriegsverhütung betreiben? Kann denn durch die ewig wachgehaltene Kampfbereitschaft (wiewohl das Wort Kampf natürlich längst unpassend geworden ist) jemals etwas anderes entstehen als eine Entfesselung des Ereignisses, auf das diese Vorbereitung ausschließlich zielt? Und ist dieser Zusammenhang nicht so evident, daß die Sorge am Ende jene zuvor erläuterten analen Allmachts- und Haßimpulse überwinden müßte?

7. Unterdrückte Todesangst bricht Lebenswillen

Hier falsche Zuversicht, dort falsche Resignation – Folgen eines Desintegrationsprozesses. Warum ein hoher Politiker und ein aussteigender junger Mann scheinbar in zwei Welten leben. Männlicher Machtwahn als Motor tödlicher Risikopolitik: Destruktivität aus verdrängter Todesangst. Widerstandskraft aus Leidensfähigkeit: zwei Zeuginnen.

Tatsächlich ist Angst allgemein verbreitet. Und die «da oben», die uns laufend Zuversicht einzuimpfen versuchen und von uns den festen Glauben an die Machbarkeit des sicheren Abschreckungsfriedens verlangen, haben insgeheim die gleiche Angst wie die verzagenden Pessimisten, die ihre Verzweiflung offen kundtun. Nur sind die Verarbeitungsweisen sehr unterschiedlich, sie sind «oben» und «unten» gegensätzlich.

Ein Beispiel von «oben»:

Ein hochrangiger Bonner Politiker lädt mich ein, um von mir als Psychoanalytiker einiges über die Motive der Jugendlichen zu hören, welche sich in den neuen Protestbewegungen, vor allem in der Friedensbewegung, vereinigt haben. Er wolle sich darüber informieren, weil er bei sich Schwierigkeiten erkenne, diese Jugendlichen zu verstehen und sich ihnen seinerseits verständlich zu machen.

Ich versuche, ihm zu erklären, daß diese Jugend nach meinem Eindruck nur mit besonderer Sensibilität wahrnehme, daß die Realität in der Tat bedrohlich sei, daß die jungen Menschen ihre Erregung darüber eben heftiger als viele Ältere kundtäten, die aber insgeheim ebenfalls sehr besorgt seien. Viele Jugendliche – so führe ich aus – verschafften sich sehr genaue Informationen über die ökologischen Probleme und vor allem über die Atomrüstung und ihre möglichen Folgen. Daraufhin fährt der Politiker aus der Haut: Erstens sei die Lage nicht alarmierend – am wenigsten im ökologischen Bereich. Zweitens glaube er nicht an die Spontaneität der Empörung («Wenn ich das Wort spontan schon höre!») Dahinter steckten unverantwortliche Aufwiegler – Lehrer, einige Politiker mit verstiegenen Ideen, welche die Jugend verführten und manipulierten.

Er wird dabei immer schärfer und schreit seine Wut am Ende laut heraus. Unerträglich ist ihm der Gedanke an das Chaos, das diese Bewegung anstiften könnte. Er will nichts davon wissen, daß die Friedensbewegung der Regierung vielleicht nützliche Flankenhilfe bei einer mäßigenden Einwirkung auf die Amerikaner geben könnte. «Die machen alles nur schwieriger!»

Dann wendet sich das Gespräch plötzlich den Italienern zu, die offensichtlich viel gelassener mit den schlimmsten Herausforderungen wie politischen Entführungen, Morden und einer permanenten katastrophalen Wirtschaftskrise zurechtkämen. Hier in Deutschland würde so etwas doch zu einer Staatskrise nach der anderen führen.

Während wir über Unterschiede in der Erziehung und in der Familienstruktur zwischen den Italienern und uns reden, geht mir der eigentliche Sinn der neuen Fragestellung auf. War mein Partner nicht selbst eben noch nahezu außer sich über die neuen Jugendunruhen und die Anstifter, die er dahinter witterte? Geht es also nicht eigentlich darum, daß er selbst gern «italienischer» – also gelassener – mit Herausforderungen umgehen möchte?

Während ich spüre, welche enorme Spannung dieser Mann in sich niederzukämpfen versucht, überkommt ihn offenbar jäh der Drang, sich rasch wieder gegen die Gefühle abzuschirmen, die da in ihm hochgekommen sind. Er führt nun vor, auf welchem Wege er sich solchen Anfechtungen zu entziehen pflegt. Er bringt zur Sprache, wie unerhört hart er gegen sich sei, welches gewaltige Arbeitspensum er täglich erledige und wie wichtig sein kompetenter Beitrag sei, um eine rationale Politik durchzusetzen, obwohl er es da und dort wahrhaftig mit schwer berechenbaren und zum Teil auch ungenügend sachverständigen Partnern zu tun habe . . .

Bereits diese sehr allgemeinen Andeutungen über eine Phase dieses Gespräches lassen eine typische Form von Angstverarbeitung durchschimmern, wie man sie zumal in den Zentren der Macht häufig vorfindet: Irgendwo ahnen die Betreffenden, daß die offen beunruhigten Gruppen Gefühle ausdrücken, die auch in ihnen latent vorhanden sind. Indem sie sich nach mehr Nähe zu der bewegten Jugend sehnen, verraten sie die Ahnung, daß es ihnen selbst gut täte, weniger von dem zu verdrängen, was die Jugend ihnen an gemeinsamer Besorgnis zurückspiegelt. Vielleicht könnten sie, wenn sie mehr von ihren Gefühlen durchlassen würden – wie die Italiener – ein wenig lockerer werden?

Aber dieser Gedanke wird zu einer Versuchung, die eine massive Gegenreaktion wachruft. Mündet eine solche innere Aufweichung nicht ins Chaos? Und kann man sich nicht täglich beweisen, wie fit und potent man ist? Daß man doch alles im Griff hat und die Dinge kompetent zu steuern vermag? Ist also nicht doch Härte gegen sich selbst die beste Rettung? – Dieser Impuls setzt sich durch. So wird das Verlangen gebremst, es mit einer Öffnung nach innen und nach außen, zu den Repräsentanten der unterdrückten Gefühle hin zu versuchen. Und man versichert sich, daß man mit allem, was Sorge macht, aktiv fertig werden könne. Das bedeutet freilich, daß man diejenigen entwerten muß, die einem täglich entgegenhalten, was selbst verdrängt. Man darf der kritischen Jugend nicht einmal das Merkmal der Spontaneität zugestehen. Die Hintermänner-Theorie erleichtert es, die innere Abkapselung wieder zu stabilisieren. Dann kann man die eigene, von außen zurückreflektierte Angst als bloße Fiktion bzw. als etwas künstlich Gemachtes abtun und bekämpfen.

Dazu ein krasses *Gegenbeispiel* von «unten». Ich begegne einem 25jährigen. Er hat ein Handwerk gelernt. Jetzt ist er unterwegs und sucht irgendwo einen Platz, wo er vielleicht noch eine Weile «auf natürliche Weise leben» kann. Er kommt aus einer Großstadt.

«Ich gehe jetzt mal aufs Land. Ich will ein bißchen zu mir selber kommen, noch ein bißchen Natur, heile Welt um mich haben. Ich habe mir vorgenommen, wenigstens 35 zu werden. Zehn Jahre noch irgendwo aushalten, wenn die da oben vorher keinen Blödsinn anstellen und alles kaputtmachen. Und ich habe mir vorgenommen, mich sterilisieren zu lassen. Ich mag Kinder gern, mag sie aber nicht in die Welt setzen, weil ich das, was da auf uns zukommt, nicht mehr überblicken kann. Das erscheint mir alles zu unsicher . . . also, da kann ich mit gutem Gewissen keine Kinder in die Welt setzen.»

«Ich denke mir, in den zehn Jahren, die ich mir vorstelle, da will ich mich nicht selbst verlieren. Da will ich noch Natur erfahren, will auch eine schöne Arbeit machen. Aber Politik? Ich hatte einen ziemlich aufrechten Gewerkschafter als Vater, so ein ehrlicher Kämpfer. Aber er hat nur Fußtritte gekriegt . . .»

«Demonstrationen? Da mache ich nicht mehr mit. Ich weiß, da müssen die Leute ruhig bleiben. Also, ich kann aber nicht zugucken, wenn Menschen verprügelt werden oder wenn die Polizei die wegschleppt. Also, ich bin nicht intellektuell erzogen worden. Ich habe mehr gelernt, mich zu schlagen, mich zu wehren. Aber dann gefährde ich bei solchen gewaltfreien Aktionen die anderen mit. Also mache ich da nicht mehr mit . . .»

«Ich kriege überhaupt zuviel Angst. Wenn ich mir nur alle Informationen besorge, dann kann ich das nicht mehr nur über den Kopf abwickeln. Dann betrifft es mich dermaßen, daß das wirkliche Leben keinen Spaß mehr macht. Und da denke ich mir, daß ich mir lieber noch ein paar schöne Jahre mache . . .»

«Du kommst, wenn du politische Erfahrungen machst, vielleicht ein Stück vorwärts. Aber die anderen kommen dann gleich drei Schritte an dir vorbei. Die Leute, die einfach die Macht haben, die das Geld in der Hand haben, die peitschen ihre Interessen voll durch. Egal, wie du dich aufreibst. Ich kenne die Einstellung der Arbeiter: da kann man doch nichts machen! Die Großen machen doch, was sie wollen. Die fegen alles vom Tisch. Wenn du als Kleiner den Staat ein bißchen beschubst mit Sozialhilfe oder ein bißchen zuviel Arbeitslosengeld, da ist das fürchterlich unmoralisch. Aber das Große, was die machen, z. B. mit der Atomrüstung oder mit den Wirtschaftsskandalen, das fällt gar nicht mehr unter ihre Moralbegriffe. Da haben die irgendeinen Deckel drüber.»

«Das reicht nicht, wenn 98 Prozent der Bevölkerung anders denken, wenn ein oder zwei Prozent da oben die Macht haben. Die kannst du ja nicht überzeugen, weil die ja nicht nach irgendwelchen Moralen handeln. Ich weiß gar nicht, aus welchen Perspektiven die handeln, die haben wahrscheinlich irgendwas im Kopf, was ich gar nicht verstehe, Reagan oder Strauß . . .»

Diese beiden Beispiele bezeichnen etwa die Gegenpole im emotionalen Umgang mit der bedrohlichen Realität. Der sozial Schwache ist der Angst offen ausgeliefert, die der Mächtige mühsam in sich unterdrückt, indem er sich als so stark phantasiert, daß keine Gefahr ihm etwas anhaben könne.

Der, der irgendwo ein maßgebliches Steuer in der Hand hält, ist versucht, seine soziale Überlegenheit mit der Macht über die Weltgefahren zu verwechseln, die er in Wirklichkeit gar nicht im Griff hat. Er begibt sich auf eine Flucht nach vorn und phantasiert: So stark, klug und einflußreich wie ich bin, werde ich mich gegen alle äußeren Bedrohungen durchsetzen und in mir und um mich herum alle kleinmütigen oder bösartig ausgestreuten Zweifel hinwegfegen! – Sichtbar ist, daß diese Angstabwehr mit der Mobilisierung von erheblichem Haß verbunden ist. Der zitierte Mächtige führt insgeheim und zum Teil auch offen Krieg gegen seine eigene Empfindsamkeit, gegen seine verdrängten Schwächegefühle, gegen die unruhige Jugend, die ihm draußen vorführt, was er in sich unterdrückt, und gegen die bösen Drahtzieher, die er zur Legitimierung seines aggressiven Agierens nötig hat. Wer nicht leiden will, muß hassen!

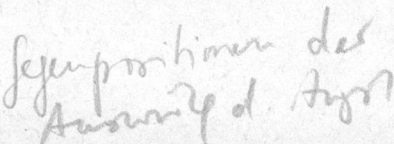

Am entgegengesetzten Pol findet sich der total Ohnmächtige, der gar nicht mehr laufend über die politische Situation informiert werden möchte, um nicht noch tiefer deprimiert zu werden. Schon die Denkmuster der Mächtigen, die in seiner Sicht vielleicht schon bald alles kaputtmachen werden, sind ihm unheimlich und unverständlich. Erst recht hält er sich für völlig außerstande, sich zu wehren: «Die Großen machen doch was sie wollen. Die fegen alles vom Tisch!» Würde er demonstrierend mitprotestieren, würde mit ihm die Wut durchgehen. Und dann würde er sich und seine Gesinnungsgenossen in sinnlose Schwierigkeiten bringen.

Aber er will sich auch deshalb nicht mehr verwickeln, um sich noch ein Stück Lebensfreude zu erhalten. Wenn man schon den unheilvollen Lauf der Dinge nicht mehr ändern kann, dann kann man vielleicht irgendwo noch in einer freundlichen Nische Zuflucht finden, wo man – solange dafür Zeit bleibt – etwas Sinnvolles arbeiten, etwas «Natur erfahren» kann. Auf diese Weise kann man versuchen, sich nicht «selbst zu verlieren».

Der Mächtige empfindet sich dadurch verantwortungsbewußt, daß er in klassischer Tatmenschenmanier zupackt und eher bagatellisiert, was ihn in seinem Erfolgsglauben irritieren könnte.

Der Ohnmächtige hingegen steigt aus und sieht verantwortliches Handeln darin, daß er sich sterilisieren lassen will, um nicht eigene Kinder einer vorausgeahnten düsteren Zukunft auszuliefern.

Der Mächtige verrät, daß er nicht ans Ende denken will. Es ist nicht nur Stolz, was ihn seine Härte und seine unverwüstliche Arbeitskraft herausstellen läßt. Man spürt auch die Angst, die ihn veranlaßt, Beweise für seine unzerstörbare Vitalität zu sammeln. Dabei verleugnet er, daß er mit seiner Lebensweise einen unmittelbaren physischen Raubbau betreibt. Aber es gehört zu seiner Männlichkeits-Moral, die Anfälligkeit seiner Natur genauso zu mißachten, wie er sich

68

auch sonst durch nichts oder niemanden alarmieren lassen will.

Der Ohnmächtige bedenkt das Ende. Er gibt sich noch zehn Jahre, «wenn die da oben vorher keinen Blödsinn anstellen». Diese Erwartung bestimmt seine Planung. In der begrenzten Zeit will er noch so viel Sinn wie möglich erfüllen.

Ähnlich düstere Zukunftsvorstellungen sind übrigens heute viel weiter verbreitet, als es nach dem Bilde erscheint, das die Medien von der allgemeinen Stimmungslage zeichnen. HUMPHREY berichtet, daß laut Umfragen in England fast die Hälfte der Erwachsenen mit einem Atomkrieg während ihrer Lebenszeit rechnet. Nur zehn Prozent glauben daran, daß sie und ihre Familien überleben werden. Das Ergebnis einer EMNID-Umfrage in der Bundesrepublik 1981 wurde so zusammengefaßt:

«Die Grundstimmung der Bundesbürger ist in nahezu jeder Hinsicht pessimistisch, in einem so hohen Maße war dies zu keinem anderen Zeitpunkt in den letzten drei Jahrzehnten festzustellen. Die Deutschen halten für möglich oder sogar für wahrscheinlich, daß die nahe oder ferne Zukunft noch dunkler wird als die Gegenwart.»

Die kürzlich veröffentlichte Shell-Jugendstudie ermittelte bei 58 Prozent der westdeutschen Jugendlichen ein ausgeprägt pessimistisches Zukunftsbild. Unter diesen erwarten 66 Prozent, daß die Welt in einem Atomkrieg untergehen wird. Im übrigen meinen drei von vier befragten Jugendlichen, daß Technik und Chemie die Umwelt wahrscheinlich oder bestimmt zerstören werden. 80 Prozent rechnen mit einem Ausbruch von Wirtschaftskrisen und Hungersnöten. Eine Mehrheit erwartet, daß die Menschen alsbald durch Computer total kontrolliert und in eine immer noch zunehmende Isolation voneinander geraten werden. Psychische Nivellierung, Erstarrung und Verarmung werden erwartet und teilweise bereits als aktueller Zustand beschrieben.

Vergleichbare pessimistische Phantasien werden von amerikanischen Kindern und Jugendlichen berichtet. Bereits Siebenjährige erzählen bei Befragungen in Schulen von ihren Ängsten vor Atombomben. Der Herausgeber der amerikanischen Zeitschrift *Children's Express*, ROBERT CLAMPRITT, berichtete dem Schriftsteller JÜRG FEDERSPIEL: «Kinder reden, träumen und schreiben in Schulaufsätzen vom kommenden Krieg und erzählen Psychiatern von ihrer Angst, daß die Welt von Bomben, Feuer und Giftgasen zerstört werden wird.» Die Vereinigung Analytischer Kinder- und Jugendlichen-Psychotherapeuten in der Bundesrepublik hat kürzlich in einem Brief an die Regierung besorgt über die Zunahme sehr schwerer seelischer Störungen bei Jugendlichen aller sozialen Schichten berichtet:

«Sehr typische Erscheinungsbilder sind tiefes Mißtrauen, Resignation, Zukunftsängste, Arbeitsstörungen, Flucht in Drogen und Alkoholismus, bis hin zum Selbstmord. Viele dieser Symptome sind nicht nur als neurotische Störungen aufzufassen, sondern müssen als Antwort und Ausdruck der Zeit, in der wir alle leben, verstanden werden. Vorherrschend sind Angst vor der Zukunft und Angst vor Krieg.»

Der amerikanische Psychiater JOHN E. MACK hat in Untersuchungen bei Kindern und Jugendlichen herausgefunden, daß diese ihre Angst vor einem Atomkrieg oft nur unklar in Träumen und Phantasien ausdrücken. Manchmal wird ihnen erst nach Jahren bewußt, daß ein Traum, der sich oft wiederholt hat, diesen Grund hatte. Von einem Achtzehnjährigen hat MACK den folgenden Bericht erhalten:

«Ich ging vor einer Weile zu einer Veranstaltung über Atomenergie. Mindestens 50 Leute standen da und sprachen über die Schrecken eines Atomkrieges. Während die da redeten, die Wissenschaftler und Experten, die hohen Geistlichen und die politischen Führer, ging mir immer nur durch den Kopf: ‹Was ist mit uns? Was ist mit der Generation, die wirklich mit dieser Angst leben muß?› Nach vier Stunden

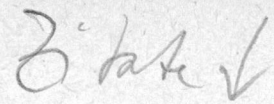

stand einer aus der elften Klasse auf und erklärte mit zitternder Stimme den 300 Erwachsenen, wie man sich fühlt, wenn man das ganze Leben auf die Angst aufbauen soll, daß die Welt nicht hält, in der man sich entwickeln will. Er sagte: ‹Keiner sollte darüber entscheiden dürfen, ob eine ganze Generation noch groß werden darf oder nicht.› Gibt es etwas Einfacheres? Niemand hat dieses Recht. Das muß klar sein.»

Bei den von ihm befragten Jugendlichen fand MACK in beunruhigendem Maße: «Kontrollschwäche, Gefühle von Hilflosigkeit und Verwirrung, Mangel an Vertrauen in die Politik, Entfremdung von den Erwachsenen, die ihnen die Möglichkeit totaler Vernichtung zumuteten.» In einer gemeinsamen Resolution der amerikanischen Psychiatrie-Gesellschaften und der Internationalen psychoanalytischen Vereinigung findet sich der Satz: «Ein Gefühl drohenden Untergangs schafft bereits in allen, die Leiden noch empfinden können, eine ihren gesamten Lebenszusammenhang prägende Angst.»

Bei der Mehrzahl der älteren Erwachsenen bleiben diese Angst und dieser Pessimismus stumm. Und so sind es oft erst Psychiater und Psychoanalytiker, die den Zusammenhang unklarer psychosomatischer Beschwerden mit apokalyptischen Katastrophenvorstellungen herausfinden. Unter jungen Menschen ist der «no future»-Gedanke ein geläufiges Thema. In dieser Altersgruppe ist keineswegs außergewöhnlich, was der zitierte 25jährige Handwerker über sein Befinden und seine Erwartungsvorstellungen gesagt hat.

Dennoch muß es auf den ersten Blick wundernehmen, wie wenig noch immer in der Öffentlichkeit davon durchdringt, wie sehr die große Mehrheit durch ihr negatives Zukunftsbild bedrückt ist. Es sieht wie eine allgemeine Übereinkunft aus, daß man sich gegenseitig Zuversicht und leidliche Gelassenheit vorspielt. Die Mehrheit glaubt den politischen Führern und den Medien, es sei eine Anstandspflicht, die eigene Angst zu unterdrücken oder zumindest zu verschweigen. Viele lassen sich auch immer noch einreden, ihre Angst sei nur von außen künstlich durch gewissenlose oder verstiegene Agitatoren gezüchtet und eigentlich grundlos.

Aber diese Manipulationen können nur wirken, weil ihnen eine Bereitschaft des großen Publikums entgegenkommt. Schließlich leben wir in einer Gesellschaft, in der traditionellerweise blinde Zuversicht als Tapferkeit verherrlicht, hellsichtige Bedrücktheit hingegen als Kleinmütigkeit und Feigheit verworfen wird. Und hier sind wir Deutschen ja noch immer führend. «Das erhobene Haupt» gilt in unserer Männergesellschaft immer noch als die Tugend schlechthin. Sich niederdrücken zu lassen und Leiden auszutragen, erscheint prinzipiell als kläglich, als Versagen. Eine Generation nach der anderen hat sich an NIETZSCHE berauscht, weil er der christlichen Leidens- und Mitleidslehre endgültig den Garaus gemacht zu haben schien. Wer hierzulande davon spricht, daß gerade auch die Männer lernen müßten, Bedrücktheit und Angst dort auszuhalten, wo die Alternative nur Verdrängung heißen würde, verstößt gegen weitgehend verinnerlichte Normen. Gleich wird er beschimpft oder verhöhnt, er wolle denen wohl das Leiden versüßen, die ungerecht unterdrückt würden. Natürlich ist das ein absichtliches Mißverständnis. Als bedeute Leiden das gleiche wie Entmutigung. Tatsächlich schöpfen ja aber gerade sozial Unterdrückte ihre Kraft zum Widerstand daraus, daß sie ihre Notlage und ihre soziale Kränkung als schmerzend und verletzend fühlen. Aber in Wirklichkeit wurzelt die Haltung der Leidensverachtung in einer fragwürdigen kulturell geförderten Verleugnung der eigenen Ängstlichkeit. In unserer von der Technik berauschten Fortschrittskultur sollten wir eigentlich immer nur weiter wachsen, stärker werden und länger leben. Krankheit, Gebrechen und Sterben sind eigentlich Niederlagen, die zu unserem durch Größenideen geprägten Selbstverständnis nicht passen. Leiden, so scheint es, ist nur etwas für Versager, Schwächlinge und Minderwertige. Wer traurig ist, ist «niedergeschlagen». So wird Leiden prinzipiell in das militärische Denkschema eingeordnet: Wer bedrückt ist, hat sich schmählich «unterkriegen» lassen. Es gilt die Pervertierung der Bergpredigt: Selig sind nicht die Sanftmütigen und die, die Leid tragen können, sondern angeblich die Eisernen, die Schmerzverächter, die immer siegreich oben auf sind.

Bezeichnenderweise verwenden wir viele sprachliche Formeln, um offen ausgetragene Ängste und Leidenszustände zu verunglimpfen, während wir die bloße Demonstration von kämpferischer Aktivität auch dort, wo sie nur Abwehr innerer Panik bedeutet, nirgends entsprechend herabsetzen. So bespötteln oder verdammen wir den Feigling, den Angsthasen, den Hasenfuß, den Zimperlichen, den Wehleidigen. Es gibt keine vergleichbaren Wendungen für den, der seine drohende Verzagtheit durch aggressive Aktivität abwehrt. Wer nach außen kämpft, nur um seine innere Balance nicht zu verlieren, dem zollen wir immer noch Respekt. Und selbst dort, wo einer aus Todesangst äußere Gefahren herausfordert, um den inneren zu entgehen, preisen wir ihn noch als tollkühn, ohne Tollheit im eigentlichen Wortsinn als Verrücktheit zu meinen. Wird Waghalsigkeit allzu deutlich zur Herausforderung des Todes, sprechen wir achtungsvoll von Todesmut; obwohl es vielfach gerade die Unfähigkeit ist, Sterbeangst auszuhalten, die manche in einem fort die riskantesten Abenteuer suchen läßt. Das Gebot, Bedrücktheit und Leiden nicht offen auszutragen, wird akzeptiert, weil es in das System des früher erörterten Allmachts-Ohnmachtskomplexes hineinpaßt. Der grenzenlose Expansionismus, dem sich die Männergesellschaft verschrieben hat, lebt von dem Glauben, daß letztlich die Beherrschung aller Leidensursachen machbar sei. Aber die Verdrängung der Wahrheit kostet viel Kraft. Sie erzeugt Spannung und macht gerade die Lebensfreude zunichte, die sie eigentlich garantieren soll.

So ist es gar nicht paradox, wenn der oben zitierte Handwerker sich eher noch mehr Spaß an seinem Leben verschaffen wird, wie er es vorhat, als der ihm gegenübergestellte, von inneren Spannungen gequälte Politiker, der die Tugend der Zuversicht propagiert.

Sehr vieles spricht dafür – obwohl es auf den ersten Blick paradox erscheint –, daß die Kraft zum Leben und zum aktiven Widerstand gegen eine unfriedliche Politik der Abschreckung in dem Maße wächst, wie offen einer seinen Tod anschauen kann. Vielen ist es unmöglich, die atomare Katastrophe auszudenken, weil sie ihr Sterbenmüssen überhaupt verleugnen. Wenn sie den Rüstungswahnsinn nicht als Bedrohung erleben, so ist dies keine echte Angstfreiheit, vielmehr eine Anästhesie, eine Empfindungslosigkeit durch ein Übermaß an Todesangst, die zu einer generellen emotionalen Abstumpfung geführt hat. Aber niemals reicht diese Abstumpfung zur inneren Ausbalancierung hin.

Es bleibt der Ausweg, das potentielle Leiden in Wut zu verwandeln. So braucht man Adressaten zur Abfuhr der Aggression, mit der man sich das Leiden erspart. Und es wird die Regression auf das anal-sadistische Niveau gebahnt, dessen Merkmale zuvor erläutert wurden. Die Friedensbewegung mag sich so sanft und gewaltfrei benehmen, wie es sich für sie schickt – in den Augen der noch immer verdrängenden Mehrheit bleibt sie eine bösartige Angst-Kampagne; und der Vorwurf, sie wolle eine allgemeine Angstpsychose erzeugen, ist unter diesem Aspekt sogar nicht einmal unsinnig: die Verdrängenden fürchten vielleicht so etwas wie psychotische Panik, wenn ihnen eine Illusion genommen würde, mit der sie sich bisher leidlich stabil gehalten haben.

Eine herausragende Figur in der internationalen Friedensbewegung ist die aus Australien stammende Kinderärztin Helen Caldicott. Sie ist in Amerika Präsidentin der «Ärzte für soziale Verantwortung» (Physicians for Social Responsibility). Außerhalb Amerikas verdanken ihr auch in England und in der Bundesrepublik manche Friedensinitiativen wesentliche Anregungen und Förderung. In Amerika vergleicht man ihre Ausstrahlung mit derjenigen des großen Humanisten Mar-

74

TIN LUTHER KING. Kürzlich hat sie formuliert, was ihr Kraft für ihr großes Engagement gibt:

«Die am tiefsten erfüllende Möglichkeit zu leben ist, bewußt den eigenen Tod anzuschauen und zu begreifen. Dadurch wird das Leben um so vieles wertvoller.»

Sie lehrt, daß zunächst Angst und Verzweiflung ausgehalten werden sollten, um den Lebenswillen zu entfachen, aus welchem die Energien zum Kampf für den Frieden geschöpft werden müßten. Eine andere Frau, die DDR-Schriftstellerin CHRISTA WOLF, hat bei sich sehr deutlich erfahren, wie ihr Lebenswille sich gegen den Rüstungswahnsinn auflehnen konnte, nachdem sie von dessen Konsequenzen ähnlich erschüttert worden war wie von der Diagnose einer unheilbaren Krankheit. In einem veröffentlichten Brief schreibt sie:

«Wenn ich mich beobachte, ertappe ich mich täglich, nächtlich auf einem andauernden inneren Monolog, der kaum abreißt: Ist Europa, sind wir zu retten? Wenn ich scharf, rational überlege, alle mir zugänglichen Informationen über die Rüstung beider Seiten mir vor Augen halte, vor allem die Denkstrukturen, die diesen Rüstungen zugrunde liegen, dann heißt meine Antwort: nein, oder: wahrscheinlich nicht.»

«Im Lauf des vergangenen Jahres, es war im April, habe ich eines jener Bewußtseinserlebnisse gehabt, die man selten im Leben hat und die man nicht vergißt: Der Sprecher von Fernsehnachrichten meldete, eine in London tagende Expertenkonferenz sei zu dem Ergebnis gekommen, Europa habe noch eine Überlebenszeit von drei, vier Jahren – für den Fall, daß die jetzige Politik weitergeführt werde. Da erlebte ich eine Minute, in der das geschah, was in drei, vier Jahren geschehen soll. Diese Minute hat nicht nur negativ in mir gewirkt – lähmend, aber ist gelähmt sein nicht sinnlos geworden? – Sie hat Zorn in mir freigesetzt und Freiheit. Wenn sie es wagen, die Vernichtung dieses Europa ins militärische Kalkül zu ziehen, dann dürfen wir, Morituri in den Statistiken der militärischen Planungsstäbe, uns ja wohl noch einiges herausnehmen; dann ist ja wohl auch unsere Unterordnung unter die Logik, deren letzte Erscheinungsform die Rakete ist, sinnlos geworden, was heißt, daß wir nicht radikal genug sein können in unseren Fragen nach den Ursachen dieser radikalen Bedrohung.» – «Sollte nicht gedacht, vorgeschlagen und versucht werden, was ‹eigentlich nicht geht?›»

Diese Frau hält also in ihrem Bewußtsein die Vision des Unterganges fest. Sie läßt sich deprimieren, aber sie ersteht aus der Depression mit Zorn und einem neuen Freiheitsgefühl. Diese Freiheit bedeutet, daß sie sich nicht länger der Logik unterordnen will, die auf das Unheil zuführt. Sie resümiert: *«Mit aller Schärfe weiß man nun – wie ein Mensch, der erfahren hat, daß er unheilbar krank ist –, daß man leben will, und daß man umdenken lernen muß, auch um-fühlen.»*

Es erscheint mir nicht zufällig, daß ich zwei Frauen als instruktive Zeuginnen dafür gefunden habe, daß gerade Leiden und Entsetzen Widerstandskraft gegen die Ideologie des Rüstungswahns entfachen können. Frauen, die weniger als Männer zu dem fragwürdigen Heroismus einer schädlichen Gefühlsverdrängung erzogen werden, wissen viel mehr um die Kraft der angeblichen Schwäche einer offenen Sensibilität. Weil sie meist ungeschützter Angst, Schmerz, Trauer durchleiden, lernen sie, bedrohliche Wahrheiten auszuhalten und zu verarbeiten, vor denen die meisten – im oberflächlichen Sinne mutigen – Männer pausenlos auf der Flucht sind. Diese Fluchthaltung macht das Gros der Männer unfähig, die Vision eines Atomkrieges «täglich, nächtlich» zu ertragen. Die meisten von ihnen rücken die Katastrophe wie ein abstraktes, mathematisch fixierbares Faktum weit von sich fort. Aber es ist ein echtes Dilemma für sie, da sie ja in der Tat Grund zum Zweifeln haben, ob sie aus einer depressiven Reaktion ähnlich wie etwa CHRISTA WOLF zu einer neuen inneren Freiheit finden können. Depression kann auch zerbrechen und zum Suizid führen.

Ich traf einen erfolgreichen und geachteten Publizisten, der in kleinem Kreis freimütig bekannte: «Wenn ich mir ansehe, wie wir heruntergekommen sind, dann denke ich, daß wir wirklich wieder so etwas wie eine Sintflut verdienen! Ohne eine Riesenkatastrophe wird es nicht abgehen. Ich sehe keinen Ausweg mehr. Mir schaudert davor, aber ich glaube, es gibt keine andere Lösung. Und dann taucht in mir die Idee auf: Wenn es schon unvermeidlich ist, dann will ich nicht noch lange darauf warten. Dann sollte es bald passieren!»

Bisher waren es nur Männer, von denen ich solche oder ähnliche Bekenntnisse vernommen habe. Einsame, resignierende Männer in einem narzißtischen Gefühl von «Tapferkeit». Von Frauen, die stets unmittelbar das Leben ihrer Kinder mitbedenken, habe ich Ähnliches noch nicht gehört, dafür von ihnen immer wieder die heftigste Empörung gegen die Phantasie von der moralischen Rechtfertigung eines Massenmordes und Massenselbstmordes ohnegleichen.

8. Was wir von Krebskranken lernen können, die Mut zur Wahrheit haben

Erhöhte Widerstandskraft von Krebskranken, die Bescheid wissen wollen, sich mit Angst und Schuld auseinandersetzen und für ihre Gesundheit kämpfen. Gründe, der Atomkriegsdrohung ähnlich zu begegnen – mit Mut zur Angst und mit Ablehnung der entmündigenden Desinformationspropaganda.

Während eines Forschungsprojektes, das sich mit den psychologischen Aspekten der Krebskrankheit beschäftigt, hat sich mir immer wieder der Gedanke aufgedrängt, daß zwischen der psychologischen Verarbeitung einer Krebskrankheit und der psychologischen Verarbeitung der Atomkriegsdrohung eine Verbindung hergestellt werden könne. Das ist auf den ersten Blick eine gewagte Assoziation, aber mir scheint sie nicht ganz so abwegig.

In beiden Fällen handelt es sich darum, ein Maximum an Lebenskraft aufzubringen, um einer tödlichen Gefahr Widerstand zu leisten. Bei der Krebskrankheit hat man lange Zeit gedacht, daß dieses Leiden als rein körperlicher Prozeß von psychischen Faktoren nicht beeinflußt werde. Aber dann haben bedeutende psychosomatische Untersuchungen in den letzten zwei Jahrzehnten daran begründete Zweifel geweckt. Es spricht neuerdings vieles dafür, daß der Krankheitsverlauf nicht unwesentlich davon abhängt, wie die betroffenen Menschen psychisch mit der Krankheit umgehen. Verschiedene Forscher (ACHTÉ, BALTRUSCH, HERBERGER, CUTLER u. a.) haben Krebspatienten mit kurzer Überlebenszeit mit solchen Patienten verglichen, die länger überlebten. Sie verglichen die Kranken nach psychologischen Merkmalen. Zu ihrem Erstaunen entdeckten sie bemerkenswerte psychische Unterschiede.

Die Finnen ACHTÉ und VAUHKONEN fanden Hinweise dafür, daß Patienten, die an einem Krebs rasch sterben, «eher zur Verdrängung furchterregender Realitäten neigen, als sich diesen zu stellen. Sie verschließen sich entweder den ihnen zukommenden Informationen oder erkennen sie nicht als der Wahrheit entsprechend an.»

BALTRUSCH hat ähnliche Befunde erhoben. Er hat aus allen Forschungen zu diesem Thema, die bekanntgeworden sind, eine Tabelle der psychischen Merkmale zusammengestellt, die offenbar die Widerstandskraft von Krebskranken erhöhen. Ich nenne auszugsweise einige der aufgefundenen Merkmale:

Erkennung der Krankheit seitens der Patienten. Geringere Ableugnungs- und Verschleierungstendenzen. Größere Fähigkeit, emotional zu reagieren. Größeres Vermögen, Angst und psychische Spannungen auszudrücken und verarbeiten zu können. Bereitschaft, für die Gesundheit zu kämpfen. Erregbarkeit und Reizbarkeit. Größeres Vermögen, Schuldgefühle auszuhalten und durchzuarbeiten. Aggression wird leichter und offener ausgedrückt, aber es besteht zugleich größeres Vertrauen in die Umwelt. Auch sind eher eine aktive religiöse Einstellung und größere Kommunikationsfähigkeit vorhanden. Schließlich finden sich häufiger neurotische und psychosomatische Symptome gleichzeitig mit der Krebserkrankung oder auch in der Vorgeschichte.

Alle soeben aufgeführten Befunde kennzeichnen also die Psychologie solcher Krebspatienten, die anscheinend dem Leiden mit besserer Widerstandskraft begegnen. Konträr ist dementsprechend die psychologische Verfassung derer, die sich vergleichsweise als weniger widerstandsfähig erweisen. Diese Menschen neigen dazu, ihre Krankheit zu verleugnen, sich passiv zu verhalten, ihre Affekte, insbesondere ihre Angst und auch ihre Schuldgefühle zu verdrängen.

Diese Befunde sind bemerkenswert. Zunächst besagen sie nur, welche psychische Einstellung sich zur Bewältigung einer Krebskrankheit vergleichsweise am besten bewährt. Aber man kann auch annehmen, daß es sich hier um Merkmale handelt, die nicht nur gegenüber dem Krebs, sondern ganz allgemein eine erhöhte Widerstandskraft bezeugen. Wir gehen ja auch in der organischen Medizin davon aus, daß es so etwas wie eine krankheitsunspezifische Abwehrkraft des Organismus gibt, die z. B. durch einen günstigen Ernährungszustand, gut trainierten Kreislauf, intakten Stoffwechsel usw. gefördert wird. Warum sollte es nicht im psychologischen Bereich ähnliche Bedingungen geben, welche unsere Lebenskraft je nachdem erhöhen oder vermindern können? Ist es nicht eine plausible Vermutung, daß die gleiche psychische Grundhaltung, die sich gegenüber einem schweren körperlichen Leiden offensichtlich bewährt, auch zum Bestehen einer lebensbedrohlichen psychosozialen Krise besonders tauglich sein könnte?

Wir haben uns ja bereits ausgiebig damit beschäftigt, daß auch das unfriedliche Wettrüsten eine Art Krankheit ist, die zu einem erheblichen Teil aus dem Inneren der Menschen kommt. Daß wir immer schlimmere Atombomben bauen und Abschreckung darauf gründen, diese Waffen im Ernstfall unbedingt einsetzen zu wollen, diese Entscheidungen fallen im Kopf bzw. in der Brust der Menschen. Es sind psychische Kräfte der Destruktion bzw. der Selbstdestruktion, die in uns wie eine schwer heilbare Krankheit wirken. Wenn es nun aber so etwas wie eine allgemeine psychische Widerstandskraft gibt, ist es dann nicht sinnvoll, aus den geschilderten Befunden der Krebsforschung zu lernen? Finden wir hier nicht gewichtige Hinweise dafür, wie wir mit der Gefahr des Atomtodes umgehen sollten, um die Aussicht unseres Überlebens zu verbessern?

Auf den ersten Blick erscheint es nun aber irritierend, daß die Bewältigungskraft beim Krebs gerade durch solche psychischen Merkmale gesteigert wird, vor denen uns die Mächtigen und ihre Gehilfen in den Medien fortgesetzt warnen, wenn es um Fragen der Atomrüstung geht. Laufend heißt es, wir sollten uns gerade so benehmen wie diejenigen, die bei einer Krebskrankheit offensichtlich die schlechtesten Chancen haben. Uns wird eingeredet, wir sollten keine Angst aufkommen lassen. «Entemotionalisierung» und reine Sachlichkeit seien vonnöten. Unser Mißtrauen gegen den Außenfeind wird in einem fort geschürt. Von Versenkung in selbstkritische Zweifel und von Nachdenken über eigene Schuld wird uns eher abgeraten. Kurz: Wir sollen uns eher durch Verdrängung stabil halten. Genau das Gegenteil wäre aber richtig, würden wir uns die Menschen zum Vorbild nehmen, die gegenüber der Krebskrankheit eine bessere Widerstandskraft beweisen. Diese lehren uns, daß wir eine tödliche Gefahr nicht lange verleugnen, sondern uns radikal bewußt machen sollten. Daß wir unsere Angst zulassen und über sie reden sollten, anstatt sie mit aller Gewalt zu unterdrücken. Daß wir auch selbstkritisch unsere Fehler und unsere Schuld ansehen sollten.

Für den Psychoanalytiker erscheint es unmittelbar einsichtig, daß die psychischen Verarbeitungsmuster, die beim Krebs positiv wirksam sind, uns auch am ehesten bei der Überwindung der «Krankheit Friedlosigkeit» helfen könnten. Mit einer drohenden Gefahr kann sich nur auseinandersetzen, wer vor dieser nicht verleugnend die Augen verschließt. Wer gar nicht erst die Diagnose hören will, vermag auch nicht die geeigneten Heilungskräfte zu mobilisieren. Die Warnung vor Zulassung von Angst und Schuldgefühlen erscheint dem Psychoanalytiker absurd, sofern sich diese Gefühle nicht auf Gespenster richten, sondern von Tatsachen ausgehen, die Angst, Zweifel und Gewissensnöte in hohem Maße rechtfertigen. Freilich ist die Einsicht schwer erträglich, daß wir letztlich die größte Angst vor uns selbst haben müssen und vor unserer absurden Bereitschaft, uns gemeinsam mit dem verteufelten Gegner selbst in die Luft zu jagen. Aber erst wenn wir diese schlimme Wahrheit der Verdrängung entziehen, werden wir imstande sein, alle noch in uns vorhandenen Selbstheilungskräfte in der Tiefe zu entwickeln, von wo aus ein echtes Umdenken in Gang kommen kann. Wir müssen wie Krebskranke, die zunächst nach Information über die Diagnose eine Depression durchzustehen haben, eine fundamentale Orientierungskrise verarbeiten. Und dies ist das eigentliche Problem, ob wir uns noch zutrauen, eine solche fundamentale Irritation auszuhalten.

Aber ich meine, wir haben allen Anlaß, aus den Erfahrungen mit den Krebskranken Mut zu schöpfen. Da hören wir – viele werden darüber staunen –, daß eher besonders sensible Personen, die offen emotional reagieren und selbst für neurotische und psychosomatische Symptome anfällig sind, die organische Bedrohung eher bewältigen können. Das mag zwar für viele befremdlich erscheinen, denen ständig ein ganz anderes Ideal von Stabilität, «Fitness» und psychischer Gesundheit vorschwebt. Psychosomatische Ärzte sehen hierin indessen eine Bestätigung für die statistisch gesicherte Erfahrung, daß erhöhte Verdrängungsneigung einen medizinischen Risikofaktor ersten Ranges darstellt und z. B. auch die Infarktwahrscheinlichkeit deutlich erhöht. Man denke ferner auch an die vergleichsweise deutlich höhere Lebenserwartung der Frauen, deren Psychologie eher dem günstigen Psychoprofil von Krebskranken entspricht.

Jedenfalls werfen die mitgeteilten Beobachtungen und Schlußfolgerungen auf eine zentrale Streitfrage ein neues Licht. Auf die Streitfrage nämlich, ob es gut ist, sich rückhaltlos über die Unsicherheit des Abschreckungs-«Friedens», über die Wirkungen der Atombomben und die Hilflosigkeit der Medizin im Ernstfall informieren zu lassen oder ob es umgekehrt gut ist, sich genaue entsprechende Informationen zu ersparen. Von den führenden Politikern wird sehr deutlich die zweite Position bevorzugt. Diese Menschen sagen: Man muß dem Volk um jeden Preis Ängstigung ersparen. Vollständige Informationen würden aber genau diese Ängstigung bewirken. Deshalb richten angeblich diejenigen Schaden an, die auf den diversen Kundgebungen der Friedensbewegung die Bedrohungen auf das Ausführlichste ausmalen, auch wenn sie korrekt die Tatsachen benennen.

Die Gegenposition vertreten die radikalen Aufklärer. Diese sehen die Hauptgefahr gar nicht in den angehäuften «Übertötungs-Kapazitäten», also in den Waffenarsenalen, sondern in den undurchschauten Motiven, die zur weiteren Auffüllung und letztlich sogar zur möglichen Anwendung dieser Waffen führen. Diese Leute sind der Meinung, daß die Vorenthaltung bedrückender Informationen allein schon, wie unabsichtlich auch immer, die Möglichkeit fördert, daß wir blindlings weiter auf die Katastrophe zugehen und sie eines Tages auslösen. In diesem Lager akzeptiert man auch keineswegs den Vorwurf, daß man Pessimismus säe. Man sagt dort: Wir sind die eigentlichen Optimisten. Denn wir glauben daran, daß die Menschen lernen können, die volle Wahrheit auszuhalten, und daß sie gerade erst dadurch, daß sie sich dieser aussetzen, den Kampf für unser gemeinsames Überleben werden erfolgreich führen können. Wir wünschen uns, daß am besten jeder einmal Hiroshima besichtigt oder zumindest den Hiroshima-Film gesehen haben sollte. Wir wünschen uns, daß jeder sich mit der Vorstellung vertraut machen sollte, daß heute bereits mehr als das Millionenfache der Vernichtungskraft jener Hiroshima-Bombe gestapelt ist. Wir sind dafür, daß jeder einmal gehört haben sollte, was selbst eine kleine Atombombe an Verheerungen anrichten würde, die man über seinem eigenen Wohnort zünden würde. Die Erwartung lautet, daß man nach Verarbeitung solcher Informationen es kaum mehr als sinnvoll akzeptieren könnte, daß die Gegensätze zwischen politischen Systemen und Ideologien zur Bedrohung mit totaler wechselseitiger Vernichtung führen. Vielen könnte widerfahren, was CHRISTA WOLF beschrieben hat: «Mit aller Schärfe weiß man nun – wie ein Mensch, der erfahren hat, daß er unheilbar krank ist –, daß man leben will, und daß man umdenken muß, auch um-fühlen.»

Sehr deutlich ist nun aber, daß in dieser Streitfrage die andere Position von den politischen Führern vertreten wird, die an den Hebeln der Macht sitzen, während die Anhänger der Gegenposition, die vor allem in der Friedensbewegung weit verbreitet sind, von den wesentlichen politischen Entscheidungen abgekoppelt sind. Kompliziert wird die Situation obendrein dadurch, daß die politische Führung in ihrem Standpunkt von gewissen Bevölkerungsgruppen bestärkt wird, die sich die Verleugnung der Wahrheit gern gefallen lassen. Diesen Gruppen ist es gerade recht, wenn sie nichts mehr hören und sehen müssen von dem, was sie erschrecken könnte. Es entlastet sie, wenn die Leute an der Macht sich wie unfehlbare Allwissende und Alleskönner aufführen, die ganz allein jede Gefahr meistern würden. Auf diese blind autoritätsergebenen Kreise gestützt, können die politischen Machtträger sich wie fürsorgliche Eltern gebärden, die vor unreifen Kindern alles geheim halten, was diese in schädliche Verwirrung bringen könnte. So sollen wir z. B. nicht wissen, daß die Armeen des Warschauer Paktes genauso den taktischen Atomkrieg in Europa in Manövern proben, wie dies umgekehrt die Amerikaner tun. Wir sollen nicht wissen, daß die Neutronensprengköpfe vor allem für den Einsatz in Europa produziert werden. Ebensowenig sollen wir ahnen, wo überall hier schon die grausigen neuen Kampfgase lagern und wo demnächst weitere Vorräte deponiert werden sollen. Vor allem aber sollen wir weiterhin törichterweise an eine militärische Verteidigung glauben, die das, was in unserem Land zu verteidigen wäre, zerstören würde.

Wenn wir aber im Hinblick auf die psychosomatische Krebsforschung annehmen, daß unsere Bewältigungskräfte entscheidend von unserem Mut zur Wahrheit abhängen, dann müssen wir diese Desinformations-Strategie entschlossen durchkreuzen. Schließlich sind selbst wir Männer mit unserer Scheu vor dem Leiden keine zerbrechlichen, unreifen Kinder. Und noch weniger sind unsere politischen Führer omnipotente Eltern. Wir müssen Mut zu unserer Angst haben. Wir müssen radikal zu Ende denken, was um uns und mit unserer Mitverantwortung an Unheil vorbereitet wird. Das bedeutet zwar die Inkaufnahme von Beunruhigung, Bedrücktheit, womöglich von schlechtem Schlaf und Reizbarkeit. Aber gleichzeitig werden damit unsere Sinne geschärft, und es erweitert sich der Horizont des Denkens. Dieser Prozeß der Sensibilisierung dürfte vielen auch die Augen dafür öffnen, daß die politischen Machtträger unter der Oberfläche gespiegelter Souveränität selbst viel von der Unsicherheit in sich haben, die sie uns mit allen Mitteln auszureden versuchen.

Dies ist eine sehr wichtige Erkenntnis. Je mehr wir uns davon überzeugen, daß «die da oben» selber alle Mühe haben, vor sich selbst und vor uns ihre Zweifel und Ängste zu verbergen, desto dringender wird es für uns, kritisch mitzudenken und unseren Anteil an Mitverantwortung aktiv wahrzunehmen, der uns als mündigen Demokraten zukommt.

Freilich ist es für das große Publikum nicht leicht, die unterdrückten Ängste seiner politischen Führer zu durchschauen, nur selten lassen diese sich ihre geheimen Besorgnisse und Spannungen anmerken. Und wer als genauer Beobachter diese bei ihnen spürt, scheut sich oft, seine Entdeckung zu verraten. Da wirkt eben jenes eingangs erörterte Tabu: Darf man solche «Schwächen» der Großen, die uns lenken, enthüllen? Ich meine, es ist zu unserem, aber auch zu ihrem Besten. Diese «Schwächen» sind es gerade, die uns zur aktiven Wahrnehmung unserer Mitverantwortung stimulieren können. Und den Politikern würde es vielleicht helfen, ihre innere Unsicherheit ernst zu nehmen und sich zu fragen, ob sie der Rüstungswahnsinn und die Bagatellisierung seiner Risiken nicht zu Recht nervös machen.

Manche empfindliche Leser mögen aus diesen Bemerkungen, entgegen meiner Absicht, eine unziemliche Herabsetzung der Politiker-Persönlichkeiten herauslesen. Aber ist es denn ein Makel, wenn gerade die Hauptverantwortlichen, die besser als wir alle die Gefahren kennen, insgeheim von Sorgen gequält werden? Im übrigen werden in der Politikszene viele Tarnungen und Unechtheiten durch institutionellen Rollendruck bewirkt. Unter diesem benehmen sich Menschen oft anders, als sie wirklich sind. Da sehen wir als Fernsehpublikum Regierende und Parteiführer, die sich verpflichtet fühlen, uns und ihren politischen Konkurrenten fortwährend grenzenlos Selbstsicherheit und Unfehlbarkeit vorzuspielen. Es kann sein, daß sie sich, solange sie in ihren Ämtern sind, als säbelrasselnde Abschreckungspolitiker gebärden. Nur eng Vertraute wissen mitunter um die innere Zwiespältigkeit dieser Leute, von der kaum etwas nach außen dringt. Aber verlassen die Mächtigen dann eines Tages ihren Posten, hört man von ihnen mitunter plötzlich ganz andere Töne. Man denke an die ergreifende Abschiedsrede JIMMY CARTERS, die in großen Teilen auch auf einer Kundgebung der Friedensbewegung hätte gehalten werden können. Man erinnere sich an die Rede des Admirals RICKOVER, «Vater der US-Atom-U-Boote», vor dem Kongreß in Washington im Januar 1982. Drei Tage vor Ende seiner Dienstzeit äußerte der Admiral den Wunsch, alle Atom-U-Boote zu versenken. «Macht mich (für die Abrüstung) verantwortlich, und ihr werdet Resultate sehen!» Vier Männer, welche die amerikanische Rußlandpolitik entscheidend mitgeprägt haben – Ex-Verteidigungsminister MCNAMARA, Ex-Moskau-Botschafter KENNAN, Ex-Sicherheitsberater BUNDY und Ex-Delegationschef für SALT-I SMITH verlangen jetzt einen amerikanischen Verzicht auf einen atomaren Erstschlag – gegen die Regierungsmeinung.

«Früher oder später wird die Abschreckung versagen», sagt MCNAMARA heute, und er warnt dringend vor Beibehaltung der Strategie, die er selbst ursprünglich an verantwortlicher Stelle mit vertreten hat. KENNANS Analysen liefern der amerikanischen Friedensbewegung scharfsinnige und überzeugende Argumente. AVERELL HARRIMAN, ebenfalls Ex-Botschafter in Moskau, warnt in aller Eindringlichkeit vor der Pseudologie von Verhandlungen mit den Russen, bei denen jede Seite nur als Vorwand unmögliche Vorschläge macht, um ungestört weiter zu rüsten. Jetzt ruft er beschwörend zu einem echten, auf Verständigung zielenden Dialog auf, weil «unsere einzige Hoffnung ist, daß über Unsicherheit, Argwohn und Vernunft die Hoffnung siegt.»

Bei manchem dieser Männer, etwa bei CARTER, sieht es so aus, als hätten sie nur auf den Tag gewartet, um etwas von dem wieder gutmachen zu können, was sie in offizieller Funktion mitbewirkt haben. Jetzt kommen die Ängste und Bedenken heraus, die sie niemals vorher eingestanden hatten, als sie noch als personifizierte Abschreckungsdrohung aufgetreten waren. Im nachhinein warnen sie uns nun etwa wie HARRIMAN vor der opportunistischen Verlogenheit von Verhandlungen, die in Wahrheit der Aufrüstung nur den Rücken freihalten sollen. Schön wäre es, wenn die nachträgliche Gewissensentlastung zugleich den Schaden beheben könnte, den manche der Genannten zuvor mit dem angerichtet haben, was sie jetzt kritisieren.

Um so mehr haben wir Grund, rechtzeitig aufzupassen, und uns gegen falsche Beschwichtigung durch diejenigen zu wehren, die uns später vielleicht einmal gestehen mögen, wie unbehaglich ihnen selbst bei dem war, wozu sie uns zuvor überredet hatten. Wir müssen lernen, unsere eigene Angst dort auszuhalten, wo sie uns ein hilfreiches Warnsignal vermittelt, um eine Gefahr abzuwenden. Und wir müssen die Politiker zu mehr Ehrlichkeit und Offenheit nötigen – auch wenn dann manches zum Vorschein kommt, was nicht gerade unsere Nerven beruhigt. Aber es ist wichtiger, die Zukunft zu retten, als eine momentane symptomatische Beruhigungstherapie zu betreiben.

Diese Aufgabe hat vielleicht kein anderer so eindrucksvoll bezeichnet wie GÜNTHER ANDERS in seinen «Thesen zum Atomzeitalter»:

«Nichts ist falscher als die beliebte Redensart der Halbgebildeten, wir lebten ohnehin schon im ‹Zeitalter der Angst›. Das wird uns nur von den publizistischen Fellow-travellers derer eingeredet, die Angst davor haben, daß wir wirklich die wahre, d. h. die der Gefahr angemessene, Angst aufbringen könnten. Vielmehr leben wir im Zeitalter der Verharmlosung und der Unfähigkeit zur Angst. Das Gebot, unsere Vorstellung zu erweitern, bedeutet also in concreto: Wir haben unsere Angst zu erweitern. Postulat: Habe keine Angst vor der Angst, habe Mut zur Angst. Auch den Mut, Angst zu machen. Ängstige deinen Nachbarn wie dich selbst. – Freilich muß diese unsere Angst eine von ganz besonderer Art sein: 1. Eine furchtlose Angst, da sie jede Angst vor denen, die uns als Angsthasen verhöhnen könnten, ausschließt. 2. Eine belebende Angst, da sie uns statt in die Stubenecken hinein, in die Straßen hinaus treiben soll. 3. Eine liebende Angst, die sich um die Welt ängstigen soll, nicht nur vor dem, was uns zustoßen könnte.»

Von CARL FRIEDRICH VON WEIZSÄCKER stammt der Satz: «Zum Bewußtseinswandel gehört ein tiefer Schreck, dem niemand mehr entlaufen kann.»

9. Einige kritische Bemerkungen zur Todestrieblehre

Eine Theorie ohne klinische Belege. Gerade aus Unfähigkeit, den Tod – das angebliche Triebziel – anzuschauen, wird der destruktiven Risikopolitik zugestimmt. Die Wirksamkeit des Gotteskomplexes, und was es bedeutet, Raketen auf die Namen alter Götter zu taufen.

«Die These, daß der Krieg durch eine angeborene menschliche Destruktivität verursacht werde, ist einfach absurd für jemand, der auch nur die geringsten geschichtlichen Kenntnisse besitzt.» *E. Fromm*

Eine Bemerkung zur Theorie des Todestriebs: Ich kenne keine überzeugende Begründung für eine solche Theorie, und stimme darin mit der Mehrzahl der psychoanalytischen Autoren überein. Ich sehe in der Berufung auf diesen Trieb eher eine der mannigfachen Möglichkeiten, die Sterbeangst in verleugnender Weise zu bewältigen. Für den vom Gotteskomplex besessenen, ungläubig gewordenen abendländischen Mann ist die Sterblichkeit eine schwer erträgliche Tatsache. Er ist an das Ideal von Größe und Stärke fixiert. Es soll geschehen, was er will. Das ist der männliche Traum von höchster Freiheit. Die Hinfälligkeit des Organismus setzt diesem Allmachtsanspruch eine unüberwindliche und zutiefst kränkende Schranke. Zwar wird die Medizin dazu angestachelt, durch immer neue Errungenschaften indirekt die Illusion zu nähren, man könnte der Unvergänglichkeit immer näher kommen. Aber diese Illusion trägt letztlich nicht. Jeder spürt an seinem Leibe schon frühzeitig die Zeichen des unvermeidlichen Abbaus. Es geschieht an ihm etwas, was er um keinen Preis will, worüber er keine Macht hat. Aber wie, wenn man das Unumgängliche als etwas uminterpretiert, was man insgeheim doch begehrt? Wenn man sich einredet, man habe das, was man muß, eigentlich erstrebt?

Die Idee des Todestriebs ist eine späte Zutat FREUDS zu seiner Trieblehre. Er hatte mit Hilfe seiner Krankengeschichten gezeigt, daß es zur Befreiung von neurotischen Ängsten und anderen Symptomen führt, wenn das Ich sich der im Es verankerten Triebe versichern und sie sich bewußt aneignen kann: Wo Es war, soll Ich werden. Der revolutionäre Kern dieser Lehre war, daß das Ich (entsprechend dem Reiter-Gleichnis) durch Aufhebung kulturell geförderter Verdrängungen die Herrschaft über den Sexualtrieb erlangen könne. FREUDS Trieblehre bedeutete eine Ermutigung, das passiv defensive Verhältnis zur Sexualität umzuwandeln in ein aktiv bejahendes. Wenn er in dieses Modell im nachhinein den Todestrieb einordnete, so erschien nun auch der Tod als Ziel einer uns innewohnenden Triebanlage. Wenn ich diesen Trieb ebenso wie den Sexualtrieb akzeptiere, dann verwandle ich auch hier ein ich-fremdes Geschehen in ein eigenes Streben. Ich muß nicht sterben – ich will es. Mein eigener Trieb, den ich anzuerkennen gelernt habe, verlangt das Sterben.

Nun gehörte es indessen zum Konzept der psychoanalytischen Trieblehre, daß am Ende des Triebvorganges eine Befriedigung steht. Wo aber bleibt beim Todestrieb die Befriedigung? Hier nahm FREUD Zuflucht zu dem Nirwana der Buddhisten und bemühte sich, an diese Heilsvorstellung anknüpfend, das Ziel der unterstellten triebhaften Todessehnsucht mit einem positiven Inhalt zu füllen.

Es gibt Mutmaßungen, daß FREUD sich durch den Ausbau seiner Todestrieb-Lehre eine Stütze verschaffen wollte, um eigene Ängste zu bewältigen. Immerhin hatte er ja – wie sein Biograph ERNEST JONES berichtet – etwa zehn Jahre an neurotischen Angstzuständen mit «gelegentlichen Anfällen von Todesangst» gelitten. Er hatte gefürchtet, noch vor seinem fünfzigsten Lebensjahr an einem Herzschlag zu sterben. Es muß indessen eine Spekulation bleiben, ob dieser Hintergrund eine nennenswerte Rolle gespielt hat, als er die Todestrieb-Theorie aufstellte. Aber gewiß ist, daß diese Theorie überhaupt für den Zweck benutzt werden kann und nicht selten benutzt wird, um dem Sterben einen erträglichen Sinn abzugewinnen, wenn der Glaubenstrost versagt. In der Perspektive des Machtwahns des Gotteskomplexes bedeutet es zumindest einen kleinen Halt, wenn man sich sagen kann, hier werde ich nicht vom bloßen Nichts überwältigt, sondern ich vermag, wenn ich «meinen» Todestrieb akzeptiere, das Sterben von einem passiven Erleiden in etwas umzudeuten, was ich aktiv erstrebe und vollziehe.

Bezogen auf einen drohenden Atomkrieg wird die Todestrieb-Theorie neuerdings auch gelegentlich in einem eher technokratischen Sinne interpretiert: Kann es nicht sein, daß wir gewissermaßen falsch programmiert sind? Daß im System unseres Organismus eine Disposition steckt, auf Grund derer wir uns irgendwann selbst zerstören müssen? Etwa eine Vorrichtung, wie sie die Techniker in Raketen einbauen, die sich unter gewissen Umständen, z. B. bei drastischer Kursabweichung, selbst vernichten? In dieser Version würde sich die Theorie einer anderen Annahme annähern, die z. Z. öfter diskutiert wird, nämlich der Hypothese, daß wir unseren Untergang auf Grund einer Disproportionalität unserer Gehirnentwicklung betreiben müßten: Die ausufernde Entwicklung des Großhirns auf Kosten des Stammhirns, einzigartig in der Spezies Mensch, beraube uns allmählich der Kontrollmechanismen, die bislang die Verhütung eines Mißbrauchs unserer Intelligenz gesichert hätten.

Hierbei betrachtet man sich von außen wie eine Maschine mit einem technischen Defekt: Wir arrangieren es zwar so, daß wir kaputtgehen, aber damit folgen wir nur einer in uns eingebauten Automatik. Der kleine intellektuelle Triumph, diesen «Konstruktionsfehler» wie die Lösung eines technischen Puzzles aufzudecken, erscheint wie eine letzte Zuflucht für solche, die in Wirklichkeit auf dem Wege zur totalen Resignation sind. Man schickt sich in etwas scheinbar Unvermeidliches, aber man hat wenigstens noch die kleine Genugtuung zu wissen, warum es unvermeidlich sei.

In dem Buch «Alle redeten vom Frieden» habe ich im Sinne einer «paradoxen Intervention» die Periode des atomaren Wettrüstens allerdings so dargestellt, als walte in allem menschlichen Tun dieser Zeit ein Streben nach einem gemeinsamen Untergang. In der Tat meine ich, daß die Duldung oder sogar aktive Unterstützung der Overkill-Rüstung mit ihren längst unverantwortbaren gewaltigen Risiken ebensowenig durch zufällige politische Fehlsteuerungen wie durch die Eigengesetzlichkeit wirtschaftlicher, technischer oder militärischer System-Prozesse zu erklären ist. Könnte man somit nicht wenigstens in rein deskriptivem Sinne von einem Todestrieb sprechen, der hier in kollektivem Maße wirksam geworden wäre? Jeder muß aber auf den ersten Blick erkennen, daß sich um uns nicht Sterbenssehnsucht ausbreitet, sondern daß die Vorbereitungen auf puren Mord hinauslaufen, auf Massenmord und Massenselbstmord – aus Haß und Selbsthaß, aus Größenwahn und grenzenlosem Machtwillen. Das Verhältnis zum Tod widerspricht dabei diametral demjenigen eines Triebes zu seinem Ziel. Der Trieb drängt dazu, sein Ziel anzuschauen. Aber alles spricht – wie gesagt – dafür, daß gerade die Unfähigkeit, den Tod anzuschauen, die Vorbereitung der Katastrophe fördert. Diese Katastrophe wäre ja auch alles andere als das friedliche Nirwana, dem im Sinne FREUDS ein positives Verlangen gelten könnte, sondern die pure Hölle, die alle Schrecklichkeiten des Danteschen Infernos tausendfach übertreffen würde. «Seit dem Anfang des neunzehnten Jahrhunderts sind die Menschen nicht mehr geneigt, über den Tod nachzudenken», stellt der Psychoanalytiker K. R. EISSLER fest. Und er fährt fort: «Das Thema paßt nicht zu einer Gesellschaft, die durch einen gewaltigen Sprung nach vorn in Wissenschaft und Technik geblendet ist und an den allgemeinen Fortschritt glaubt.»

Was macht aber eine auf Größe, Stärke und ewigen Fortschritt von Macht fixierte Männergesellschaft, wenn sie durch die Realität zu jenem Pessimismus gedrängt wird, den die Meinungsforscher uns gegenwärtig nachweisen? Wie kann diese Zivilisation ertragen, daß sie im Widerspruch zu ihren riesenhaften Ansprüchen selbst bei etwaiger Hinauszögerung der absehbaren atomaren Katastrophe auf eine Zukunft zugeht, wie sie in «Global 2000» beschrieben ist?

Die Aufgabe ist gestellt, sich der Übermacht der Bedingungen zu beugen, die von uns eine bescheidenere Selbsteinschätzung, einen sensibleren Umgang miteinander und mit der Natur verlangen. Wenn wir unser überzogenes Bild von uns selbst und von unserer Rolle im Verhältnis zur Natur ermäßigen könnten, wären wir wahrscheinlich fähig, unsere heute vielfach in destruktiver Richtung fehlgeleiteten Energien so umzulenken, daß wir die Krise bestehen könnten. «Machen wir uns unsere Bedeutung klar; wir sind etwas und nicht alles . . .» hatte der große Philosoph und Mathematiker BLAISE PASCAL zu Beginn der Neuzeit gelehrt. Und: «Die Größe des Menschen ist darin groß, daß er sich als elend erkennt.» – «Würde der Mensch damit beginnen, sich selbst zu erforschen, würde er erfahren, wie unfähig er ist, über sich hinaus zu gelangen.» – «Sorglos eilen wir in den Abgrund, nachdem wir etwas vor uns aufgebaut haben, was uns hindert, ihn zu sehen.»

PASCAL hat die Gefahr vorausgesehen, daß die Macht naturwissenschaftlicher Erkenntnis zur Vermessenheit führen könnte, selbst unendlich werden zu wollen. Tatsächlich ist genau diese Entwicklung eingetreten. Mit dem Bewußtsein zunehmender technischer Macht haben wir unser Gleichgewicht in der Natur verloren. Wir glauben an kein Gutes mehr, was wir nicht selber machen oder beherrschen. Wir mißtrauen dem Leben, wo wir es noch nicht selber züchten, vergrößern oder verlängern können. Mit unserem Drang zur Allmacht ist indessen die Furcht vor der Ohnmacht stetig gewachsen. Und während wir der Illusion anheimfallen, die Großartigkeit unserer Technik spiegle unsere eigene Großartigkeit wider, sind wir in Wirklichkeit psychisch auf das Niveau einer kleinkindlichen, archaisch sadomasochistischen Position zurückgesunken. Die Kehrseite unserer technischen Macht ist ein unendliches Mißtrauen und die Ahnung einer trostlosen Ungeborgenheit, aus der wir immer weiter panisch nach vorn fliehen.

Es steckt ein makabrer Sinn dahinter, wenn die Amerikaner ihre gewaltigen Raketen, die mit den massenmörderischen Sprengköpfen bestückt werden, auf die Namen alter Götter taufen. Das ist der naive Ausdruck der Phantasie, daß man die göttliche Macht, von der man sich nicht mehr geschützt und gehalten glaubt, nun endlich selbst ausüben könnte. Es ist der höchste Triumph des Größenwahns, daß man nun selber Atlas, Pluton, Thor, Titan, Nike Herkules und Poseidon in den Himmel schicken und mit kaum vorstellbaren Energien beladen kann. Man berauscht sich daran, daß allein die Poseidons eines einzigen U-Bootes genügen würden, alle Groß- und Mittelstädte der gegnerischen Weltmacht zu zerstören, und verdrängt dabei, daß die scheinbare Macht zu siegen in Wirklichkeit nur die Macht zur definitiven Zerstörung des eigenen Geschlechtes und zur Ausrottung des natürlichen Lebens schlechthin ist.

10. Von der phallischen Lust an Waffen

Waffen können als Phallus-Substitute verdrängte
Omnipotenzwünsche sättigen. Auch können sie narzißtische Lust auf exhibitionistisch-voyeuristischem Niveau vermitteln.

In der «Vergötterung» der modernen Vernichtungswaffen
kommt eine spezielle Lustkomponente zur Wirkung, die zu
der Szene der beiden Knaben zurückführt, die mit ihren Feu-
erzeugen rivalisieren. Das Verhältnis zu den gewaltigen modernen Waffen enthält vielfach eine narzißtische Faszination,
deren Rolle nicht zu unterschätzen ist. Der Psychoanalytiker
denkt bei solchen Gefühlen an die Phase, in der Jungen sich
einen mächtigen und großartigen Phallus erträumen. Offensichtlich können Raketen, Bomber und Panzer in ähnlicher
Weise erlebt werden als Ausdruck von ästhetisch verklärten
phallischen Größenphantasien.

Ich zitiere aus dem Buch «Die marxistisch-leninistische Ästhetik und die Erziehung der Soldaten», verfaßt von General-
major Prof. Dr. phil. A. S. Milowidof und Oberst Prof. Dr.
phil. B. W. Safronow (besprochen von R. G. Wagner):

«Der Anblick einer startbereiten Rakete bewirkt beim Sol-
daten ästhetische Gefühle und ein Anwachsen moralischer
Kräfte. Die Begeisterung für die modernste Kampftechnik
verschmilzt mit dem Stolz darauf, daß sich diese mächtige
Waffe in den Händen von Soldaten befindet, die aktiv für den
Kommunismus kämpfen.»

«Der Soldat wird in gewissem Sinne auch ästhetisch erregt, wenn ihm das Fahrzeug oder die Waffe gehorcht, wenn
er mit kleinstem Zeit- und Kraftaufwand hohe Ergebnisse
erzielt.»

«Man muß nur einmal gesehen haben, wie sich die Menschen freuen, wenn sie sich mit den Geräten an ein schnell
fliegendes Ziel ‹festkrallen›, die Geschosse im richtigen Au-

genblick die Wolken ‹durchschneiden› und nach einer Minute die Meldung eintrifft: Die Raketen trafen das Ziel!»

«Tiefe Freude erleben die Raketensoldaten, wenn sie die Ergebnisse ihrer kollektiven Arbeit sehen. All die schwere, komplizierte und gewissenhafte Vorbereitungsarbeit ist getan. Der Start ist freigegeben. Ein Feuerstrahl steigt in den Himmel. Die Bedienung wartet fast regungslos und gespannt. Heißt es: Ziel vernichtet, so fallen sich die Soldaten vor Freude in die Arme.»

In einem amerikanischen Film von CBS, von dem später noch die Rede sein wird, werden westdeutsche Soldaten gezeigt, die in Amerika den Abschuß von Raketen trainieren. Da wird eine Rakete gestartet, und man sieht, wie die Bedienungsmannschaft ähnlich wie ein Fußballteam nach geglücktem Torschuß in hellen Jubel ausbricht. Begeistert reißen die Soldaten die Arme hoch, während sie dem feuerspeienden Ungetüm nachblicken, das wie ein Komet mit einem weißen Rauchschweif über den Himmel fliegt.

Als zuschauender Psychoanalytiker glaubt man zu spüren: Diese Männer feiern nicht nur irgendein geglücktes Experiment. Hier wirkt so etwas wie eine phallische Ur-Faszination. Es ist die Lust an einer gewaltigen phallischen Potenz-Show. Die Kraft dieses Raketenungetüms, das sich gegen die Schwerkraft in den Himmel hochreckt und scheinbar in die Unendlichkeit fliegt, kann offensichtlich wie eine ersatzweise Erfüllung alter phallischer Größenträume erlebt werden. Es scheint eine rauschhafte Beglückung zu sein, so als seien alle je erlebten phallischen Kränkungen aus der Kindheitsphase und alle Potenzzweifel momentan dadurch getilgt, daß man ein solches großartiges Schauspiel in Gang setzen oder auch nur voyeuristisch daran partizipieren kann.

Selbst in dem Fall, daß solche Raketen nicht nur zur Probe «treffen», sondern Menschen töten, müssen diese Lust und dieser Stolz nicht schwinden. Dafür lieferte der kürzliche Krieg um die Falkland-Inseln Anhaltspunkte. Als dort der britische Zerstörer «Sheffield» versenkt wurde, feierte dies die französische Links-Zeitung *Libération* als «Sieg der französischen Waffenelektronik». Andere französische Zeitungen berichteten, beim Flugzeughersteller Dassault (der das angreifende argentinische Flugzeug «Super-Entendard» entwickelt hatte) und beim Raumfahrtkonzern SNIAS (wo die Rakete «Exocet AM-39» hergestellt worden war, welche die «Sheffield» zerstört hatte) sei der Treffer nahezu *wie ein Triumph* aufgenommen worden. «Frankreich stolz auf die Waffen» lautete der Titel eines Berichtes der *Frankfurter Rundschau* über die Reaktion derjenigen Franzosen, welche den Abschuß der «Sheffield» indirekt als Eigenleistung genossen, als handle es sich um das Verdienst, an einer sportlichen Ruhmestat maßgeblich beteiligt gewesen zu sein.

Sieht man sich diese zitierten Beispiele genauer an, so findet man zwei psychologische Komponenten. Die eine ist offenbar phallischer, pubertärer Ehrgeiz. Dieser erlaubt es, die «Rekordleistungen» moderner Raketen völlig abgelöst von der Bedeutung für die Menschen, deren Vernichtung sie dienen, zu feiern. Viele sportliche Konkurrenzen sind erfunden worden, um diesem Ehrgeiz in allen möglichen Varianten Gelegenheit zum Ausleben zu geben. Mit der Entfaltung der Technik bieten sich immerfort neue technische Hilfsmittel an, mit denen sich die phallische Rivalität austragen läßt. Längst ist man sich darüber einig geworden, daß phallische Minderwertigkeitsgefühle durch technische Prothesen wettzumachen sind. Es ist schon Allgemeingut der Alltagspsychologie, daß die PS von Motorrädern oder Sportwagen vielfach eine Art Potenzersatz darstellen. Erst recht dient der Waffenkult meist unbewußt dem gleichen Zweck. Es fängt mit den pantomimischen Colt- oder Maschinenpistolen-Spielen der kleinen Jungen an, die sich wechselseitig oder die Mädchen mit «Tak, tak, tak!» und ausgestrecktem Finger erschrecken. Die Waffe wird schließlich für viele zum wichtigsten und faszinierendsten Symbol von Manneskraft. In der Hand der Krimi- und Westernhelden erscheinen Gewehr und Colt als das Mittel schlechthin, sich selbst und der Umwelt männliche Vollwertigkeit zu beweisen. Auf dieser phallischen Erlebnisstufe entstehen schließlich auch Phantasien, als gehe es bei dem modernen Rüstungswettlauf gar nicht um die Vorbereitung der wechselseitigen Vernichtung, vielmehr bloß um so etwas wie einen sportlichen Weltmeistertitel: Wer kann über den anderen mit den gewaltigsten und treffsichersten Phallus-Surrogaten triumphieren?

Eine andere Komponente ist die ästhetische Verklärung der Waffen und der Gefühle bei ihrer Benutzung. Nicht nur Lust an der Macht, sondern auch Lust an der Schönheit und Attraktivität der Phallus-Symbole kann man genießen. Hier kommt also eine Befriedigung auf exhibitionistisch-voyeuristischem Niveau hinzu.

So loben die zitierten beiden sowjetischen Autoren etwa die Formschönheit des Panzers T34: «Den T34 bezeichnet man bildhaft manchmal als ein ‹Gedicht von einem Panzer›, und zwar weil sich äußerlich Schönes mit notwendigen Kampfeigenschaften wie Feuerkraft, starke Panzerung, Manövrierfähigkeit zu einer beachtlichen Einheit verband. Die Harmonie der Linien – abgeschrägte Panzerung, abgerundete Form und flacher, stabiler Bau – erwiesen sich als hervorragende Kampfeigenschaften dieser gelungenen Konstruktion. Alles, was die Qualität und die äußere Form des Panzers charakterisiert, stellt eine Einheit von Kraft und Schönheit dar.»

Ähnlich verzückt lobte kürzlich ein Autor im Magazin *Der Spiegel* ein neu entwickeltes automatisches Gewehr: Es sei ein «wundersames Gebilde, das nicht wie ein Gewehr für den Schützengraben aussieht, eher wie ein Klarinettenköfferchen für den Orchestergraben eines Opernhauses». Außerdem lobte er die «Sanftheit», mit der man aus diesem Gewehr, das in seiner Form von einem Designer gestaltet worden sei, Patronen abschießen könne. Dabei verspreche diese Waffe als Militärgewehr eine gute «Erfolgsquote» (Zahl der Schüsse, um einen Gegner außer Gefecht zu setzen). Also haben wir da ein ästhetisches, sanftes neues Wundergewehr, das obendrein auch noch besser als andere Gewehre Menschen treffen kann.

Selbst auf dem Schlachtfeld sehen MILOWIDOF und SAFRONOW noch Chancen zu ästhetischer orgienhafter Erfüllung: «Dank der moralischen Schönheit einer Handlung unter tragischen Umständen entfaltet sich jene kraftvolle emotionale Erregung und Anspannung, die man gewöhnlich als ‹Gefechtsrausch› bezeichnet.»

Diese mit sehr deutlichen sexuellen Akzenten versehene ästhetische Verklärung der Waffen und des Krieges ist natürlich deshalb besonders gefährlich, weil sie sich auf tatsächlich vorhandene unbewußte Mechanismen stützt, welche die Verdrängung fördern können, daß es eigentlich nur um Mord und Zerstörung geht.

Verleugnung

11. Neun Faktoren, welche die Verleugnung der Atomkriegsdrohung fördern

Unvorstellbarkeit, beschwichtigende Vorsorge-Aktivitäten, Gewöhnung, Glauben an die Ohnmacht der Irrationalität, «Stecknadelkopf-Denken», Horizontverengung durch verinnerlichte Rollenzwänge, Angstverschiebung, Autoritätsgläubigkeit, stereotype Identifizierungen.

Manche Leser mögen das Bemühen mit wachsender Ungeduld begleiten, zunächst nur immer weiter die Motive zu ergründen, die zur «psychischen Militarisierung» führen oder diese zumindest widerstandslos geschehen lassen. Warum muß man sich so lange bei diesem Versuch der Analyse aufhalten? Sollte man nicht unverzüglich nur noch nach Wegen suchen, die aus der «Krankheit Friedlosigkeit» herausführen? Ist es nicht längst klar, daß wir alle nur schnell weg wollen aus der bedrohlichen Lage?

Eben dies ist ja eben nicht klar. Wollten wir ohne innere Ambivalenz weg, hätten wir längst unsere Politiker gezwungen, ihre Anstrengungen zur Abrüstung zu vervielfachen. Und wir würden z. B. nicht – wie gerade geschehen – das totale Scheitern der Sonderkonferenz der UN über Abrüstung, die so lange vorbereitet und mit großen Hoffnungen besetzt worden war, nahezu gleichmütig hinnehmen. – Wir Ärzte fühlen uns an das Verhalten von Patienten erinnert, die in vollem Bewußtsein der Schädlichkeit z. B. pausenlos rauchen, sich laufend mit Tabletten aufputschen, im Übermaß trinken oder essen. Die Betreffenden reden sich oft ein, daß sie eigentlich von dem Laster nur weg wollten. Dennoch kommen sie davon nicht los oder werden immer wieder rückfällig. – Sofern sie sich durch eine analytische Psychotherapie helfen lassen, beruht ihre Chance darauf, daß sie sich zunächst mit den tief wurzelnden unbewußten Motiven konfrontieren lassen, die sie an das Laster ketten. Erst wenn sie dieser unbewußten Impulse gewissermaßen habhaft geworden sind, können sie sich vielleicht umstellen. Sonst wirken die verdrängten Energien unkontrolliert weiter in der verderblichen Richtung. Bloße Handlungsanweisungen können noch so trefflich durchdacht sein. Meist werden sie, wenn überhaupt, nur kurzzeitig verfolgt. Dann überwinden die unbewußten emotionalen Motive wieder die nur vom Kopf her gesteuerten Absichten.

Auch nach 100 Jahren Psychoanalyse kränkt ein solcher Vergleich immer noch unseren Stolz. Ein falsches, aber eingewurzeltes Selbstbild zu verteidigen, liegt vielen näher, als unangenehme Aspekte des eigenen Selbst anzuschauen, so sehr gerade deren Berücksichtigung und Verarbeitung nötig wäre.

Aber der allgemeine Ratschlag, Verleugnungen aufzugeben, ist noch wirkungsloser als irgendein pragmatisches Rezept bei einem speziellen, unbewußt motivierten Risikoverhalten. Es gibt eine ganze Reihe von äußeren und inneren Gründen, die uns an unseren Verleugnungen festhalten lassen. Ein paar wurden schon genannt oder gestreift, insbesondere die Verblendung durch unseren kulturell geprägten Größen- und Machtwahn. Im folgenden möchte ich auf neun Faktoren z. T. differenzierter eingehen, die uns in unterschiedlichem Maße zum Verleugnen anregen können. Sich mit ihnen auseinanderzusetzen, könnte vielleicht helfen, ihre Wirksamkeit abzuschwächen.

1. Die Wirkungen der modernen Massenvernichtungswaffen erscheinen so ungeheuerlich, daß man sie sich entweder kaum noch vorstellen kann oder daß man die Vorstellung, wenn sie zustande kommt, nicht aushält. Der englische Psychologe Humphrey macht diesen Faktor an seiner eigenen Reaktion deutlich:

«Die Bombe, die auf Hiroshima abgeworfen wurde, tötete 140 000 Personen. Sie enthielt ungefähr 25 Gramm Uran; das würde einen Kricketball füllen. 140 000 Menschen, das ist ungefähr die Bevölkerung der Stadt Cambridge. Ich jedenfalls kann diese Tatsache nicht erfassen. Ich kann keine Beziehung herstellen zwischen einem Kricketball und dem Tode aller Bewohner von Cambridge. Ich kann mir keine 140 000 Leichen vorstellen, und noch weniger kann ich mit jedem einzelnen Menschen, der da starb, Mitleid empfinden. Und wenn jemand mir erzählt – und ich erzähle es Ihnen –, daß ein Krieg zwischen den Vereinigten Staaten und Rußland einen Zweiten Weltkrieg *pro Sekunde* bedeuten würde und daß auf England Bomben abgeworfen würden, die 5000 Hiroshima-Bomben entsprächen, setzt mein Vorstellungsvermögen aus. Es ist nicht so, daß ich den Gedanken nicht *ertragen* kann, ich kann den Gedanken von 5000 Hiroshima-Bomben nicht einmal *denken* . . . 5000 mal 140 000 ergibt 700 Millionen. 700 Millionen Tote bei einer Bevölkerung von 50 Millionen. Da ist irgend etwas schiefgelaufen. Jeder wird zehn- oder zwanzigmal getötet . . .

Wir verschließen uns vor solchem Unsinn. Wir mögen uns noch soviel Mühe geben, wir verstehen das nicht. Unser Verstand ist von Kultur und Entwicklung sorgfältig ausgesteuert und reagiert nur noch auf die Frequenzen der wirklichen Welt. Eine Nachricht auf einer fremden Wellenlänge erzeugt keine Schwingungen. Die sogenannten Tatsachen gehen einfach durch uns hindurch, wie Radiosignale von den Sternen.»

2. Zur Verleugnung verhilft auch unsere Bereitschaft, uns selbst bei einer Gefahr von apokalyptischen Ausmaßen einreden zu lassen, diese sei in Wirklichkeit gut zu meistern, wenn man nur beizeiten die rechten Vorsorgemaßnahmen treffe. Man klammert sich an sogenannte Schutzprogramme. Die Administrationen und eine findige Industrie reden den Bürgern ein, viele, ja die meisten könnten einen Atomkrieg heil überstehen, würde man für eine planmäßige Evakuierung der Städte sorgen, genügend Schutzbunker bauen und im übrigen die medizinischen Dienste für den Ernstfall gründlich schulen und perfekt ausrüsten.

In Amerika hat die «Federal Emergency Agency» (Fema),

die mit erheblichen Mitteln für den Zivilschutz ausgestattet worden ist, entsprechende Presse-Erklärungen verfaßt. Da heißt es z. B.: «Wir Amerikaner werden nicht hilflos sein. Wir können mit allen Schwierigkeiten nach dem Angriff fertig werden, wenn die Städte rechtzeitig evakuiert werden, wenn genügend Fallout-Schutzräume da sind und wenn die Bevölkerung Überlebenstraining praktiziert hat. Zwei bis vier Jahre wird es dauern, bis law and order wiederhergestellt sind. Dann läuft das Leben wieder.»

Wie viele andere Bevölkerungsgruppen in den USA haben die Bürger der Stadt Plattsburgh im Staate New York bereits konkrete Anweisungen für ihre Evakuierung: «Bereiten Sie sich jetzt schon vor, kontrollieren Sie, ob Sie im Risikobereich leben, checken Sie Ihre Ausfallstraßen, schließen Sie die Fenster, und ziehen Sie die Vorhänge zu, prüfen Sie die Türschlösser!»

Unterstaatssekretär K. T. Jones aus dem US-Verteidigungsministerium erklärte in Washington in einem Kongreß-Hearing: «Jedermann kann überleben, wenn wir nur genügend Spaten haben. Man muß ein Loch graben, ein paar Türen obendrauflegen und dann einen Meter Erde draufwerfen. Die Erde, die macht's.» Das US-Landwirtschaftsministerium hat schon Lebensmittelrationen für die Überlebenden nach einem Atomangriff festgesetzt: Sechs Eier, drei Pfund Fleisch, vier Pfund Cornflakes, ein halbes Pfund Fett pro Woche.

Wir Deutschen wurden zunächst von Konrad Adenauer beschwichtigt, der uns erklärte, die Atomwaffen seien nichts weiter als eine weiterentwickelte Artillerie. Inzwischen wurde vom «Bundesverband für den Selbstschutz» im Auftrag des Bundesinnenministers eine «Schutzbau-Fibel» herausgegeben. Darin heißt es u. a.: «Das Zentrum einer Detonation umfaßt einen relativ kleinen Bereich. Weitaus größer sind jedoch die Randgebiete der Zerstörung, gerade in diesen Randgebieten können die Überlebenschancen der Bevölkerung durch Schutzräume erheblich gesteigert werden.» Im übrigen könne der Schutzraum im Frieden vielseitig, z. B. als Trimm-Dich-Raum, als Hobby-Raum oder als Spielzimmer für die Kinder verwendet werden.

Nirgends in der Welt ist der «Zivilschutz» bereits so weit entwickelt worden wie in der Schweiz. Die Schweiz ist darin Vorbild für unsere wie auch für die amerikanischen Behörden. Dort gibt es bereits fast so viele Schutzraumplätze wie Einwohner. Ein erfahrener Experte für das Schweizerische Zivilschutzprogramm ist Dipl.-Ing. KONRADIN KREUZER. In seiner Analyse des Nutzens aller Maßnahmen endet er bei der Einsicht, «daß die Zivilschutzphilosophie mitsamt ihren Konzepten und samt ihren Bauten einer riesigen Seifenblase gleichkommt, die uns vorschillert, wir könnten einen Atomkrieg einigermaßen heil überstehen.»

In dieser Auffassung wird er von der großen Mehrzahl der Experten voll bestätigt. Der britische Strahlenforscher Prof. J. W. BOAG schildert die Lage in Großbritannien: «Bei uns . . . soll es in verschiedenen Landesbezirken einige tiefe Schutzbunker geben, die für höhere Beamte vorgesehen sind. Die Maßnahmen, die der Bevölkerung empfohlen worden sind, sind im Vergleich lächerlich und würden eher als Gräber dienen.» Der Hamburger Strahlenbiologe Prof. W. LINDEN, der zehn Jahre in der Zivilschutzkommission des Bundesinnenministeriums mitgearbeitet hat, folgert aus allen einschlägigen Studien, «daß es einen Schutz der Zivilbevölkerung im Falle eines Atomkrieges nicht gibt.» Und Bundesinnenminister G. BAUM hat bestätigt: «Unbestreitbar kann es keinen wirksamen Zivilschutz gegen einen umfassenden, konzentrierten Atomschlag auf unser Land geben.»

Auch die führenden Experten der USA widersprechen für ihr Land der Propaganda, man könne in einem Atomkrieg davonkommen, wenn man rechtzeitig auf geeigneten Ausfallstraßen flüchte, sich in Erdlöcher oder Bunker verkrieche und – im Notfall – die Hilfe einer gut präparierten Kriegsmedizin in Anspruch nehme. E. KENNEDY und M. O. HATFIELD überschreiben ein Kapitel ihres Buches «Stoppt die Atom-rüstung!»: «Zivilschutz eine Illusion.» Und sie sagen: «Die Befürworter des Einfrierens der Atomrüstung haben die Nutzlosigkeit des Zivilschutzes . . . erkannt.» KENNEDY und HATFIELD berufen sich u. a. auf das Urteil verschiedener amerikanischer und englischer Strahlenforscher, so etwa auf das Ergebnis, zu dem P. LINDOP, Professorin für Strahlenbio-logie in London, und J. ROTBLAT, Ex-Präsident des Briti-schen Instituts für Radiologie, gelangt sind: So «wird die Zivilschutzplanung für die Zeit nach einem Atomangriff zum Zerrbild der Moral.»

Das Bedenkliche dieser «Zivilschutz»-Programme besteht nicht nur darin, daß die Bedrohung heruntergespielt und falsche Hoffnung geweckt wird. Mehr oder weniger ahnungs-los wird damit sogar der psychischen Militarisierung Vor-schub geleistet. Ohne daß es von den Verantwortlichen beab-sichtigt ist, fördern sie den Gedanken daran, daß der Ernstfall eintreten kann, auf den man sich auf vielerlei Weise einrichtet. Aufwendigste Maßnahmen zu treffen für einen Fall, den man nicht erwartet, wäre sinnlos. Also rechnet man mit seiner Möglichkeit um so mehr, je intensiver man sich für ihn präpa-riert. In der Psychologie spricht man von der self fullfilling prophecy, d. h. davon, daß sich etwas leichter dadurch ereig-net, weil man es prophezeit. Dieser bemerkenswerte Gedanke ist auch in dem «Berliner Appell» geäußert worden, den Pfar-rer R. EPPELMANN in der DDR verbreitet hat. Dort wird vor der Fortsetzung der eingeführten Zivilschutz-Übung aus-drücklich mit dem Argument gewarnt, daß damit eine indi-rekte psychologische Kriegsvorbereitung bewirkt werden könnte.

3. Der amerikanische Psychiater JEROME D. FRANK führt als weitere Verleugnungshilfe den Gewöhnungsfaktor an. Die Tatsache, daß wir seit über dreißig Jahren beständig unter der atomaren Bedrohung leben, ohne daß etwas passiert ist, kann zur Abstumpfung führen. Die Abschreckung erscheint wie

eine Arznei, die immer gewirkt habe. Warum sollte sie plötzlich nicht mehr wirken? Man vergißt, daß die Bedrohung eben nicht dieselbe bleibt, sondern durch die Vervielfachung der immer gefährlicheren Waffensysteme sowie durch die Verkürzung der Vorwarn- und Reaktionszeiten laufend ansteigt.

4. Weiterhin ist ein naiver Glauben daran weit verbreitet, daß etwas nicht passieren könne, weil es einfach zu unvernünftig wäre. Von den gestapelten horrenden Overkill-Arsenalen Gebrauch zu machen, scheint total widersinnig und allein deshalb unmöglich. Entgegen allen historischen Lehren gibt es noch immer die einfältige Erwartung, daß die Wirklichkeit niemals total unvernünftig werden könne.

5. Man hat einen Begriff vom Atomkrieg entwickelt, der scheinbar die Menschen gar nicht mehr betrifft. Man starrt auf die Waffensysteme, über die ununterbrochen neue Zahlen und technische Modernisierungen bekanntgegeben werden, so als würden die Raketen im Ernstfall den Konflikt unter sich austragen. Und als könnten wir von einer Tribüne aus zuschauen, ob die SS 20 über die Tridents und die Pershings oder diese über jene triumphieren werden. O. NEGT und A. KLUGE sowie A. OVERBECK haben diesen Prozeß der Verdinglichung des Denkens eingehender dargestellt. «Der Krieg ist das entfremdeteste Beispiel von Verdinglichung. Eliminiert wird dabei die Erkenntnis, daß es sich bei dem Gegner um ein Volk handelt, mit einer Geschichte seiner Wünsche und Motive, um eine menschliche Produktionsweise.» (NEGT / KLUGE)

Der amerikanische Nuklearingenieur R. MOLANDER, der drei amerikanische Präsidenten in Fragen der Atomrüstung beraten hat, hat diesen psychologischen Effekt bei sich selbst beobachtet:

«Ich kam in den sechziger Jahren nach Washington, um für ein Forschungsinstitut zu arbeiten, das sich mit Verteidigungsfragen beschäftigte. Zuerst war ich mit Studien über die Wirkungen von Waffen befaßt, nach einem Jahr folgten Untersuchungen über die Waffen selbst, über Kommunikationssysteme und Raketenwarnsysteme. Dann kamen Berechnungen über einen nuklearen Schlagabtausch: unsere Raketen gegen ihre Raketen, ihre Raketen gegen unsere Bomber, ihre U-Boote gegen unsere Bomber – Kombinationen ohne Ende. *Menschen* kamen in diesen ‹Abtausch›-Rechnungen nicht vor. Es war eine merkwürdige Fiktion, daß man niemals über die *Menschen* in den militärischen Einrichtungen, den Industrieanlagen oder den Städten sprach.» – «Ich erinnere mich, wie eines Sonnabends ein Kollege mit seiner Frau in das Büro des Instituts kam, als ich gerade verschiedenfarbige Stecknadeln, die Waffen unterschiedlicher Stärke repräsentierten, in eine Landkarte der Sowjetunion piekste. Eine Nadel mit rosa Kopf für Minsk bedeutete 200 000 Tote. Der Frau meines Kollegen graute es. Aber wenn ich die Nadeln steckte, sah ich keine Menschen arbeiten und keine Kinder spielen.»

R. Molander begriff, «wie nahe die Möglichkeit eines Atomkrieges wirklich ist». Und gerade, als ihm dies aufging, wurde sein zweites Kind geboren. Da wurde ihm die Absurdität der Situation klar, und er nahm gewissermaßen für sein Kind und die Menschen Partei gegen die Atom-Technokratie mit ihrem Stecknadelkopf-Denken. Aber das große Publikum weiß weder, wie nahe der Atomkrieg ist, noch hat es eine genaue Vorstellung davon, was es davon zu erwarten hat. Ihm wird durch die Medien genau das Stecknadelkopf-Bild der Militär-Technokratie vermittelt.

6. Das Stecknadelkopf-Denken ist Folge und Ausdruck eines persönlichen Desintegrationsprozesses, der in unserer Gesellschaft zu den geläufigen psychischen Merkmalen des Älterwerdens gehört. Kinder und Jugendliche können noch ganzheitlich denken. Der Erwachsene lernt, diese Ganzheitlichkeit zu opfern. Jede der Rollen, in die man sich einfügen muß, reißen ein Stück Ich an sich. Am Ende ist man nur noch ein Bündel von Teilidentitäten. Man alterniert zwischen dem einen oder irgendeinem anderen Rollen-Selbst hin und her. Der Charakter, die Identität löst sich in dem auf, was man

heute als Flexibilität idealisiert. Der Mensch wird zum Chamäleon. Er ist am Ende nur noch das, was er hier oder dort gerade spielt. Aber hinter dem Spielen ist nichts weiter als ein Repertoire anderer Rollen. So zugerichtet, lassen wir uns dazu verführen, oft nur in den Partialdimensionen eines Berufes oder einer Interessenrichtung zu denken. Dann kommen Chemiker heraus, die sich kritiklos über den wissenschaftlichen Fortschritt freuen, endlich gut handhabbare binäre Kampfgase produzieren zu können. So entstehen Raketenphysiker, denen die Verbesserung der Treffsicherheit der Trägerwaffen eine ähnliche Genugtuung bereitet wie die Lösung einer komplizierten Schachaufgabe. Und so reifen die bornierten Verkaufsmanager von Rüstungsfirmen heran, für die es den höchsten Triumph bedeutet, wenn sie der Konkurrenz einen Milliardenauftrag zum Bau neuer Atomwaffen-Teile wegschnappen können. All dies sind keine gefühllosen Unmenschen, sondern Leute, die sich in der ihnen anerzogenen engen Rollenperspektive besonders gewissenhaft und tüchtig finden.

Die Einengung auf parzelliertes rollenhaftes Denken bietet den Vorteil, daß man in dem jeweiligen schmalen Verantwortungsradius leichter Skrupeln entgeht. Man phantasiert, daß es Sache der politischen Führungsschicht sei, von den Erfindungen und den handwerklichen Fertigkeiten in den einzelnen Berufen jeweils den Gebrauch zu machen, der dem Wohl des Ganzen dient. Irgendwo da oben wird man schon vernünftige Prioritäten setzen und aufpassen, daß der Sinn nicht verlorengeht. Die antrainierte Vorstellung, daß man selbst inkompetent für die Beurteilung des ganzheitlichen Zusammenhanges sei, ist jedenfalls eine der wirksamsten Verleugnungshilfen.

7. Als weiterer Faktor, der die Ausblendung der Atomkriegsdrohung begünstigt, möchte ich den Mechanismus der Verschiebung des Angstgrundes nennen. Dabei handelt es sich um einen unbewußten Prozeß, den ich an einem kleinen klinischen Beispiel erläutern möchte: Ein Mädchen erfährt, daß ihre Mutter an einem unheilbaren Krebs leidet. Da ent-

wickelt sie plötzlich die Befürchtung, daß auf ihrem Weg zur Schule ein toter Vogel liegen könnte. Und sie will nicht mehr zur Schule gehen, um diesem toten Vogel nicht begegnen zu müssen. Das heißt, sie hat ihre Phantasie von dem drohenden Tod der Mutter abgelenkt und auf die Vorstellung von dem toten Vogel verschoben.

Dieser Mechanismus bietet sich als eine Erklärung dafür an, daß sich neuerdings viele Menschen in einem einzigartigen Maße damit beschäftigen, wo überall sie selbst und ihr Hab und Gut in der Alltagswelt bedroht sein könnten. Die Menschen lassen sich gegen alles und jedes versichern. «Das Streben nach Sicherheit ist zur kollektiven Obsession geworden!» urteilt der Soziologe JOHANO STRASSER. Man spürt überall dort Unsicherheit auf, wo man das Sicherheitsrisiko aktiv mindern zu können hofft. Man erfindet gewissermaßen eine Vielzahl toter Vögel, nur um nicht an die unheimlichste und größte Gefahr denken zu müssen.

8. In besonderem Maße wird Verleugnung durch Autoritätsgläubigkeit begünstigt. Wir verfügen über die Fähigkeit, uns bei Gefahr in den Zustand von Kindern zurückzuversetzen, die Angst dadurch vermeiden, daß sie sich von ihren Eltern, deren Macht sie überschätzen, absolut beschützt fühlen. Dieser Regressionsvorgang bewirkt, daß man die Prüfung und Bewältigung denen «da oben» überläßt, also den Politikern und ihren sachkundigen Beratern.

Im Zweiten Weltkrieg hat man herausgefunden, daß kleine Kinder z. B. bedrohliche Bombenangriffe in Städten ohne große Beunruhigung überstanden, wenn sie sich bei ihren Müttern geborgen fühlten. Der Halt bei den Müttern bewahrte sie vor dem Durchbruch bedeutender Ängste. Ähnliches erlebt man bei erwachsenen Patienten, z. B. vor gefährlichen Operationen. Nicht wenige helfen sich über ihre Angst dadurch hinweg, daß sie selbst über ihre Lage gar nicht nachdenken und darüber auch nichts Genaueres erfahren wollen, dafür aber das Bild ihres Arztes mit den Merkmalen von

Allwissenheit und Unfehlbarkeit ausstatten. Überdies demonstrieren sie dem Arzt besondere Ergebenheit, um sich seiner bedingungslosen Fürsorge zu vergewissern.

In vergleichbarer Weise willigen große Teile des Publikums ein, nur global und dürftig über die Gefahren eines Atomkrieges informiert zu werden, indem sie gleichzeitig ihren politischen «Eltern» oder «Ärzten» eine überlegene Weisheit in der Steuerung der Sicherheitspolitik zutrauen. Geradezu dankbar lassen sie sich einreden, daß sie selber ohnehin unfähig seien, sich ein eigenes Bild von den Vor- und Nachteilen der Atomrüstung und den Risiken bestimmter militärpolitischer Strategien zu machen. Sie willigen gewissermaßen in den Status einer infantilen Beschränktheit und Unmündigkeit ein: «Was ich nicht weiß, macht mich nicht heiß.» Dafür delegieren sie die Alleinverantwortung an die Führungsgremien, deren Wissen und Können sie zur eigenen Beschwichtigung maßlos überbewerten.

Es ist leicht verständlich, daß diese Bevölkerungsteile, die vor ihrer eigenen Angst in eine infantile Autoritätsergebenheit flüchten, mit großem Unbehagen auf alle kritischen Basisströmungen reagieren. Wenn die Initiativen der Friedensbewegung z. B. den Sinn der Abschreckungsstrategie radikal bezweifeln, dann wird natürlich die Verdrängung der Massen von Konformisten gefährdet, die an der Idee einer unfehlbaren Obrigkeit festhalten müssen. Diese pflegen sich gar nicht erst auf die Argumente der Friedensbewegung einzulassen, weil sie bereits die Beunruhigung gar nicht ertragen können, die in ihnen jedwede Obrigkeitskritik als solche schon auslöst. Nur die Überzeugung von der grenzenlosen und unbestreitbaren Weisheit der Führung läßt sie ruhig schlafen.

Solange nichts besonders Erschreckendes passiert, was diesen magischen Autoritätsschutz durchbricht, kann eine solche Verleugnungshilfe in erstaunlichem Grade funktionieren. Allerdings handelt es sich dabei um einen doppelseitigen Vorgang: Ein solches Publikum wählt sich Verantwortliche, die in besonderem Maße für die Rolle unfehlbarer Alleskönner und Wunderheiler geeignet zu sein scheinen. Das sind Persönlichkeiten, die von der Idee eigener Superpotenz besessen sind, und die, wenn sie an der Macht sind, von dem Volke genau das blinde Zutrauen verlangen, welches ihnen die verleugnungsbereiten Massen willig schenken. Es entsteht dadurch eine gesellschaftliche Beziehungsstruktur, die gewissermaßen doppelt gesichert ist: Da sind auf der einen Seite die Bevölkerungsteile, die von sich aus gern den Kopf in den Sand stecken, wenn die Wahrnehmung der Realität sie in Panik versetzen könnte. Und da ist auf der anderen Seite eine politische Führung, die für sich das Monopol der Realitätsprüfung beansprucht und dem Wählervolk blinden Glauben verordnet.

Fatalerweise kommt dieses verleugnungsfördernde Moment um so eher zum Tragen, je mehr die allgemeine politische Lage objektiv zu Besorgnissen Anlaß gibt. Es bestätigt sich dabei immer wieder der sozialpsychologische Befund, daß ein großer Teil der Erwachsenen unfähig ist, einen Zustand von Unsicherheit in kritischer Besonnenheit zu ertragen. Als Ersatz für den religiösen Halt, der den meisten heute fehlt, müssen sie sich gottähnliche Autoritäten schaffen. Von diesen möchten sie am liebsten mit geschlossenen Augen und entbunden von jeder Verantwortung durch alle Fährnisse hindurchgeleitet werden. Wenn es ginge, würden sie sich in einer Krisenlage wie Patienten narkotisieren lassen und nach Meisterung der Krise durch die Politiker wie nach einer geglückten Operation wieder aufwachen.

9. Zuletzt sei noch ein Faktor genannt, der eng mit dem eben beschriebenen zusammenhängt. Ich muß etwas ausholen, um ihn verständlich zu machen: Die gefühlsmäßige Bindung an Menschen, Gruppen und Institutionen bedeutet für jeden von uns eine Voraussetzung des Wohlbefindens. Wir können die Hochschätzung dieser Personen bzw. dieser sozialen Gebilde nicht aufgeben, ohne innerlich verunsichert zu werden. Je labiler die persönliche Identität eines Menschen ist, um so

cher neigt er dazu, sich an «Objekte» zu hängen und sich dadurch wertvoll zu fühlen, daß er an dem Wert teilnimmt, den er diesen «Objekten» beilegt. Ich nenne ein primitives Beispiel: Viele Jungen identifizieren sich in solcher Weise mit ihrem heimatlichen Fußballverein. Ihr Wohl und Wehe schwankt mit dem Schicksal dieses Vereins. Die emotionale Bindung hält sogar dann, wenn dieser Verein lauter fremde Spieler beschäftigt oder in Korruptionsskandale verwickelt wird. Von der «eigenen» Mannschaft begangene Fouls erscheinen als Lappalien, während die vom jeweiligen Gegner verübten Attacken heftige Empörung hervorrufen.

Nach dem gleichen Muster stützen sich viele innerlich ab durch unmittelbare Identifizierung mit ihrem Clan, ihrer Sekte, ihrer Zunft, ihrer Nation. Wie tief diese Identifizierung reichen kann, wird u. U. erst entlarvt, wenn das Identifikations-Objekt in Bedrohung gerät. So legte z. B. die Falkland-Krise in Argentinien wie auch in England Nationalgefühle bloß, die in beiden Ländern Gruppen zusammenschweißten, die sich zuvor innenpolitisch heftig befehdet hatten. Wie sehr die gefährdete «Ehre der Nation» die innere Stabilität der Menschen berührte, zeigte sich auf das deutlichste. So verwandelte sich für viele argentinische Linke der verhaßte Diktator für einige Wochen in eine unangreifbare integrative Symbolfigur. Und ganz England – bis hin zum linken Labour-Flügel, scharte sich um seine «Eiserne Lady». Auch übernationale gefühlsmäßige Identifizierungen kamen zutage, vor allem so etwas wie ein gemeinsames lateinamerikanisches Bewußtsein gegenüber den alten Kolonialmächten.

Solche im Unbewußten wurzelnden Gefühlsbindungen schwächen, wie leicht zu erkennen ist, im Krisenfall den Einfluß von moralischen Prinzipien. Trotz aller gegenteiligen Versicherungen der Verantwortlichen spielen dann Recht oder Unrecht eine wesentlich geringere Rolle als kollektivegoistische Strebungen, die unlösbar mit dem Selbstwertbewußtsein der einzelnen verknüpft sind. Entscheidend sind

Gefühle der Kränkung, der Demütigung bzw. des Stolzes und der Macht. Die Rivalität eskaliert zu einem: «Ihr» oder «Wir». Totale emotionale Identifizierung mit dem «Wir» erlaubt es, jedes Unrecht zu heiligen, wenn es vom «Wir» gefordert wird. Massenhafte Tötung des Gegners im Krieg wird dann perverserweise sogar zur moralischen Pflicht im Dienst des «Wir».

Diese latent jederzeit wirksamen Gefühlsbedingungen fördern die Neigung, die von der eigenen Nation oder der eigenen Hegemonialmacht betriebene Hochrüstungs- und Bedrohungspolitik als solche oder zumindest in ihren Folgen zu bagatellisieren oder gar zu verleugnen. Man kommt möglicherweise gar nicht erst auf den Gedanken, den vom eigenen Kollektiv, also etwa von der NATO oder vom Westen produzierten Atombomben zu mißtrauen, wenn die NATO und der Westen emotional Werte repräsentieren, die unmittelbar mit dem Selbstwertgefühl der einzelnen verbunden sind. Solche Identifizierungen werden im Osten dadurch noch viel deutlicher, weil sie dort ausdrücklich anerzogen werden: Erst dadurch, daß du das von der Partei vermittelte Gesellschaftssystem gänzlich in dein Denken und Handeln hineinnimmst, kannst du dich als einzelner gut fühlen. Du und der Staat müssen eins sein! Natürlich hat dein «Friedensstaat», der im Grunde nur eine zentral organisierte Friedensbewegung ist, auch nur «Friedens-Waffen».

12. Die Entlastungsfunktion des Feindbildes

Verwandlung der Angst in Furcht vor konkretem Objekt; moralische Selbstrechtfertigung; Integration in «offizielle» Stimmung; Kompensation von Selbsthaß.

«Es mag melodramatisch erscheinen, wenn man die beiden Pole menschlicher Lebensform, repräsentiert durch die Vereinigten Staaten und die Sowjetunion, gleichsetzt mit Gut und Böse, Licht und Dunkelheit, Gott und Teufel. Dennoch, wenn wir sie uns so vorstellen, wenigstens hypothetisch, kann es uns helfen, das Ringen in der Welt besser zu verstehen.»
Richard Nixon

Genau besehen ist die Verleugnung, die von der Mehrheit geleistet wird, selten vollständig. Viele behalten die Gefahr eines Atomkrieges durchaus im Auge. Aber sie klammern sich an die Vorstellung, nur die Waffen der anderen Seite seien bedrohlich. Sie fühlen sich um so sicherer, je mehr Sprengköpfe die eigene Seite produziert und stapelt. Die eigenen Atombomben erscheinen als gut und notwendig, um den allein als aggressiv eingeschätzten Außenfeind in Schach zu halten. Die Verteufelung des Außenfeindes verschafft aus verschiedenen Gründen eine psychische Entlastung. Ich möchte diese Gründe aus der Sicht eines im Westen lebenden Menschen beschreiben, der die Russen dämonisiert:

Indem ich nur noch die Russen als Bedrohung vor mir sehe, habe ich meine Angst an ein Objekt gebunden, das für meine Vorstellungskraft faßbar ist.

Die Russen versetzen mich in den Zustand eines unschuldig Verfolgten. Ich selbst habe also mit der Verursachung der Atomkriegsdrohung nichts mehr zu tun. Meine moralische Belastung entfällt.

Ich finde eine Gelegenheit, meine angestauten Aggressionen abzu-

reagieren (vgl. Kap. 5). Denn die Moskauer Kommunisten, die mich in ihre Gewalt bringen wollen, verdienen natürlich, verabscheut und bekämpft zu werden.

Überdies vermeide ich eine Außenseiterposition. Indem ich das Feindbild im Osten festmache, weiß ich mich im Einklang mit den Herrschenden in meinem Land und kann jederzeit auf deren Schutz rechnen.

Vielleicht gehöre ich zu den vielen Männern, die sich im Alltag mit einer opportunistischen Anpassungshaltung durchlavieren. Insgeheim träume ich mich indessen als den starken, standfesten Mann, von Kindheit auf orientiert am Vorbild der Superman-Stories. Aber in einer hierarchischen Gesellschaft voller sozialer Zwänge muß ich mich in einem fort beugen und winden, um mich sozial zu sichern und gefährliche Isolation zu vermeiden. So muß ich mich insgeheim verachten, weil ich auf Schritt und Tritt mein antrainiertes Männlichkeits-Ideal verrate. Ich kann meinen Selbsthaß nicht an den sozial Stärkeren abreagieren, von denen ich abhängig bin. Erleichterung bringt es mir aber, wenn ich in den Haß einstimme, der gegen den mächtigen Feind im Osten offiziell empfohlen wird. Da kann ich mich dann, indem ich meine kompromißlose Gegnerschaft bekunde, doch als unerschrockener Mann gebärden. Dabei kostet mich diese Methode zur Stabilisierung meines Selbstwert-Bewußtseins kein Risiko. Meine Standfestigkeit wird auf keine Probe gestellt. Ich kann mir schon dadurch groß und mutig vorkommen, daß ich nur eifrig Agitatoren beipflichte, die landauf, landab den Kommunisten-Haß schüren.

In meiner psychotherapeutischen Praxis begegne ich diesem Kompensations-Mechanismus, der natürlich unmittelbar mit dem Gotteskomplex zu tun hat, in zahlreichen Abstufungen: Da hungern manche Männer geradezu danach, ihr dämonisches Russenbild möglichst täglich durch neue Untaten-Meldungen noch weiter schwärzen zu können. Wer den Kommunisten im Osten und im eigenen Land anders als mit geballter Faust zu begegnen rät, gilt ihnen als feige oder bestenfalls als Tor. Leuchtet man indessen hinter die martialische Fassade dieser Scharfmacher, stößt man darauf, daß sie ihre fanatische

Feindseligkeit wie eine Art Stützkorsett pflegen, um zu verhüllen, wie kläglich sie sich insgeheim empfinden. Ohne das Teufelsbild der Russen, demgegenüber sie sich in markiger Anklägerpose darstellen können, wären sie einem bedrohlichen Minderwertigkeitsgefühl ausgeliefert. Noch immer wimmelt es von männlichen Lehrbuch-Beispielen für den Typ des «autoritären Charakters», der in der sozialwissenschaftlichen Literatur so erhellend – aber ohne besondere erzieherische Wirkung – beschrieben worden ist.

Natürlich gelten die gleichen psychischen Entlastungsmomente für einen Kommunisten im Osten, der die Amerikaner dämonisiert. Und sie gelten auch für jene opponierende Minderheit, die im Osten bzw. im Westen jeweils unkritisch die eigene Führungsmacht verteufelt und die andere Seite ebenso vorurteilhaft idealisiert. Das sind Gruppen, die sich teilweise gern der Friedensbewegung zurechnen, obwohl dieser Anspruch im Grunde unberechtigt ist. Sie verzerren die Wahrheit genauso einäugig wie die vielen anderen, welche die Atomkriegsdrohung nur mit Hilfe einer stereotypen Sündenbock-Projektion aushalten. Nur haben sie eben die Front gewechselt.

Feindeshaß entlastet nicht nur von persönlichen, sondern auch von nationalen Selbstwertkonflikten. Genauer: Kränkungen, die ein Kollektiv erlitten hat, addieren sich zu den spezifischen individuellen Minderwertigkeitserlebnissen und überformen den Projektionsvorgang. Für die Amerikaner beispielsweise bedeutete das Vietnam-Desaster eine unerträgliche Erniedrigung. Die militärische Niederlage und die moralische Schande – verbunden mit den in Vietnam verübten Grausamkeiten – widersprachen der hohen Selbsteinschätzung der Amerikaner so eklatant, daß diese ihren Schock zunächst kaum verarbeiten konnten. Hinzu kam dann der Watergate-Skandal, eine weitere nationale moralische Katastrophe. Wie gerufen, ereignete sich schließlich der sowjetische Afghanistan-Überfall. Er bot die ersehnte Möglichkeit, die kränkenden nationalen Selbstzweifel zu tilgen und das Böse wieder dort festzumachen, wo man es bereits zu McCarthys Zeiten erfolgreich angeprangert hatte. So boten sich die Sowjets den Amerikanern unabsichtlich als Projektionsfeld an, welches diese von ihrer unbewältigten Vergangenheit ablenkte. Als dann noch die Verhängung des Kriegsrechts in Polen hinzukam, schrumpften die letzten Vietnam-Schuldgefühle.

Als moralische «Number one» fühlte man sich wie eh und je dazu ausersehen, das Böse in der Welt nur noch draußen – in Gestalt des verhaßten Kommunisten-Feindes – zu bekämpfen.

Vielen Bundesdeutschen kommt das offizielle Russenfeindbild gelegen, um den Druck einer noch weit schwereren Selbstwert-Belastung loszuwerden. So mancher, der neuerdings in unserem Lande vor einem «zweiten München» warnt, erlebt sich und das eigene Volk, das sich damals zu einem verbrecherischen Krieg rüstete, wie selbstverständlich heute in der moralischen Anklägerrolle. Ich kenne manche Vertreter des «München-Argumentes», die noch allzu deutlich Spuren der Haltung verraten, gegen die sie jetzt so kämpferisch Front machen. Es ist der verdrängte HITLER in ihnen selbst, den sie im Osten haben auferstehen lassen und an dem sie wettmachen wollen, was sie als peinliche Erinnerung immer noch unbewußt bedrückt. Sie brauchen die Russen genau in dieser Rolle und sind deshalb absolut unempfänglich für alle Hinweise, die eine Differenzierung des Urteils verlangen. Sie selbst, die vor wenigen Jahrzehnten den Krieg bejaht haben, der über 20 Millionen Russen das Leben kostete, beanspruchen, ihre Mentalität total geändert zu haben, während sie keinen Zweifel daran zulassen, daß die Russen auf ewig unbeirrt die Unterwerfung der Welt unter ihr Joch anstreben werden.

Wie MARGARETE und ALEXANDER MITSCHERLICH und andere zur Genüge nachgewiesen haben, wurde die Nazi-Vergangenheit von großen Teilen der heute älteren deutschen Generation verdrängt. Die Menschen reagierten nach dem Kriegsende mit verlegenem Schweigen und retteten sich in eine beflissene Anpassung an die Erwartungen der Sieger. Sie verdeckten durch tüchtiges Funktionieren einen tiefen Bruch in ihrem inneren Lebenszusammenhang. Aber das, was sie verdrängt hatten, hielt sie innerlich unter fortdauernder Spannung. Sie hätten diese Spannung allmählich mildern können, wenn sie miteinander und mit der nächsten Generation offen besprochen und geklärt hätten, was mit ihnen und durch sie geschehen war. Aber allzu viele scheuten diese Anstrengung und suchten statt dessen Erleichterung durch ein äußeres Feindbild. Da war es der Ost-West-Konflikt, der sich bald anbot und heute wieder besonders anbietet, diesen Sünden-bock-Mechanismus anzuwenden. Man braucht scheinbar nicht länger an sich selbst zu zweifeln, noch braucht man sich weiterer Anprangerung im Westen auszusetzen, wenn man sich vor aller Welt einem Feind entgegenstellt, den man voll mit dem verdrängten Aspekt der eigenen Geschichte identifi-zieren zu können meint.

In diesem Sinne finden wir Psychoanalytiker bei vielen eine bezeichnende Wechselbeziehung zwischen Russenverteufelung und Schuldverdrängung. Manche deutschen Wortführer einer antirussischen Stärkepolitik verkennen vollkommen, wie besorgt man sie in westlichen Ländern daraufhin mustert, ob in ihnen nicht – nur mit gewandelten Vorzeichen – wieder Züge einer immer noch gefürchteten Mentalität zum Vor-schein kommen. Mit Verärgerung reagieren die Betreffenden, wenn man sie immer noch, mitunter ausdrücklich, an unserer jüngsten Geschichte mißt. Sie mißverstehen ihren militanten Antikommunismus als die beweiskräftigste Wiedergutma-chung schlechthin. Aber ihre Reizbarkeit beweist, wie sehr sie innerlich noch irritiert, woran sie um keinen Preis erinnert werden wollen.

Im übrigen ist nicht zu übersehen, daß die Dämonisierung der Russen bruchlos anknüpfen kann an den Antisowjetismus aus der Nazi-Zeit. E. KOGON hat auf diesen historischen Vorläufer des heutigen östlichen Feindbildes, der rassistische

Elemente enthielt, unlängst erst wieder hingewiesen: «Hitler und Goebbels simplifizierten, radikalisierten und verzerrten das Bild der sowjetischen Wirklichkeit. Ein einziges primitives Stereotyp wurde propagiert: das des ‹bolschewistischen Untermenschen›, der die Weltherrschaft anstrebe. Der Parole wurde der Rassenwahn beigemengt: die Einführung des kommunistischen Systems sei nur im Bereich der slawischen Minderwertigkeit möglich gewesen. Verschwörerisch halte das ‹Weltjudentum› den Bolschewismus aufrecht, um ihn als Unterdrückungs- und Ausbeutungsherrschaft über alle Völker auszubreiten.»

Wundert man sich, warum ausgerechnet viele der älteren Westdeutschen, die das Elend des letzten Krieges zur Genüge kennengelernt haben, dennoch einer antirussischen Hochrüstung mit allen ihren Risiken geneigt sind, so sollte man die Wirksamkeit des geschilderten Sündenbock-Mechanismus bedenken. Daß dieser Mechanismus auch auf der anderen Seite – mit umgekehrten Vorzeichen – eine Rolle spielt, ist freilich offenkundig.

Viele meinen nun indessen, dieses Problem sei auf die Älteren begrenzt und müßte sich mit deren allmählichem Abtreten von selbst auflösen. Aber so einfach geht das nicht. Was die eine Generation an Konflikten unverarbeitet läßt, erbt die nächste. Die Jungen spüren allemal, wenn die Älteren sich ihnen in einem unaufgearbeiteten inneren Widerspruch präsentieren. Sie übernehmen unter Umständen unter autoritärem Druck unbewußt die ihnen vorgeführte Sündenbock-Strategie. Oder sie machen es genau umgekehrt und protestieren gegen ihre Väter durch Umkehrung des stereotypen Feindbildes, wobei sie indessen an das ihnen vorgelebte Reaktionsmuster fixiert bleiben. Oder sie versuchen, sich allen Verstrickungen in die unerledigten Probleme der Älteren durch «Aussteigen» zu entziehen.

In dem gegenwärtigen gespannten Klima, in welchem viele nur noch ein «Entweder-Oder» gelten lassen wollen, klingt das eben Gesagte vermutlich manchen wiederum verdächtig nach indirekter Verharmlosung von Afghanistan, womöglich nach Bagatellisierung des Kriegsrechts in Polen, nach Ausblendung der Unterdrückung der Meinungsfreiheit in den staatssozialistischen Ländern. Manchen ist heute eben nur schwer verständlich zu machen, daß einer die drüben von der Führung verübten Gewaltakte und die unwürdige Bevormundung der Menschen eindeutig ablehnen kann, ohne das Sheriff-Gangster-Schema, das in vielen westlichen Köpfen spukt, für rational zu halten. Es ist nicht leicht, für die Einsicht zu werben, daß auch unter den Völkern drüben der Widerwille gegen die rücksichtslose Militarisierung stetig wächst und in einigen östlichen Ländern den Herrschenden schon mehr Kopfschmerzen macht, als hierzulande geläufig ist. Auch das System drüben ist nicht allgewaltig und – wie man in Polen sieht – gefeit gegen die Gegenmacht spontaner Entwicklungen von der Basis her. Das ist freilich gar kein unbedingt angenehmer Gedanke für diejenigen hier, die eben gerade ein undifferenziertes, ewig böses Bild «des Ostens» benötigen, um der eben erörterten Entlastungsmomente einer starren Feindbildperspektive nicht verlustig zu gehen.

13. Belege für die Existenz eines bipolaren Verfolgungswahns

Vollständige Dämonisierung des Gegners, Unkorrigierbarkeit des Verfolgungsglaubens, fanatische Verteidigung des Konzepts gegenüber Zweiflern, absolute Selbstidealisierung, totale Fixierung auf den Kampf gegen den Verfolger bis zu blinder Selbstgefährdung.

Je mehr die Analyse fortschreitet, um so vielschichtiger erscheint der Komplex der Motive, welche die «Krankheit Unfriedlichkeit» hervorrufen und unterhalten.

Im krankhaften Beziehungssystem der Abschreckung verstärken archaische sadistische Aggressivität und radikales Mißtrauen einander in ewiger Eskalation. Das drohende apokalyptische Duell zwischen Ost und West wäre aber eigentlich der gemeinsame Suizid einer Zivilisation, die ihr inneres Maß verloren hat. Die Gegensätzlichkeit der Gesellschaftskonzepte in Ost und West wird überformt durch identische expansionistische Größenideen. Die Prozesse der beiderseitigen psychischen Militarisierung wirken darüber hinaus nivellierend. Die krankhafte Phantasie, daß nur eigene unbezwingbare Überlegenheit Sicherheit in der Welt biete, ist der Motor für ein tödliches Rivalisieren, dem nur durch ein radikales Umdenken Einhalt geboten werden könnte. Aber untergründige Mechanismen blockieren vorläufig diese Wende: Massive Verleugnungen, von oben her gefördert, sorgen dafür, daß der sich ausbreitende Pessimismus der Massen vorläufig weitgehend stumm bleibt. Falsche Beschwichtigungen halten immer noch ein Benehmen wie dasjenige eines Kranken aufrecht, der lieber in stumpfer Apathie kaputtgeht, als sich durch bewußte Konfrontation mit der wahren Lage zum Kampf gegen die krankhaften Bedingungen aufzuraffen. Wo die Verleugnungen mißlingen, hat sich auf der Basis des erörterten Sündenbock-Mechanismus ein Verfolgungswahn-System etabliert.

Wie jede psychopathologische Kollektivreaktion verbirgt auch diese sich denen, die sie innerhalb der Masse mitvollziehen. Es ist schwer, solche Phänomene zu durchschauen, wenn man nicht durch Distanz vor ihnen geschützt ist. Im nachhinein fragen sich heute viele alte oder ältere Deutsche, wie sie je in die hysterische Begeisterung zu Beginn des Ersten Weltkrieges einstimmen, wie sie sich von dem einst epidemischen Franzosenhaß anstecken lassen konnten und wie sie je Hitler als mythischer Erlösungsfigur anzuhängen vermochten. Wo psychopathologische Massenphänomene mit akuten Affektaufwallungen einhergehen – etwa wie bei dem flüchtigen Falkland-Enthusiasmus der Briten und der Argentinier – kommt es leichter und schneller zu einer Gegenströmung von kritischer Nachdenklichkeit als bei schleichenden und systematisch ideologisch abgestützten Reaktionen. Hinzu kommt, daß ausgesprochen paranoide, also wahnhafte Strömungen oft durch ihre innere Logik täuschend vernünftig wirken. So lassen sie viele Beobachter häufig eher an sich selbst als an der Berechtigung der Ideen der psychopathologisch affizierten Gruppen zweifeln.

Daß die psychische Militarisierung beiderseits Symptome eines regelrechten kollektiven Verfolgungswahns produziert, kann man sich indessen durch eine Überprüfung nach den Kriterien von Psychiatrielehrbüchern bestätigen:

1. Man glaubt daran, alle Maßnahmen des Gegners dienten ausschließlich aggressiven Absichten. Man wartet geradezu darauf, diese Überzeugung durch entsprechende Belege immer wieder festigen zu können. Der bloße Gedanke, daß die andere Seite sich auch bedroht fühlen könnte, wird als absurd verworfen. Jeder Zweifel daran, daß nur der Gegner Böses im Schilde führe, erscheint töricht.

2. Dieses Feindbild ist unkorrigierbar. Keine Signale können mehr wahrgenommen und angemessen gedeutet werden, die der Verfolgertheorie widersprechen würden. Abrü-

stungsvorschläge des Feindes werden, noch ehe man sie genauer studiert hat, als gemeine Hinterlist gebrandmarkt. Die Furcht vor dem Dämon verlangt, daß man um so mißtrauischer reagiert, je umgänglicher der Feind sich gelegentlich zeigt. Nichts erscheint gefährlicher, als sich durch scheinbar versöhnliche Gesten einwickeln zu lassen. Selbst die Vorstellung, daß die andere Seite schon aus Selbstschutz interessiert sein müßte, den Frieden zu erhalten, darf nicht gelten. Gelangen Experten zu dem Schluß, daß der Gegner um der Stabilität seines Gesellschaftssystems und seiner Wirtschaft willen nichts so sehr scheuen müßte als einen Krieg, so irren sich die Experten, oder sie sind vom Feind gekauft.

3. Wo sich im eigenen Lager Opposition regt, schlägt auf sie der Haß zurück, den man dem Außenfeind zuwendet. Man wehrt sich dagegen, irgendeine kritische Position zwischen oder über den Fronten gelten zu lassen. Atomgegner oder radikale Pazifisten werden hüben wie drüben als Gefahr für die eigene «Verteidigungskraft» verwünscht, geächtet oder bekämpft. Hier heißt es, die Friedensbewegung verrichte – bewußt oder allenfalls aus Torheit – das Geschäft der Russen. Drüben brandmarkt man die Mitglieder der christlichen Friedensinitiativen entsprechend als Erfüllungsgehilfen des westlichen Imperialismus. Diejenigen also, die gegen die Risiken der Atomrüstung argumentieren, werden selbst als Sicherheitsrisiko verunglimpft. (Um so bemerkenswerter ist die Standfestigkeit einer wachsenden Minderheit, die diesem paranoiden Druck widersteht.)

4. Der Verteufelung des Gegners entspricht die offizielle unkritische Idealisierung des eigenen Systems. Innerhalb des eigenen Bündnisses vertritt man angeblich nur die edelsten Prinzipien der Menschlichkeit und der Gerechtigkeit. Wo sich bündnistreue Diktatoren politische Gegner durch Einsperren und Folter vom Halse halten, sieht man es ihnen nach, wenn sie nur der feindlichen Weltmacht unbeirrt die

Stirn bieten. Alle aggressiven und imperialistischen Handlungen, vom eigenen System ausgeübt, werden entweder nicht mehr bemerkt oder von dem Zweck her, den Verfolger zu schwächen, geheiligt.

5. Die Verfolgungsidee absorbiert die Konzentration in solchem Maße, daß man bei Vorkehrungen, die man gegen den Feind trifft, die damit verbundene Selbstgefährdung ausblendet. So lassen viele sich immer noch einreden, sie könnten in einem großen Krieg bestimmte Werte und Errungenschaften des eigenen politischen Systems für sich selbst oder zumindest für ihre Kinder und viele Landsleute verteidigen. Daß die Verteidigung einem kollektiven Selbstmord gleichkäme, was den Begriff der Verteidigung zur Illusion macht, kann nicht mehr erfaßt werden.

**Dritter Teil
Zur Psychologie
der Friedensfähigkeit**

14. Zur Bedeutung von Liebe, agape und Mitgefühl

Schopenhauers Mitleids-Ethik. Martin Luther Kings Berufung auf agape. Mitfühlen als politisches Motiv: der Hiroshima-Effekt. Neues Lebensgefühl der alternativen Jugend. Gesellschaftliche Selbstheilungskräfte «aus dem Herzen».

«Die Situation der Menschheit ist heute zu ernst, als daß wir uns erlauben könnten, auf die Demagogen zu hören – und am allerwenigsten auf alle jene Demagogen, die von der Destruktion angezogen sind – oder auf jene Führer, die nur ihren Verstand benutzen und ihr Herz verhärtet haben.»

E. Fromm

SIGMUND FREUD wurde von ALBERT EINSTEIN gefragt: «Gibt es einen Weg, die Menschen vom Verhängnis des Krieges zu befreien?» – «Gibt es eine Möglichkeit, die psychische Entwicklung der Menschen so zu leiten, daß sie den Psychosen des Hasses und des Vernichtens gegenüber widerstandsfähiger werden?» Darauf antwortete FREUD u. a.: «Wenn die Bereitwilligkeit zum Krieg ein Ausfluß des Destruktionstriebs ist, so liegt es nahe, gegen sie den Gegenspieler dieses Triebes, den *Eros* anzurufen. Alles, was Gefühlsbindungen unter den Menschen herstellt, muß dem Krieg entgegenwirken. Diese Bindungen können von zweierlei Art sein. Erstens Beziehungen wie zu einem Liebesobjekt, wenn auch ohne sexuelle Ziele. Die Psychoanalyse braucht sich nicht zu schämen, wenn sie hier von Liebe spricht, denn die Religion sagt dasselbe: Liebe deinen Nächsten wie dich selbst. Das ist nun leicht gefordert, aber schwer zu erfüllen. Die andere Art von Gefühlsbindung ist die durch Identifizierung. Alles, was bedeutsame Gemeinsamkeiten unter den Menschen herstellt, ruft solche Gemeingefühle, Identifizierungen, hervor. Auf ihnen ruht zum guten Teil der Aufbau der menschlichen Gesellschaft.»

In «Das Unbehagen in der Kultur» beruft sich FREUD wiederum auf den Eros im Sinne seiner mythologischen Trieblehre: «Die Menschen haben es jetzt in der Beherrschung der Naturkräfte so weit gebracht, daß sie es mit deren Hilfe leicht haben, einander bis auf den letzten Mann auszurotten. Sie wissen das, daher ein gut Stück ihrer gegenwärtigen Unruhe, ihres Unglücks, ihrer Angststimmung. Und nun ist zu erwarten, daß die andere der beiden ‹himmlischen Mächte›, der ewige Eros, eine Anstrengung machen wird, um sich im Kampf mit seinem ebenso unsterblichen Gegner zu behaupten.»

Die Psychoanalyse brauche sich nicht zu schämen, wenn sie von Liebe spreche, meint FREUD in seiner Einstein-Antwort. Aber in seinem berühmten Aufsatz über «Die Verneinung» hatte er selbst dargelegt, daß mit einer spontanen Verneinung immer nur verleugnet werde, was man tatsächlich meine. Das heißt: FREUD verspürt offenbar sehr wohl Scham, wenn er an dieser Stelle von Liebe spricht und den Bezug zur christlichen Nächstenliebe herstellt. Es mag eine ähnliche Scham sein, wie wir sie alle kennen, wenn wir mit diesem Wort eine soziale Kraft benennen, deren Wirksamkeit durch die gesellschaftlichen Zustände in einem fort widerlegt zu werden scheint. Ist eine Menschenliebe «ohne sexuelle Ziele», die den destruktiven Motiven erfolgreich widerstehen könnte, mehr als ein mythologisches Phantom, mehr als eine trostspendende Sehnsucht?

Steckt nicht schon in der christlichen Forderung der Nächstenliebe eine halbe Resignation? Müßte etwas unter moralischem Druck verlangt werden, wenn wir es als spontane Disposition in uns hätten? Warum sollten wir aus moralischen Gründen lieben, wenn wir die Liebe nur aus uns hervorholen müßten, um aus ihr selbst die Kraft zur Moral zu schöpfen? – Aber es gibt eine psychologische Beobachtung, die tatsächlich eine ursprüngliche und spontane positive zwischenmenschliche Gefühlsverbindung beweist. Auf diese haben u. a. die Philosophen SCHOPENHAUER und SCHELER hingewiesen und von ihr im Widerspruch zu KANT sogar eine emotional fundierte Ethik abgeleitet.

Jeder von uns kennt das Phänomen, daß man unmittelbar ergriffen wird, wenn man um sich herum eine starke gefühlshaltige Reaktion erlebt. Es gibt ein spontanes Mitfühlen, Sich-Mitfreuen und Mitleiden, wobei auf eine Weise, die man aus dem Individuum allein nicht erklären kann, eine unmittelbare emotionale Anteilnahme hergestellt wird. Als ein Mysterium bezeichnet SCHOPENHAUER das Mitleid. Er definiert es als die «ganz unmittelbare, ja instinktartige Teilnahme am fremden Leiden». – «Dieses Mitleid selbst aber ist eine unleugbare Tatsache des menschlichen Bewußtseins, ist diesem wesentlich eigen, beruht nicht auf Voraussetzungen, Begriffen, Religionen, Dogmen, Mythen, Erziehung und Bildung, sondern ist ursprünglich und unmittelbar, liegt in der menschlichen Natur selbst, hält eben unter allen Verhältnissen Stich und zeigt sich in allen Ländern und Zeiten; daher an dasselbe, als an etwas, in jedem Menschen Vorhandenes, überall zuversichtlich appelliert wird . . .» So «nennt man den, dem es zu mangeln scheint, einen Unmenschen; wie auch ‹Menschlichkeit› oft als Synonym von Mitleid gebraucht wird.»

Am Mitleid, sagt SCHOPENHAUER, sei nicht nur geheimnisvoll, daß es den einen zur unmittelbaren gefühlsmäßigen Anteilnahme am anderen zwinge, sondern daß es darüber hinaus zu spontaner Hilfeleistung nötige. «Je nachdem nun teils jene unmittelbare Teilnahme lebhaft und tief gefühlt, teils die fremde Not groß und dringend ist, werde ich durch jenes rein moralische Motiv bewogen werden, ein größeres oder geringeres Opfer dem Bedürfnis oder der Not des anderen zu bringen, welches in der Anstrengung meiner leiblichen oder geistigen Kräfte für ihn, in meinem Eigentum, in meiner Gesundheit, Freiheit, sogar in meinem Leben bestehen kann. Hier also, in der unmittelbaren, auf kein Argument gestützten, noch deren bedürfenden Teilnahme, liegt der allein lautere Ursprung der *Menschenliebe*, der *caritas*, der *agape*.»

«Der Vorgang des Mitleids tritt täglich ein vor unseren Augen im einzelnen, im kleinen, überall, wo auf unmittelbaren Antrieb, ohne viel Überlegung, ein Mensch dem anderen hilft und beispringt, ja bisweilen selbst sein Leben für einen, den er zum erstenmal sieht, in die augenscheinlichste Gefahr setzt . . .» In der Tat handelt es sich bei dem Phänomen des Mitleids um eine «instinktartige», ursprüngliche Regung. Sie ist in beiden Geschlechtern wirksam, allerdings – wie SCHOPENHAUER betont – relativ stärker bei Frauen, die ja im Verlauf ihrer Entwicklung ganz allgemein eine höhere emotionale Ansprechbarkeit bewahren.

Aber nicht nur Frauen, auch Männer weinen oft noch spontan, wenn sie z. B. Bilder oder den Film von der Hiroshima-Katastrophe und ihren Folgen sehen. Ihr Gefühl verbindet sie spontan mit jenen Opfern eines anderen Erdteils in einer anderen Zeit. Sie empfinden sich noch unmittelbar mitbetroffen und irgendwie mitverantwortlich. Der Gedanke, ein solches kaum faßliches Elend lasse sich durch politische Gegnerschaft rechtfertigen, taucht bei dieser gefühlsmäßigen Identifizierung nicht auf.

Daß solches Mitfühlen sogar als politischer Antrieb in Betracht zu ziehen sei, hat kein geringerer als der schwedische Ex-Ministerpräsident PALME, Vorsitzender der von der UNO eingesetzten Abrüstungskommission, nahegelegt. PALME schildert, wie es den Teilnehmern einer Konferenz erging, die in Hiroshima mit Überlebenden und Wissenschaftlern sprachen, welche die Folgen des Atomwaffeneinsatzes in Hiroshima untersucht hatten: «Das war so emotional, daß die Dolmetscher nicht mehr weitermachen konnten.» Und nun fügt PALME hinzu: «Eigentlich müßte es für jeden Präsidenten oder Premierminister obligatorisch sein, nach Hiroshima zu fahren.»

Das heißt: Wer sich dem Gefühl aussetzt, das durch den Anblick des Hiroshima-Elends automatisch geweckt wird, der kann sich schwerlich zu einer Politik entschließen oder diese mittragen, welche die Bereitschaft zu noch viel größeren Verheerungen als sinnvolle Abschreckung fordert.

PALMES Hinweis enthält indessen zugleich eine indirekte Erklärung dafür, warum diese emotionale Anlage, die der Unfriedlichkeit entgegenwirkt, in uns üblicherweise nicht zur Geltung kommt: Wenn erst die konzentrierte Fülle der schlimmen Bilder und Daten am Ort Hiroshima nötig sind, um unser überlicherweise verdrängtes Mitfühlen aufwallen zu lassen, dann zeigt sich daran, wie stark wir üblicherweise gegen den Durchbruch dieser emotionalen Kraft gepanzert sind.

Mannigfache Gründe für diese fragwürdige psychische Abhärtung wurden genannt, u. a. Gewöhnung und Technokratisierung des Denkens. Wirksam ist die uns früh anerzogene Ideologie, es sei nur störend, ja sogar gefährlich, wenn Gefühle Einfluß auf politische Haltungen und Entscheidungen nähmen. Im Gegensatz zu der Äußerung PALMES fällt nach offizieller Version das Mitfühlen mit den Opfern Hiroshimas unter die Kategorie «irrationale Sentimentalität». Politisches Handeln hingegen bedürfe allein rationaler Sachlichkeit.

Aber was ist das für eine «Rationalität», die sich gegen Mitleid und caritas schützen will? Steckt nicht vielmehr, wie OLOF PALME andeutet, in der Ausklammerung der gefühlsmäßigen Verarbeitung von Hiroshima eine Voraussetzung dafür, wenn viele sich ohne Schwierigkeiten mit einer Strategie anfreunden können, die von der Bereitschaft ausgeht, im Konfliktfall ein vieltausendfaches Hiroshima zu schaffen? Müssen wir nicht unser in uns angelegtes soziales Mitfühlen, diese «instinktartige» Tatsache unseres Bewußtseins (wie sie SCHOPENHAUER nennt), ständig wachhalten, um diesen entscheidenden Maßstab für eine menschliche Politik des Friedens zu bewahren? Vermittelt uns diese emotionale Disposition nicht tatsächlich die eigentlich verbindliche Wertordnung, nach der wir handeln sollten? Sollten wir nicht dieser Kraft des Gewissens folgen, die der christliche Mystiker und Mathematiker PASCAL einmal eine «logique du cœur», eine

«Logik des Herzens» genannt hat? Ist das natürliche Mitleid nicht sogar auch, wie SCHOPENHAUER lehrt, die eigentliche Wurzel unseres Gerechtigkeitssinns?

Die Bemerkung PALMES erinnert an zahlreiche Beobachtungen aus unseren jüngsten psychologischen und psychotherapeutischen Erfahrungen: Irgendwann geht Menschen plötzlich gefühlsmäßig auf, was ein Atomkrieg wirklich bedeuten würde. Diese Offenbarung, welche die Betreffenden oft wie ein Blitz trifft, wandelt ihr Denken, und fortan läßt sie der Impuls nicht mehr los, irgendwie für den Frieden zu arbeiten. Ganz typisch ist in dieser Hinsicht die geschilderte Wandlung des Experten und Präsidentenberaters MOLANDER: Das Entsetzen einer Frau steckt ihn eines Tages an und bringt ihm erstmalig gefühlsmäßig nahe, daß seine strategischen Planspiele in Wirklichkeit Spiele mit unendlichen Zahlen menschlicher Opfer sind. Er wird dadurch kein anderer. Das Mitfühlen mit den bedrohten Menschen, durch den scheinbar banalen Anstoß geweckt, bedeutet nur, daß ein ihm bisher verborgener Teil seines Selbst ans Licht gebracht worden ist. Diese psychische Anlage war immer schon in ihm. Er hat sie nur jetzt erst aus der Verdrängung befreien können – und so hat sie ihn dazu gebracht, zum Begründer und Anführer der ground-zero-Bewegung zu werden.

Einige der bedeutendsten gewaltfreien Kämpfer für den Frieden haben keinen Zweifel daran gelassen, daß sie ihre Kraft aus mitfühlender Menschenliebe, caritas oder agape geschöpft haben. Als Beispiel sei MARTIN LUTHER KING erwähnt, der seine Entwicklung zu einem der bedeutendsten Repräsentanten des gewaltfreien Widerstandes ausführlich geschildert hat. Darin kommt zum Ausdruck, wie sehr das Vorbild MAHATMA GANDHI auf ihn gewirkt hat: «Für Gandhi war die Liebe ein mächtiges Instrument für eine soziale und kollektive Umgestaltung.» – «Im Mittelpunkt der Lehre vom gewaltlosen Widerstand steht das Gebot der Liebe. Der Anhänger des gewaltlosen Widerstandes kämpft darum, daß die unterdrückten Völker der Welt in ihrem Ringen um die Menschenwürde nicht verbittert werden oder sich in Haßfeldzügen ergehen. Mit gleicher Münze vergelten, würde den Haß in der Welt nur vermehren.»

«Wenn wir an dieser Stelle von der Liebe sprechen, meinen wir damit nicht irgendein sentimentales oder zärtliches Gefühl. Es wäre Unsinn, wenn wir die Menschen auffordern wollten, ihre Unterdrücker zärtlich zu lieben. Mit Liebe meinen wir in unserem Falle Verstehen, guten Willen, der erlösende Kraft hat.» MARTIN LUTHER KING begriff Liebe im Sinne des griechischen Wortes «agape»:

«Agape bedeutet verstehender, erlösender guter Wille allen Menschen gegenüber.» – «Sie liebt die anderen um ihretwillen und sieht in jedem Menschen, dem sie begegnet, den Nächsten. Daher macht sie auch keinen Unterschied zwischen Freund und Feind. Sie wendet sich beiden zu.»

MARTIN LUTHER KING erwarb sein festes Vertrauen in die «agape» im Verlauf seiner Studien GANDHIS, der Philosophie und der Geschichte. Darüber hinaus stützte ihn – ähnlich wie GANDHI – eine tiefe Frömmigkeit.

Obwohl für FREUD diese Voraussetzung nicht zutrifft, erscheint beachtenswert, daß er in den aufgeführten Zitaten den Eros eine «himmlische Macht» nennt und daß er sich ausdrücklich auf die christliche Nächstenliebe bezieht. In seiner Lehre vom Eros wechselt er häufiger zwischen einer eher psychologischen und einer metapsychologisch-mythologischen Ebene hin und her. Ähnlich versteht MARTIN LUTHER KING Liebe im Sinne von agape einmal als eine emotionale Einstellung, ein anderes Mal als ein überindividuelles «Prinzip, das letztlich die Gemeinschaft zusammenhält und vor der Selbstzerstörung schützt». – «Liebe, agape, ist das einzige Band, das diese zerrissene Gesellschaft zusammenhalten kann.» Ähnlich klingt die Formulierung von CARL FRIEDRICH VON WEIZSÄCKER: «Letzter Grund der Möglichkeit menschlichen Zusammenlebens ist die Liebe und nicht die Moral.»

Da wir von der Tradition her einen Begriff von Psychologie haben, der sich auf die Erlebnisse, Leistungen und Funktionen des Individuums beschränkt, befällt uns leicht Unsicherheit, in welche Kategorie wir Prozesse einordnen sollen, die von vornherein den einzelnen übergreifen und nur aus einer Beziehung, einer sozialen Gesamtheit heraus verstanden werden können. Betreffen diese Prozesse im wesentlichen Maße die Innenwelt der dadurch verbundenen Menschen, so wissen wir nicht mehr genau: Geht das noch die Psychologie an, oder geht es hier nur noch um Metapsychologie oder Religion? Tatsächlich beschäftigt sich die moderne Psychologie mehr und mehr auch mit diesen psychosozialen Vorgängen. Es kommt hier zu einer neuartigen Berührung zwischen Psychologie, Metapsychologie und Religion. Der empirische Befund, daß wir durch die allgemein menschliche Anlage des Mitfühlens emotional universal aneinander gebunden sind, ist sowohl eine sozialpsychologische Tatsache wie eine Stütze des Glaubens. In meinem Buch «Der Gotteskomplex» habe ich einen Gedanken von NORBERT ELIAS aufgegriffen, der darauf hingewiesen hat, daß der Begriff eines für sich existierenden Individuums, das sich gewissermaßen erst sekundär mit anderen und mit der Gesellschaft in Beziehung setzt, ein künstlicher ist. Somit ist auch die klassische Psychologie, die ein im Individuum wie in einer Kapsel abgeschlossenes Seelenleben mit Funktionen und Leistungen beschreibt, ein Kunstprodukt. Sie ist Ausdruck eines zeitbedingten individualistischen Selbstverständnisses, das sich in dieser krassen Form seit Ende des Mittelalters herausgebildet hatte. Ihr Ausgang war das bekannte cogito ergo sum des DESCARTES, also die unmittelbare Selbstgewißheit des individuellen Ich als Maßstab aller Erkenntnis. In der individualistischen Perspektive ist alles Psychische etwas, was *ich* denke, fühle, mache. Hier geht es allein um *mein* Vermögen, *meine* Fähigkeit, die ich aus mir heraus entwickle und anwende. Wenn ich mich mit anderen in Verbindung setze, so bleibt dies ein individueller Akt z. B.

der Projektion, der Übertragung, der Suggestion, der Delegation usw.

Aber man kann sich auch ganz anders definieren. MARTIN BUBER hat herausgearbeitet, daß alles Menschliche von vornherein nur in einer Verbindung miteinander existiert. In unserer künstlichen Welt der Isolation, der Entfremdung, des Mißtrauens und der Rivalität haben wir weithin vergessen, daß wir als Kleinkinder überhaupt erst «vom Du zum Ich» geworden sind:

«Am Anfang ist die Beziehung.» – «Es ist eben nicht so, daß das Kind erst einen Gegenstand wahrnehme, dann etwa sich dazu in Beziehung setzte: sondern das Beziehungsstreben ist das erste, die aufgewölbte Hand, in die sich das Gegenüber schmiegt; die Beziehung zu diesem, eine wortlose Vorgestalt des Du-Sagens, das zweite ...»

«Der Mensch ist nicht in seiner Isolierung, sondern in der Vollständigkeit der Beziehung zwischen dem einen und den anderen anthropologisch existent: erst die Wechselwirkung ermöglicht, das Menschentum zu erfassen.»

BUBER sah sich, als er dies niederschrieb, in einem schroffen Gegensatz zu JEAN-PAUL SARTRE: «Er sieht die Mauern zwischen den Gesprächspartnern als schlechthin unübersteiglich an, für ihn ist es das unabwendbare Menschenschicksal, daß einer es unmittelbar nur mit sich und seinen Affären zu tun hat; die innere Existenz des anderen ist eben dessen Sache und nicht die meine, eine Unmittelbarkeit zum anderen gibt es nicht und kann es nicht geben.»

BUBER konnte, als er dies 1954 formulierte, nicht voraussehen, daß JEAN-PAUL SARTRE ein Vierteljahrhundert später den Solipsismus aus «Das Sein und das Nichts» grundlegend in Frage stellen würde. Tatsächlich hat SARTRE kurz vor seinem Tode eine wesentliche, aber weithin unbeachtet gebliebene Wendung vollzogen. Da hat er gesagt: «In meiner Theorie ‹Das Sein und das Nichts› habe ich das einzelne Individuum unabhängig gelassen ... Ich habe nicht definiert, was ich heute näher zu bestimmen versuche: nämlich die Abhängigkeit eines jeden Individuums in bezug auf alle anderen . . .»

Dieser philosophische Satz, daß jedes Individuum von allen anderen abhängig sei, wirkt wie eine Bestätigung für jene neue Richtung der Psychologie, welche das Psychische von vornherein als Beziehung begreift. Diese Psychologie denkt nur noch in «psychosozialen» Zusammenhängen. Sie geht von einer Wechselbeziehung aus, die zwischen der Innenwelt der einzelnen und ihrer gesellschaftlichen und natürlichen Umwelt durchgängig besteht. Diese psychosoziale Denkweise läßt nicht etwa die Bedeutung des persönlichen Inneren schrumpfen, noch enthält sie einen kollektivistischen Akzent. Aber sie führt aus dem Egozentrismus heraus, der die Entwicklung zur «Selbstverwirklichung» einseitig als einen Prozeß versteht, in welchem der einzelne konkurrierend nach einem Maximum von persönlicher Unabhängigkeit gleich Freiheit strebt. Im «Gotteskomplex» habe ich versucht, einige Vorstellungen zur Klärung dieses Konzeptes von einem «psychosozialen Menschenbild» beizusteuern.

Wenn ich nicht nur in der Beziehung zu *irgendwelchen* Partnern «anthropologisch existent» bin, sondern davon ausgehe, daß ich im Sinne SARTRES mit *allen* anderen in wechselseitiger Abhängigkeit verknüpft bin, dann macht dieses Bewußtsein den Krieg zu einer Absurdität. Dann können wir uns miteinander nur durch Praktizieren der universalen Solidarität erhalten, auf die wir angelegt sind. Die Unabgrenzbarkeit eines Atomkrieges und seiner Folgen macht die Wahrheit des Satzes, daß jeder auf jeden anderen angewiesen ist, in makabrer Weise anschaulich. Bislang gab es noch Entfernungen, die es möglich machten, den Verantwortungs-Horizont einzuengen. Jetzt aber gibt es, wie G. ANDERS es ausdrückt, «keine Entfernungen mehr». – «Jeder kann jeden treffen, jeder von jedem getroffen werden.» – «Es gibt nur noch ‹Nächste›.»

Aber heute fällt weder Philosophen noch Theologen noch Experten der Naturwissenschaft oder der Psychologie mehr die Rolle zu, durch theoretische Beiträge den Prozeß eines gesellschaftlichen Umdenkens wesentlich zu beeinflussen.

Die Vorbildwirkung von GANDHI und MARTIN LUTHER KING beruht mehr auf dem, was sie politisch gemacht, als auf dem, was sie gedacht haben. Und wenn im vorliegenden Kapitel die Bemühung erkennbar geworden ist, einiges über die Wurzeln auszumachen, aus denen wir Kraft zur Heilung von Unfriedlichkeit schöpfen können, so ist dazu ein erläuterndes Wort zu sagen. Die eigentliche Werkstatt, wo heute im Ansatz zu gestalten versucht wird, wie eine friedlichere Form des Zusammenlebens aussehen könnte, liegt weitab von Gelehrtenstuben und Forschungsinstituten. Wesentliche Ideen, die sich unmittelbar in zukunftsweisende Lebensformen umsetzen, entstammen viel eher aus gewissen Bereichen der sogenannten alternativen Jugendszene. Auch besonders zukunftsträchtige Strömungen in der Friedensbewegung haben hier ihren Ursprung. Und wenn Philosophen, Theologen, Schriftsteller und Psychologen dazu gelegentlich etwas sagen, was hilfreich sein mag, so verhilft ihnen dazu zumeist eine sensible Einfühlung in die Wandlungen, die von diesen neuen Initiativen vorgelebt werden. Was z. B. die aktuelle Wendung von der Individualpsychologie zur Psychologie der Beziehung anbetrifft, so ist dies gewiß keine eigene Errungenschaft der Psychologen, viel eher eine sekundäre Verarbeitung von Veränderungen im Lebensgefühl, die eben vor allem in der jungen Generation voranschreiten.

Hier sind z. B. junge Frauen und Männer seit einiger Zeit dabei, die künstliche psychologische Aufspaltung ihrer Geschlechtsrollen zu revidieren. Männliche Jugendliche wehren sich von vornherein dagegen, sich durch Karrierezwang, Rivalität und Technokratisierung in jene gefühlsverdrängenden Halbmenschen zu verwandeln, die in einer paternalistischen Gesellschaft als «wahre Männer» ausgegeben werden. Diese, meist alternativen Ideen und Lebensformen zugeneigten jungen Männer, flüchten sich nicht aus der «unmännlichen» Welt der Gefühle, sondern bewahren umgekehrt diese emotionale Sensibilität als die tragende Kraft, die ihnen Nähe, mitmenschliche Kommunikation und Solidarität vermittelt.

Das neue, in der Jugend sich ausbreitende alternative Lebensgefühl, welches die traditionelle psychologische Aufspaltung von «weiblich» und «männlich» überbrückt, hält spontan an der emotionalen Gewißheit von einer letztlich unteilbaren menschlichen Gemeinschaft fest. Aber dieses Lebensgefühl vermittelt nicht nur das Bewußtsein einer mitmenschlichen Nähe, sondern zugleich einer neuen Verbundenheit mit allem Lebendigen, mit dem Ganzen der Natur. So ist es kein Zufall, sondern innere Notwendigkeit, daß die neue Friedensbewegung aus der Ökologie-Bewegung und der Anti-AKW-Bewegung herausgewachsen ist. Für die sensibilisierte protestierende Jugend gehören der «Krieg gegen die Natur», der unsichtbare Krieg gegen Arme, Außenseiter und ausgebeutete Völker sowie der atomare Rüstungswettlauf der Supermächte mit dem wachsenden Atomkriegs-Risiko zusammen. Alle diese Tendenzen repräsentieren für solche Jugendlichen genau das Gegenstück zu der gewonnenen eigenen alternativen Grundhaltung. Das natürliche Leben, dem sie sich als einem Ganzen sympathisch verbunden fühlen, dessen Zerstörung oder auch nur Bedrohung sie als persönliche Verletzung empfinden, sehen sie durch die herrschende Grundhaltung eines blinden Egozentrismus und Expansionismus zynisch mißachtet. Psychische Militarisierung bedeutet also für sie mehr als eskalierende Verfeindung und Bedrohung zwischen den Menschen, vielmehr die Bejahung jeder Gewalt, die Leben in irgendeiner Form – oder christlich formuliert: ein Stück Schöpfung – vernichtet. Dementsprechend versuchen sie nicht nur, ihr künstlich abgestumpftes, entfremdetes, gewaltträchtiges Verhältnis zu anderen Menschen und Gruppen zu revidieren, sondern sich in das Ganze der natürlichen Umwelt mit einer neuen sensiblen Behutsamkeit einzuordnen. Vielleicht kann man sagen, daß in der Friedlichkeit, die hier spontan «aus dem Bauch» oder – genauer – «aus dem Herzen» heraus gesucht wird, etwas von dem zum Ausdruck kommt, was FREUD und MARTIN LUTHER KING mit Begriffen wie Eros und agape angesprochen haben.

Gerade weil es sich aber hier primär um ein neues mit entsprechender Praxis verbundenes spontanes Lebensgefühl und nicht um eine theoretisch vermittelte Weltanschauung, Psychologie oder Moral handelt, geziemt es sich, mit Bezeichnungen oder gar mit verwissenschaftlichenden Betrachtungen zurückhaltend zu sein. Große Teile der sich innerlich wandelnden und kritisch besinnenden Jugend empfinden sich nicht als Nachfolger oder als Anhänger von Vordenkern, sondern erleben ihr Sich-Absetzen von den herrschenden Denkmustern und Zwängen der militarisierten Gesellschaft als einen eigenständigen spontanen Prozeß. Es *geschieht* in ihnen einfach, daß sie anders fühlen, als ihnen von oben verordnet wird, und daß sie dieses Gefühl standhaft beschützen und zum Maßstab ihres Lebens und ihrer gesellschaftlichen Forderungen machen wollen. Sie fragen auch nicht nach Experten, die ihnen helfen sollen, ihre emotional gewonnenen Überzeugungen zu klassifizieren oder etwa gar in ihren geistesgeschichtlichen Zusammenhängen zu verfolgen.

Aber es geht nicht allein um das Selbstverständnis dieses Teils der Jugend, der eher mit Mißbehagen reagiert, wenn man von außen analysierend und interpretierend an das herangeht, was in ihnen vor sich geht und was sie machen. Wichtig ist, daß zugleich wir anderen, die älteren, uns eine Beziehung zu den Prozessen in dieser Generation eröffnen. Wir, die wir unter der längeren Einwirkung gesellschaftlicher Zwänge nur noch mangelhaft imstande sind, die spontanen emotionalen Artikulationsformen der Jugend unmittelbar zu verstehen und vielfach allein schon wegen dieser Ausdrucksformen wie vor chaotischen, anarchischen Bedrohungen zurückschrecken, müssen uns anstrengen, dazu einen Zugang zu finden. Zur näheren Information über die Erscheinungen und Hintergründe der neuen alternativen Jugendkultur bieten sich u. a. an: HUBER, J.: Wer soll das alles ändern. Rotbuch Verlag, Berlin 1980. BAHR, H. E. (Hg.): Wissen, wofür man lebt. Kindler Verlag, München 1982. WIRTH, H.-J.: Verweigerungswünsche. In: HALLER, M.: Aussteigen oder rebellieren. *Spiegel*-Buch. Rowohlt Taschenbuch Verlag, Reinbek 1981. Diese Anstrengung lohnt sich dann unbedingt, wenn die Annahme richtig ist, daß sich in diesem neuen Lebensgefühl entscheidende Selbstheilungskräfte zur Überwindung der «Krankheit Unfriedlichkeit» ankündigen. Die Zeit drängt. Und wir Älteren sollten, dürfen uns nicht wie Zuschauer fühlen, die gelassen abwarten können, ob sich «bewährt», was diese Jugend uns an Forderungen zur Umgestaltung unseres Zusammenlebens miteinander und mit der Natur entgegenhält. Es geht auch nicht darum, daß wir zensieren und vielleicht loben, was an diesen Forderungen «vernünftig» erscheint. Sondern wir alle sind aufgerufen, uns persönlich mit diesen kritischen Positionen und Ideen auseinanderzusetzen, was heißt, diese erst einmal in uns hineinzulassen.

Die Angst der Etablierten, sich rechtfertigen zu sollen, führt oft zu voreiliger Verteidigungshaltung. Hilfreicher ist es, statt sich bloß als angegriffen zu erleben, die Kritik in eine Selbstbefragung zu verwandeln. Ist es nicht in der Tat so, daß wir leicht vorschnell Ziele als utopisch verwerfen, nur weil wir selbst unsere «alternativen» Träume von einem menschlicheren und natürlicheren Zusammenleben allzu früh begraben haben und nun begraben lassen wollen, um uns Beunruhigung und Selbsthaß wegen unseres Scheiterns zu ersparen? Täte es uns nicht wohler, uns an die – notwendige und rettende – Hoffnung anzuschließen, wir könnten miteinander doch noch umkehren, um uns gemeinsam nach einem bescheideneren Maß als «Nächste» miteinander zu verständigen und zugleich unser Umweltverhältnis entsprechend zu revidieren?

15. Von der Notwendigkeit, Humanität aus dem Getto der Innerlichkeit zu befreien

Die «Krankheit der Innerlichkeit» (Max Scheler) als Bedingung für Dehumanisierung der Politik. Es gibt nichts Gutes, außer man tut es. Von der Ohnmacht der Friedlichkeit, die nur in der Kulturszene oder im Schonraum psychosozialer Berufe ausgelebt wird.

«Zumindest muß jedes Individuum so handeln, als ob die gesamte Zukunft der Welt, der Menschheit selbst, von ihm abhinge. Alles andere ist ein Ausweichen vor der Verantwortung und selbst wieder eine enthumanisierende Kraft, denn alles andere bestärkt den einzelnen nur in seiner Vorstellung, lediglich eine Figur in einem Drama zu sein, das anonyme Mächte geschrieben haben, und sich als weniger als eine ganze Person anzusehen, und das ist der Anfang von Passivität und Ziellosigkeit.»   *Joseph Weizenbaum*

Daß es gegen Haß und Gewalt eine psychische Gegenkraft gibt, die je nachdem unter Begriffe wie agape, Eros, Mitgefühl, Sympathie gefaßt werden kann, ist für jeden unmittelbar einleuchtend. Aber ebenso selbstverständlich erscheint es vielen, daß diese Gegenkraft keine Aussicht hat, sich in der Politik auszuwirken. In unseren sozialen Strukturen und in den Köpfen der allermeisten ist es zu einer sorgsamen Zweiteilung gekommen. Auf der einen Seite gibt es die materielle Realität, die von der Politik und der Wirtschaft bestimmt wird. Auf der anderen Seite gibt es abgegrenzte Schutzräume für soziale und kulturelle Tätigkeiten. Beide Welten werden von ihren eigenen Gesetzen bestimmt. In der politisch ökonomischen Welt herrscht das Machtprinzip. In der psychosozialen Szene geht es um Sinnerfüllung, um religiöse, soziale, theoretische und ästhetische Werte. Es ist soweit gekommen, daß wir diese Spaltung bereits weithin wie eine Naturgegebenheit hinnehmen. Das würde heißen, daß wir unsere Friedlichkeit nur im privaten Bereich, im Forschungslabor, in der Kirche, in der Kunst, in caritativen Arbeitsfeldern pflegen können. Wer indessen den Raum der Politik betritt, muß sich dem scheinbar hier allein geltenden Prinzip des Machtwillens unterwerfen.

Der Philosoph EDUARD SPRANGER hat in seinem damals weltberühmten Werk «Lebensformen» vor sechzig Jahren zwei Grundbeziehungen zwischen den Menschen unterschieden: Machtakte und Sympathieakte. Entsprechend hat er dazugehörige Lebensformen beschrieben. Zur Politik paßt idealerweise dann der folgende Menschentyp: «Der reine Politiker ist der Mensch der Selbstbetonung und Selbstdurchsetzung. Er ist daher in der Regel kein warmherziger Menschenfreund, sondern ein Menschenverächter. Wer wirklich herrschen will, kann sich nicht hingeben und sich seiner selbst entäußern. Wer selbst etwas ‹gelten› will, ist nicht geneigt, für andere zu leben.»

Die Politik, die diesen Charaktermerkmalen folgt, kann nur eine unfriedliche und gewaltmäßige sein. Da wir weithin daran glauben, daß Politik «nun einmal so ist», macht uns die Vorstellung größte Schwierigkeiten, daß die Gegenprinzipien der agape, der caritas hier erfolgreich Fuß fassen könnten. Wo wir Politiker mit besonderer sozialer Sensibilität und einer reichen Innerlichkeit ausgestattet sehen, erscheinen sie uns oft wie Träumer, die sich in ein falsches Land verirrt haben. Wir erwarten, daß sie bald im harten Machtkampf zerrieben werden, oder wir wählen sie gar nicht erst in verantwortliche Ämter, weil sie uns für das politische Geschäft zu weich und zu sanft erscheinen. Daß ein Mann wie GANDHI, der sich in hohem Grade als einen mütterlichen Menschen erlebte und von seinen ausgeprägten weiblichen Zügen redete, jemals eine überaus wirkungsvolle politische Bewegung begründen und leiten konnte, erscheint vielen immer noch als ein unbegreifliches Wunder. Auch daß MARTIN LUTHER KING aus der Grundhaltung der agape heraus eine enorme politische Ausstrahlung zu entfalten vermochte, rechnet man eher der besonderen Suggestivkraft seiner Persönlichkeit zu. Statt dessen haben diese Männer bewiesen, daß die Politik des Machtwillens und der Gewalt dadurch erschüttert und zurückgedrängt werden kann, wenn man ihr entschlossen jene anderen sozialen Werte entgegenhält, die wir innerlich aus der «logique du cœur» zu schöpfen vermögen.

Tatsächlich besteht aber ein wesentlicher Teil unserer «Krankheit Unfriedlichkeit» darin, daß wir diese alternativen Werte lediglich unserer privaten Innerlichkeit zuordnen und uns trotz jener überzeugenden Beispiele nicht davon abbringen lassen, daß diese Wünsche und Ideen in der praktischen Politik keine Chance haben. Wir leben immer noch mehrheitlich in der Vorstellung, daß jeder eine psychische Welt wie in einem Kasten in sich trage und daß die darin enthaltenen Gedanken und Gefühle sozusagen frei neben der praktischen Realität schweben. Gewisse soziale Aktivitäten dienen dazu, die Bedürfnisse dieser inneren Welt zu befriedigen. In der Kirche, in der Therapie im sogenannten Kulturbetrieb kann und soll die Seele ihren Hunger stillen und auch ihre Traurigkeit über die Inhumanität der politischen Welt abreagieren. Man kann sich sogar einbilden, als sei der Rückzug aus der materiellen Welt des Ökonomischen und des Politischen und die totale Versenkung in die Tiefe der «reinen Innerlichkeit» gleichbedeutend mit dem Erreichen einer besonderen Stufe menschlicher Reife. Nach wie vor ist dies die offizielle Anschauung nicht nur einiger Theologen und esoterischer Sektierer, sondern vieler introvertierter Repräsentanten der sogenannten Kulturszene und mancher Gruppen des Psychobooms. Die Vertreter dieser Anschauung unterstützen – wie unabsichtlich auch immer – das Vorurteil, daß die Sehnsucht nach Frieden und nach einem partnerschaftlichen Zusammenleben der Menschen und Völker über die Grenzen der Ideologien und Systeme hinweg nur eine edle Regung in der Brust von einzelnen oder kleinen Gruppen sei, ohne daß die Verwirklichung dieses Ideals Anspruch auf Erfüllung in der eigenständigen Welt des Politischen habe.

Zur Heilung der «Krankheit Unfriedlichkeit» ist indessen die Überbrückung dieser traditionellen Kluft eine entscheidende Vorstufe. Diese Aufgabe zu bewältigen, bedeutet allein schon eine revolutionäre Umkehr einer verhängnisvollen gesellschaftlichen Entwicklung, die wohl am prägnantesten von dem Philosophen des religiösen Sozialismus MAX SCHELER beschrieben und kritisiert worden ist. Er sprach übrigens von einer typisch «deutschen Krankheit» und legte überzeugend dar, daß die Abspaltung der Innerlichkeit aus der Politik den sichersten Weg darstelle, den rücksichtslosen Machtwillen der Macher gegen alle humanitären Ideen und Impulse abzuschirmen, die diesen gefährlich werden könnten:

«In den unsagbaren Tiefen der ‹reinen Innerlichkeit› wird der Geist, werden die Ideen, werden Taten und Gesinnung, werden Schönheitssinn und Religion – wird selbst Christus in der Tat schlechthin harmlos, verantwortungslos, bedeutungslos; und je mehr sie dies werden, desto hemmungsloser können Herrschsucht, Klassenegoismus, ideenlose Beamtenroutine, Militärdressur . . . sich bei denen auswirken, die zur Innerlichkeit – zu diesem einzigen Luxus der Dienenden und Gehorchenden – nicht verpflichtet sind.»

«Von den robusten Trägern der Macht als harmlose Narren betrachtet, die nach alten Traditionen eben ‹auch› zu einem ganzen Volkstum gehören mußten, bildeten die ‹Innerlichen› ein um so maßloseres Selbst-, ja Gottähnlichkeitsgefühl in sich aus, als sie für ihren systematischen Verzicht auf Verwirklichung, Darstellung ihres ‹Innerlichen› im ungefügen ‹Äußerlichen› jede Art von Narrenfreiheit von ihren Ernährern und Herren eingeräumt erhielten.»

«Die luftdichte Abschließung aller geistigen Werte im Kasten der Innerlichkeit und die korrelative Überlassung alles realen und öffentlichen Lebens an un- und antigeistige Mächte hatten die sonderbare Gefühlsteilung zur Folge, welche die

Vertreter von einerseits *Geist* und andererseits *Macht* in unserem Land gegenseitig einnahmen: Auf beiden Seiten herrschte tiefste *Nichtachtung* füreinander. Literatur, Dichtung, Kunst, Philosophie und Wissenschaft – soweit letztere nicht der Industrie unmittelbar Dienste leistete – vor allem fast alle Geisteswissenschaften wurden weder als Sache noch in ihren menschlichen Trägern von den Kreisen der Macht und des Kapitals ernstgenommen. Sie galten höchstens als liebenswürdiger Sport für die Enkel der noveaux riches oder für sonstige sonderbare Käuze – wenn nicht gar als Narretei. Als Schutzwehr gegen dieses heimlich wohlverstandene Gefühl der Nichtachtung bildete der Geist der ‹Innerlichkeit› einen in keinem anderen Land zu treffenden *Hochmut* der Innerlichkeit in sich aus . . .»

Aber auch von manchen durch SCHELER nicht genannten Tätigkeiten und Berufen wird erwartet, daß man sich darin vor allem mit der Erfüllung innerlicher Bedürfnisse begnüge. Therapie, Pflege, Erziehung, Sozialarbeit, Seelsorge gelten als nützliche Angebote für alle, die weniger von Machtwillen als vom Bedürfnis nach Verwirklichung alternativer psychosozialer Werte geleitet werden. Und die Versuchung ist immer wieder sehr groß, die innere Befriedigung in derartigen Tätigkeiten als hinreichende Entschädigung für die Enttäuschungen zu werten, die der scheinbar unheilbar inhumane Politik-Betrieb vermittelt. FREUD etwa bekundete seine Resignation in «Das Unbehagen in der Kultur» folgendermaßen: «Die zu lösende Aufgabe ist, die Triebziele solcherart zu verlegen, daß sie von der Versagung der Außenwelt nicht getroffen werden können.» Das Schicksal könne einem dann wenig anhaben, und man verbrauche seine Kräfte nicht in einem letztlich vergeblichen Anrennen gegen die übermächtige Realität. Man könne nun einmal die Umwelt nicht umschaffen. «Wer in verzweifelter Empörung diesen Weg einschlägt, wird in der Regel nichts erreichen. Die Wirklichkeit ist zu stark für ihn.»

So werden dann schon Begriffe wie Außenwelt und Wirk-

lichkeit so benutzt, als seien sie abgetrennt von Gefühlen und
Ideen, deren Erfüllung und Gestaltung man letztlich in einem
eigenen Bereich suchen müsse. Anstatt zu begreifen, daß gerade aus diesen Gefühlen und Ideen die Kraft zu einem gewaltlosen Widerstand gegen inhumane Machtpolitik geschöpft
werden sollte, begnügt sich die Masse der Sensibleren und
Introvertierten mit den ihnen scheinbar natürlicherweise zu-
gewiesenen Schutzräumen ihrer jeweiligen Subkultur. Und
sektiererische Mechanismen in der Kirche, in der Wissenschaft, in der sogenannten Kulturszene, in der Therapie usw.
sorgen dafür, daß den jeweiligen Mitgliedern der Verzicht auf
politisches Agieren sogar quasi verordnet wird. Sich nur me-
ditativ, seelsorgerisch, künstlerisch, forschend oder therapie-
rend zu beschäftigen, gilt in den jeweiligen Zünften als das
eigentlich standesgemäße Verhaltensmuster. Die Flucht aus
der politischen Mitverantwortlichkeit hat in zahlreichen psychosozialen Tätigkeitsfeldern zu einer Überkompensation im
Sinne von Ressentimentbildung Anlaß gegeben: Man fühlt
sich erhaben über die geist- und seelenlosen Macher im Politik-
geschäft und pflegt, wie es SCHELER genannt hat, den «Hochmut der Innerlichkeit». In Wirklichkeit führt die politische
Abstinenz indessen in diesen psychosozialen Feldern automatisch zu wachsender Abhängigkeit von den Machern und ihren
Bürokratien. Die Repräsentanten der innerlichen Nebenwelt
verlieren durch die Selbstabschirmung jegliche Konfliktfähig-
keit. Unsere jüngere deutsche Geschichte ist ein geradezu
tragisches Lehrbeispiel dafür, wie widerstandslos insbesondere jene Zünfte zu Erfüllungsgehilfen eines Gewaltregimes
wurden, die sich wegen ihres apolitischen Selbstverständnisses
gefeit gegen jede politische Korrumpierbarkeit gewähnt hatten. Nicht nur Ärzte, Richter und Wissenschaftler fügten sich
massenweise ohne Gegenwehr, auch in der Kirche fanden sich
rasch reichlich Kollaborateure, die sich eben der neuen Politik
wie einer außerhalb ihrer Kompetenz existierenden Realität
unterwarfen.

In Wahrheit kann es also keinen psychischen Frieden unabhängig von der politischen Wirklichkeit geben. *Friedlichkeit ist nur als eine sich unmittelbar in politischer Praxis verwirklichende Haltung möglich.* Und Friedenspolitik andererseits ist undenkbar als rein technokratisches Organisieren und Krisenmanagement. Jener deutsche Staatsmann hatte unrecht, der sich vor einiger Zeit im Parlament dagegen wehrte, daß Politik auch etwas mit Sinn und Geist zu tun habe. Ausdrücklich meinte er, Politik sei nur nüchterne Konfliktregelung. Philosophieren über harmonische Welten gehöre da nicht hinein. Für geistige Orientierung sei der Staat nicht zuständig. Dies war ein ehrliches Bekenntnis, zugleich aber ein bekümmerndes Eingeständnis einer verhängnisvollen Horizonteinengung. Die Frage war und ist nicht, daß etwa die Politiker Vordenker sein müßten, um Sinn und Maßstäbe für die Gestaltung des menschlichen Zusammenlebens herauszufinden. Aber eine friedlichere Politik ist nur denkbar, wenn in dieser die alternativen Ideen und Motive Einfluß gewinnen, die neuerdings in einigen Ländern von Basisbewegungen artikuliert werden.

Die Formel: «Es gibt nichts Gutes, außer man tut es!» ist der passende Leitsatz für den ersten Schritt, der zur Heilung der «Krankheit Unfriedlichkeit» zu tun ist. Aber was ist mit diesem Tun gemeint? Reicht es da schon, wenn Forscher sich mehr mit Friedensproblemen beschäftigen, wenn bildende Künstler und Musiker für den Frieden malen bzw. musizieren, wenn Schriftsteller über den Frieden diskutieren, wenn Pfarrer Friedensandachten abhalten? All dies sind sinnvolle und wichtige Aktivitäten, von denen man nur wissen sollte, daß sie auch zum Selbstzweck entarten können, wenn man nicht jeweils darauf achtet, über den Schutzraum der jeweiligen Szene hinauszuwirken. Ein Beispiel:

Es gibt eine abgehobene Szene der Friedens- und Konfliktforschung, aus der in verschiedenen Ländern überaus wichtige kritische Erkenntnisse entsprungen sind. Aber zahlreiche dort tätige Wissenschaftler arbeiten, reden und schreiben nur innerhalb ihrer Gelehrtensphäre, so wie sie einmal sozialisiert worden sind. Sie äußern sich in einer Weise, daß ihre Befunde und Folgerungen zumindest lange Zeit nicht über ihre engere Experten-Kultur hinausgelangt sind. Manuskripte werden so verfaßt, daß damit Diplome, Doktor- und Professorentitel erworben werden. Wer aus diesem akademischen Elfenbeinturm ausbricht und sich vielleicht nur durch vereinfachende Sprache dem allgemeinen Publikum verständlich machen will, erregt unverzüglich Mißfallen bei Zunftgewaltigen, die so etwas als «Hausieren-Gehen» verunglimpfen. Schicklich ist noch, wenn renommierte Friedenswissenschaftler verantwortlichen Politikern ihre Erkenntnisse ins Ohr flüstern. Aber verinnerlichte Standesvorschriften halten viele noch vor dem entscheidenden Schritt zurück, zu den einfachen Menschen in den Hunderten von engagierten Gruppen der Friedensbewegung hinzugehen und deren Informationshunger zu stillen.

Ein anderes Beispiel: Seit eineinhalb Jahren häufen sich in unserem Lande Unterschriftsaktionen gegen die Atomkriegsdrohung. Nach dem Beispiel der Krefelder Initiatoren und der Gewerkschaften hat man inzwischen in zahlreichen Berufsgruppen, Gesellschaften und Initiativkreisen friedenspolitische Erklärungen verfaßt, denen sich jeweils ein mehr oder minder großes Publikum angeschlossen hat. Inzwischen kommen solche Resolutionen häufig auch spontan im Rahmen irgendwelcher Versammlungen oder Tagungen zustande. Wo überall man sich heute auf einem Kongreß mit sozialen, ökologischen, pädagogischen oder psychologischen Fragen beschäftigt, regt sich regelmäßig in einigen Teilnehmern der Wunsch, eine Beziehung zum Friedensthema herzustellen. Und meist springt der Funke über. Die Leute können nicht in Ruhe z. B. über Fragen der sozialen Sicherheit, Umweltschutz, Wohlbefinden am Arbeitsplatz oder in der Schule, psychische Gesundheit und Krankheit reden, während sie insgeheim besorgt sind, daß demnächst ohnehin alles durch einen Atomkrieg kaputtgehen könnte. Ist das Stichwort gefallen, so verständigt man sich oft schnell darüber, daß man doch irgend etwas machen müßte. Aber was? Am besten, man schreibt gleich von dieser Veranstaltung aus einen Brief an die Regierung und an die Parteien, vielleicht sogar auch an den amerikanischen Präsidenten und den sowjetischen Generalsekretär und fordert, daß endlich abgerüstet und der Frieden besser gesichert werden solle. Dann finden sich meist einige Leute, die einen solchen Text verfassen. Je nach den Rivalitätskonflikten innerhalb der einzelnen Versammlung streitet man sich dann noch über Worte oder auch darüber, ob die Aktion solidarisch von dem Kongreß oder von der Organisation oder aber nur von der Summe der unterschriftswilligen Einzelpersonen getragen werden soll. Irgendeine Lösung wird aber meist gefunden. Die Leute drängen sich zu den Unterschrifts-Listen. Und dann erlischt schlagartig die Erregung. Man geht rasch zur Tagesordnung über. –

Studiert man einen solchen Prozeß, wie er sich heutzutage oft wiederholt, genauer, so findet man vor allem zwei Reaktionen:

1. Eine kleine Minderheit nimmt die Aktion sehr ernst. In ihnen ist ein Sensibilisierungsprozeß, der meist schon vorher begonnen hat, weiter gefördert worden. Sie wollen es bei dieser Aktion nicht bewenden lassen, sondern entschließen sich, Verbindungen mit anderen Engagierten aufrechtzuerhalten oder herzustellen, um auf die eine oder andere Art für den Frieden zu arbeiten. Das Erlebnis dieser einen solidarischen Aktion ermutigt sie jedenfalls nachhaltig. –

2. Sehr viel größer pflegt indessen der Kreis derer zu sein, deren Erregung mit dem Abschluß der Unterschriften-Aktion wie ein Strohfeuer wieder erlischt. Vielleicht gehören sie sogar zu denjenigen, die zuvor am heftigsten über einzelne Textstellen der Resolution gestritten haben. Sie haben sich ehrlich ereifert, und es hat ihnen eine gefühlsmäßige Genugtuung bereitet, daß die Erklärung schließlich verabschiedet worden ist. Es schien ihnen so, daß sie damit eine politische Tat

vollbrächten. Nicht unwichtig war für sie vielleicht auch, ob sie in dem gruppendynamischen Diskussions- und Entscheidungsprozeß eine Rolle spielten, die ihrem Geltungsbedürfnis entsprach. Gelang dies, so war damit das Erfolgserlebnis komplett. Aber es ist in ihnen keine Unruhe zurückgeblieben. Es ist für sie so, als müßte sich jetzt durch das, was man hier einmalig vollbracht hat, etwas in der Welt ändern. Es ist in solchen Leuten das wirksam, was man mit SCHELER als Größenwahn der Innerlichkeit bezeichnen könnte. Die Intensität der psychischen Aufwallung, die man in der Massensituation erlebt hat, erscheint den Betreffenden bereits wie ein politisches Agens. Sie verwechseln wie Kinder und manche schwer Gemütskranke ihren momentan mobilisierten Antrieb mit einer die Realität automatisch verändernden Kraft. Befangen in dieser magischen Phantasie, verspüren sie meist auch keinerlei Interesse daran, sich hinterher darum zu kümmern, was aus der Aktion geworden ist. So passiert es, daß tausend Menschen einen flammenden Appell an die politische Führung unterschreiben, und daß sich hinterher nur ganz wenige darum kümmern, was aus dem Papier wird. Oft sind es dann nur ein paar Leute, die helfen, zur Veröffentlichung der Erklärung beizutragen. Die allermeisten erkundigen sich nie danach, ob irgendeine Antwort zustande gekommen ist. Für sie hatte das Ereignis eigentlich nur seinen Wert in sich. Man hat sich selbst und miteinander bewiesen, wie sehr man für den Frieden ist. Angst- und Empörungsgefühle konnten sich Luft machen. Und man konnte auch die Fähigkeit beweisen, daß man über den engen Horizont einer umschriebenen sozialen Gruppe oder eines Faches hinaus an das Gemeinwohl denken kann.

Diese Verarbeitungsform bedeutet also lediglich eine Kanalisierung von Unbehagen. Man glaubt, etwas politisch zu tun, aber heraus kommt nur eine symbolische Geste. Und diese Geste entlastet gerade von der Spannung, die bei anderer Form der Verarbeitung Kräfte für einen nachhaltigen Politisierungsprozeß in Gang setzen könnte. Die Strohfeuer-Reaktion erlaubt es vielmehr, daß man nach Unterzeichnung der Resolution wieder eine Weile besser schlafen und ruhiger seinen Geschäften nachgehen kann. Hier ist also in beklemmendem Maße immer noch jene Kluft zwischen Innerlichkeit und politischer Realität wirksam. Anstatt zu lernen, wie man mit viel Mühe und unter mancherlei Konflikten tatsächlich in die politische Realität hineinwirken kann, sucht man nur Anlässe, um sich gelegentlich durch Teilnahme an symbolischen Gesten, denen man einen politischen Anspruch zuschreibt, abzureagieren. Logisch ist dann die Abneigung dagegen, die Erfüllung des Anspruches zu kontrollieren. Denn die Konfrontation mit der Wirkungslosigkeit würde den Beschwichtigungseffekt gefährden, den man vor allem ersehnt.

Bekanntlich werden wir inzwischen mit Veranstaltungen, die ausdrücklich dem Thema Frieden gewidmet sind, überhäuft. Da gibt es Andachten, Reden, Rezitationen, Diskussionen und Musik. Viele konsumieren diese Programme in der eben geschilderten Verarbeitungsweise. Es bewegt sie, daß hier Gedanken und Gefühle angesprochen oder in Musik umgesetzt werden, die sie innerlich bedrücken und mit denen sie sich sonst im Alltag alleingelassen fühlen. Bei solchen Anlässen fühlen sie sich verstanden und bekunden durch heftigen Applaus, daß sie dankbar mit dem übereinstimmen, was vorgetragen wird. Aber das Erlebnis reduziert sich in seiner Bedeutung auf einen Freizeithöhepunkt nach Art irgendeines nur punktuell aufrührenden Fernseh- oder Theaterabends. Dementsprechend wird in der Presse, wenn überhaupt, über solche Veranstaltungen meist im «Kulturteil» berichtet. Und Feuilleton-Journalisten zensieren die Beiträge in üblicher Manier nach geistigem Gehalt und ästhetischer Qualität. Sie helfen dadurch mit, solche politisch gemeinten Ereignisse in die «Kulturszene» zurückzustufen. Sie rechtfertigen sich häufig mit der narzißtischen Interpretation, daß die literarische, wissenschaftliche oder musikalische Bearbeitung politischer Themen an sich schon Politik, ja vielleicht sogar die bedeutendste

Erscheinungsform von Politik überhaupt sei. Entscheidend aber ist allein, ob und in welcher Art die theoretische oder musische Beschäftigung mit dem Thema der Friedenspolitik, wie die Anlässe auch immer aussehen, das politische Verantwortungsbewußtsein und den Mut zu politischem Handeln stärken.

Natürlich sind alle öffentlichen Ereignisse an sich nützlich, die Menschen Gelegenheit geben, sich auf ein Thema zu konzentrieren, das sie meistens Tag für Tag gewaltsam in sich unterdrücken. Alles, was politische Lernprozesse anstoßen kann, ist im Prinzip wünschenswert. Das können «Friedens-Festivals» sein, Vorträge von Protestsängern, Friedensandachten, Rezitationen von Friedens-Lyrik oder was es da sonst gibt. Aber stets sollte man bei der Organisation dieser Veranstaltungen die Frage im Auge behalten: Wie kann man es machen, daß die Menschen nicht einfach beschwichtigt nach Hause gehen, sondern aktiviert werden? Von zentraler Bedeutung ist die Frage: Was machen die Menschen, die heute vielleicht eine rauschhafte kritische Aufbruchstimmung erleben, morgen damit? Heute mögen sie sich gestärkt und wichtig fühlen inmitten einer Gemeinschaft Gleichgesinnter. Morgen erleben sie sich vielleicht wieder als kleine Vereinzelte, zum Mitfunktionieren eingespannt in einen Betrieb, wo es ganz unbeachtlich erscheint, was einer wie sie über die große Politik denkt. Und viele werden in eine Umgebung eintauchen, die das, was sie als bedeutsame Erkenntnis festhalten wollen, als Spinnerei oder Utopismus abtut. Mancher wird sich hierzulande sogar unter dem Verdacht isoliert sehen, daß er mit dem Kommunismus liebäugele und für Extremismus anfällig sei.

Überall, wo man sich zum Thema Frieden trifft und Menschen mit dem Wunsche anspricht, ihre kritische Sensibilisierung zu fördern, sollte man also zugleich Hilfen zum Bestehen der Praxis anbieten. Da gibt es ein banal scheinendes, aber wichtiges Rezept. Da nichts so sehr einschüchtert und lähmt wie die alltägliche Isolation, ist die Information darüber wichtig, wo und wann man sich mit anderen treffen kann, die schon in irgendeiner Art für den Frieden arbeiten oder zukünftig in diesem Sinne arbeiten wollen. Heute gibt es in allen dichter besiedelten Gebieten Basisgruppen der Friedensbewegung, in denen man Halt finden kann. Es gibt Gruppen, die von der Kirche oder von politischen Organisationen ausgehen, ferner ganz spontane Gruppierungen, Initiativen von Berufsgruppen oder von «Frauen für den Frieden». Wer Anschluß an einen ihm passenden Initiativkreis findet, wird es jedenfalls von vornherein leichter haben, sich gegen die Gefahr der Resignation zu schützen. Es ist schwer, als Einzelkämpfer für den Frieden in einer Umgebung zu arbeiten, in der die Mehrzahl der «psychisch Militarisierten» verdächtigt oder verunglimpft, was sie an der eigenen Verleugnung hindern könnte. Man braucht also einen Rückhalt in einer Basisgruppe. In dieser kann man immer wieder Mut schöpfen und seine politischen Kenntnisse vertiefen. Und zusammen mit dieser kann man leichter in die Öffentlichkeit gehen und die eigenen Ideen offensiv vertreten. Dieser Schritt ist unumgänglich, wenn man konsequent sein will. Er entspricht der Erkenntnis von ALBERT EINSTEIN:

«Bloßes Lob des Friedens ist einfach, aber wirkungslos. Was wir brauchen ist aktive Teilnahme am Kampf gegen den Krieg und alles, was zum Kriege führt!»

16. Frieden kann nur aus dem Dialog kommen

Das «dialogische Prinzip» Martin Bubers. Frieden von keinem – auch von keiner Bewegung – allein ohne oder gar gegen die anderen herstellbar. Lernen, paranoide Sprachlosigkeit zu überwinden. Die prägende Wirkung positiver Kindheitsbeziehungen. Der negative «Vorbild»-Effekt von Pseudokommunikationen, vorgeführt durch Medien und Politiker. Politische «Spitzengespräche» als ritualisierte Schein-Dialoge. Beispiele.

Was heißt aber eigentlich «Kampf für den Frieden»? Man kann dabei gleich an Methoden äußerer Auseinandersetzung denken, an Demonstrationen, an gewaltfreien Widerstand gegen die Errichtung von Raketenabschußbasen, an die Verweigerung von Dienstleistungen, die auf den Kriegsfall vorbereiten usw. Aber wenn man davon ausgeht, daß zuvor ein wichtiges Ziel darin bestehen muß, die Haltung der Unfriedlichkeit abzubauen, so erhält der Begriff «Kampf für den Frieden» noch eine andere Bedeutung, die zunächst betrachtet werden soll. Zur Friedlichkeit gehört, in Beziehungen, wie konfliktträchtig diese auch sein mögen, um Verständigung zu ringen und das Bewußtsein von Gemeinsamkeit herzustellen. Was die Friedensbewegung im großen fordert, nämlich eine «Ideologie der gemeinsamen Sicherheit» und ein «Engagement für das gemeinsame Überleben» (Vorschläge der PALME-Kommission), das muß als Prinzip auch für die Basisarbeit gelten, an welcher der einzelne teilnimmt. Wenn «Kampf» und «Frieden» nicht einen Gegensatz an sich bezeichnen sollen, dann scheint es notwendig, das Prinzip und die Mittel dieses Kampfes eingehender zu betrachten und von dem militaristischen Beiklang zu befreien, der im alltäglichen Sprachgebrauch dem Wort Kampf anhaftet.

Die wichtigste Kraftquelle und zugleich das wirksamste Instrument im Kampf für den Frieden ist sicherlich jene emotional verankerte Grundüberzeugung, die etwa am Beispiel MARTIN LUTHER KINGS und neuer Lebensformen in der alternativen Jugendbewegung zu skizzieren versucht wurde. Aus dieser Grundüberzeugung ergibt sich, daß Frieden sich immer nur in einem Dialog verwirklichen kann. Frieden ist zu einem guten Teil bereits dieser Dialog selbst. Es ist die Wiederherstellung einer Beziehung, in die wir – nach MARTIN BUBER – hineingeboren sind. Wenn wir SARTRE darin folgen, daß jeder von allen anderen abhängig ist, dann können wir nicht erwarten, daß Frieden etwas ist, was die einen ohne oder gar gegen die anderen machen können. Dann können weder die Politiker über den Köpfen der Völker den Frieden aushandeln, noch kann die «Friedensbewegung» aus sich heraus Frieden produzieren. Jede sogenannte Friedensinitiative, die sich so verhält, daß sie gesellschaftliche Dissoziationsprozesse hinnimmt oder gar verstärkt, ist ein Widerspruch in sich selbst. Für den Frieden zu kämpfen, kann immer nur heißen, miteinander im Gespräch zu bleiben. Auch wenn alle recht haben, die sagen, Friedlichkeit müsse durch Druck von der Basis der Politik beigebracht werden, so heißt das nicht, sich mit Drohungen oder Rechthaberei durchzusetzen. Es heißt vielmehr, eine institutionalisierte Haltung des Machtglaubens mit den dazugehörigen paranoiden Projekten aus der Kraft einer alternativen Überzeugung aufzulösen. Wer anderen schon ein Stück in der Heilung von Unfriedlichkeit voraus ist, hat dies dadurch zu beweisen, daß er sich in Beziehungen auch dort noch offen und dialogbereit verhalten kann, wo man gegen ihn Gräben aus Trotz und Mißtrauen errichtet. Er kennt das nicht, was man heute als Berührungsangst bezeichnet. Denn er glaubt ja gerade daran, daß im Einander-Berühren die eigentliche Voraussetzung für die Möglichkeit von Verständigung und Versöhnung liegt.

Aber es hieß, daß solche Erwägungen nur sinnvoll seien, wenn man aus ihnen unmittelbar praktische Konsequenzen ziehe. Die erste Konsequenz liegt ganz banal darin, daß man in seinen alltäglichen Beziehungen überall dort den Dialog bewahrt, wo er abzureißen droht oder schon abgerissen ist. In Millionen Familien stellt sich vordringlich die Aufgabe, wo eine Generation von der anderen meint, daß mit dieser nicht mehr zu reden sei, weil sie destruktive Absichten verfolge. Man hört einander nicht mehr zu, weil man sich gegenseitig abgeschrieben hat. Viele aussteigende Jugendliche wollen nicht mehr daran zweifeln, daß die Älteren unbeirrbar auf Krieg und Naturzerstörung zusteuern. Die Radikalität dieser Herausforderung treibt wiederum die Älteren in eine verstockte Defensive. Man kann es aber auch umgekehrt sagen: Um die eigenen Verdrängungen und Verleugnungen nicht zu gefährden, zwingen die Älteren die Jugend, die gewissermaßen das Verdrängte repräsentiert, zum Rückzug aus der Gesellschaft. In unzähligen Familien wird noch der äußere Anschein des Zusammenhalts aufrechterhalten. Man lebt noch beieinander, aber man führt nur noch Pseudogespräche. Meist sind es die Eltern, die Mächtigeren, die noch reden, während die Jugendlichen schweigen und innerlich schon weit weg sind. Die ältere Generation verteidigt noch wortreich mit moralischem Anspruch und dem Anschein überlegenen Wissens einen Weg in die Zukunft, dem sie selbst insgeheim mißtraut. Letztlich sind beide miteinander zerfallenen Generationen für sich ratlos und bedrückt. Sie verschweigen einander, wie sehr sie sich gegenseitig brauchen.

Noch in der Minderzahl sind die Eltern, die aus den Ideen der Heranwachsenden Perspektiven ablesen, die ihnen gemeinsam hilfreich sein könnten. Immerhin werden Eltern da und dort nachdenklich und verfolgen mit geheimer oder ausdrücklicher Zustimmung, wenn ihre Kinder sich in Friedensinitiativen engagieren. Wo man heute ältere Väter oder Mütter in Friedensgruppen auftauchen sieht, hört man nicht selten, daß die eigenen Kinder dazu einen entscheidenden Anstoß vermittelt haben. Sofern die Älteren die Jugend im Gespräch annehmen, werden sie auch für diese wieder interessant und werden befragt. Denn im Grunde warten zumindest erhebliche Teile auch der kritischen Jugend sehr dringend darauf, von den Älteren mehr über deren Biographie und deren Anteilnahme an den Prozessen zu hören, die in die gegenwärtige Situation geführt haben. Gerade in unserem Land ist die nahezu sprachlos gewordene Vorgeschichte der Älteren zwischen den Generationen zu einer entscheidenden Barriere geworden, deren Abbau beiden Seiten not tut.

Überall, wo das echte Gespräch geführt wird, bei welchem man sich ineinander einfühlt und Spannungen durchhält, wird die Nähe sichtbar, in der wir alle miteinander leben. Da lernen die Älteren, sich mit den eigenen erstickten Hoffnungen in den scheinbar so verstiegenen Ideen der alternativen Jugend wiederzuerkennen. Und die Jugendlichen sehen in dem Augenblick ein Stück von sich selbst durch die Eltern widergespiegelt, wenn diese sich einmal wirklich öffnen und sich innerlich preisgeben, statt sich immer nur rechthaberisch zu verteidigen oder gar überkompensatorisch aufzutrumpfen. Überall wo Menschen und Gruppen sich mühen, einander gründlich und ehrlich kennenzulernen, kommt es zum Gefühl von Verwandtschaft, zum Schrumpfen von Mißtrauen, zum Schwinden von Vorurteilen. Es lebt jenes Bewußtsein von Verbundenheit auf, das MARTIN BUBER als Wesen des «dialogischen Prinzips» beschreibt.

Als Psychoanalytiker wird einem vor Augen geführt, daß die Fähigkeit zu einem solchen vertrauensvollen kommunikativen Verhalten von mehreren Bedingungen teils positiv, teils negativ beeinflußt wird. Glück hat, wer als Kind in seinen frühesten Beziehungen die Geborgenheit und Verläßlichkeit vermittelt bekommt, die ihn später ermutigen, aktiv immer wieder diese Atmosphäre zu reproduzieren. Bekannte historische Gestalten, die an die Überwindung der Gewalt durch Friedlichkeit glaubten und diese Haltung vorlebten, sind in einer besonders positiven Mutterbeziehung aufgewachsen. Ein typisches Beispiel ist etwa MAHATMA GANDHI, dessen

Persönlichkeitsentwicklung der Psychoanalytiker ERIKSON eingehend studiert hat. Umgekehrt sehen wir sehr häufig die zuvor geschilderte Wechselbeziehung zwischen der Egozentrizität verletzter und gedrückter Eltern einerseits und der Fixierung von kindlichem Mißtrauen und Trotz andererseits. GANDHI hatte eine Mutter, die ihn bereits als kleinen Knaben sehr ernst nahm. Sie umsorgte ihn sehr, aber sie zeigte auch, daß sie ihn brauchte. Offenbar erfuhr er nicht das Schicksal der vielen Kinder, an denen konfliktgeladene Mütter und Väter ihre angestauten Probleme uneingestanden abreagieren und dies noch mit dem Kindeswohl begründen. GANDHI hat selbst einen Zusammenhang zwischen seiner positiven Mutterbeziehung und seiner Unlust an aggressiv gefärbten Kinderstreichen festgestellt. Allerdings spielte er schon früh gern die Rolle des vermittelnden Friedensrichters, wenn andere Kinder miteinander in Streit gerieten. – Umgekehrt läuft die übliche Erziehung freilich darauf hinaus, daß Kinder frühzeitig lernen, sich egozentrisch verhalten zu müssen, um in einer Welt der Rivalität erfolgreich bestehen zu können. Der Glaube an die tragenden Kräfte der Beziehung, die MARTIN BUBER so eindrücklich mit dem Bilde der aufgewölbten Hand beschreibt, wird früh gebrochen. Sich anderen offen anzuvertrauen, erscheint mehr und mehr gefährlich. Man gewöhnt sich an das Prinzip, daß man Gespräche nur mit taktischer Bedachtsamkeit führen sollte, um sich keine ausnutzbaren Blößen zu geben. Man lernt, nur noch das zu sagen, was Nutzen bringt; und nur dort noch zuzuhören, wo es sich lohnt. Geschützt fühlt man sich um so mehr, je weniger man von sich verrät.

Eine weitere wesentliche Bedingung, die unsere Gesprächsfähigkeit – allerdings überwiegend negativ – beeinflußt, stellen die maßstäblich wirksamen Umgangsmuster dar, die vom Bildschirm abgelesen werden. Da gibt es die Scheingespräche in den Werbespots. Dann wird eine infantilisierte Fernsehgesellschaft tagtäglich von Kommentatoren und Politikern manipulativ zu Meinungen überredet. Eindeutig überwiegt das egozentrische Statement. Dialoge, bei welchen Menschen wirklich aufeinander eingehen und sich voneinander bewegen lassen, sind die Ausnahme. Studiogespräche unter den politisch Mächtigen entarten meist zu verlogenem Rivalisieren. Die Vertreter der großen Parteien, deren Programme fast austauschbar geworden sind, mimen Entsetzen über scheinbar unüberwindliche Gegensätze und verdächtigen sich gegenseitig, das Volk planmäßig ins Elend zu stürzen. Im Hintergrund führen hochbezahlte Werbeagenturen die Regie. Die Masse der Zuschauer soll sich angesprochen, verstanden und ernstgenommen fühlen. Dabei waltet ausschließlich das Motiv taktischer Überredung und Konsumwerbung. Die Sprache wird zum reinen Machtinstrument. Wer sich dem nicht anpaßt, ist bald – wie es so verräterisch heißt – weg vom Fenster. So ist es z. B. nur logisch, daß sich 1978 der Bund Deutscher Werbeberater sogar an die beiden großen Kirchen in der Bundesrepublik gewandt hat, um «mediengerechte» Hilfe anzubieten. Wo alle Worte in den Medien auf Werbung hinauslaufen, kann am Ende auch für den Glauben nur noch mit taktischen Mitteln geworben werden.

Die politische Lüge verstehen wir längst als Normalfall. Das «Gespräch mit dem Bürger», das die Politiker angeblich in Wahlkämpfen suchen, gerät fast niemals zu einem Dialog. Versuche, einen dialogähnlichen Stil einzuführen (in meinem Buch «Engagierte Analysen» wurde darüber berichtet), konnten sich nicht durchsetzen. Nahezu alle Politiker halten es für gefährlich oder zumindest unnötig, den Bürgern wirklich zuzuhören. Die Menschen sollen glauben, daß sie das wollen, was ihnen die jeweilige Partei verspricht. Der Zynismus geht soweit, daß man nach gewonnenen Wahlen oft unverzüglich die heiligsten Versprechen bricht. Man hält es nicht einmal mehr für nötig, den Anschein von Glaubwürdigkeit zu wahren.

Natürlich richten sich unsere besonderen Erwartungen darauf, wie die Spitzenpolitiker der Hegemonialmächte miteinander umgehen. Wir hegen immerhin den zaghaften Wunsch, daß diese uns, wenn nicht gar einen freimütigen Dialog, so doch wenigstens einen menschlich anmutenden Kommunikationsstil vorführen. Wir würden es dringend begrüßen, wenn diese Mächtigen sich immerhin dafür interessieren würden, sich gegenseitig als Menschen kennenzulernen und sich wechselseitig Achtung zu bezeugen. Wie sollten sie anders als durch unmittelbare Berührung herausfinden können, ob sie miteinander als Personen das Gefühl und das Bewußtsein teilen, alle noch so schwerwiegenden Rivalitäten und Vorbehalte der Notwendigkeit einer gemeinsamen Verständigung unterordnen zu müssen? Wäre nicht die Bemühung um einen kontinuierlichen persönlichen Austausch sogar ein selbstverständliches Gebot angesichts der Riesenverantwortung, welche die politischen Führer hüben und drüben tragen?

Statt dessen vergehen, wie wir sehen, oft Jahre, ehe die Spitzenpolitiker der Supermächte sich wieder einmal treffen. Ereignet sich dann nach langem taktischen Vorgeplänkel eine Begegnung – von den Massen beider Seiten mit größter Spannung erwartet – dann verläuft diese in der Regel eher wie ein gespenstisches Ritual. Ausgetauscht werden eingelernte oder sogar abgelesene Stellungnahmen, Begrüßungs- und Tischreden. Meist ist nur eine minimale Zeit für Kontakte unter vier Augen vorgesehen. Das Nebenprogramm mit Empfängen, Essen, protokollarischem Brimborium und Besichtigungen verschlingt im Übermaß Zeit. Die Abschluß-Kommuniqués sind meist schon im voraus von Beauftragten konzipiert. Kaum kommt zustande, was wir Bürger uns als das Sinnvollste vorstellen würden: Daß die Mächtigen nämlich die Gelegenheit nützen würden, miteinander spontan zu reden, sich geduldig in die zentralen Probleme zu vertiefen, und daß sie vielleicht sogar konstruktive Ideen entwickeln, die sie noch nicht fertig mitgebracht haben. – Niemand wird fordern, daß solche Gespräche etwa nach gruppendynamischen Regeln großartige

Bewußtseinsprozesse anstoßen könnten. KISSINGER hat mit Recht gesagt, daß politische Konfliktregelungen nichts mit Psychotherapie zu tun haben. Aber wenn man sich gar nicht aufeinander in einer Art von Dialog einläßt, sondern nur auf die Minute geplante formalistische Zeremonielle mit Show-Effekten abwickelt, dann ist dies eine deprimierende Fehlinszenierung.

Ein bekannter westlicher Politiker hat mir erzählt, was er bei einem immerhin mehrtägigen Besuch im Kreml vor einiger Zeit erlebt hat. Es war ein mit Spannung erwartetes Zusammentreffen nach einer längeren Stagnation im Ost-West-Gespräch auf hoher Ebene. Gastgeber und Gäste setzten sich an einer Tafel einander gegenüber. BRESCHNEW zog ein Papier aus der Tasche und las aus diesem etwa eine Stunde lang vor. Darauf antwortete der Westpolitiker mit einem eigenen halbstündigen Statement. Wieder griff BRESCHNEW zu einem Papier und ließ eine zweite längere Lesung folgen. In diesen Text war eine Antwort zu einer Bemerkung eingearbeitet, welche die Russen von ihrem Besucher mit Bestimmtheit erwartet hatten. Der hatte dieses Thema aber gar nicht angeschnitten und erhielt nun verblüfft eine Entgegnung, die zu seinem Text gar nicht paßte. Umgekehrt vermißte er selbst eine spontane Antwort auf irgendeine These oder Anfrage, die er tatsächlich vorgebracht hatte. Nur knappe Zeichen, die der Generalsekretär seinen Begleitern gab, ließen den Besucher vermuten, daß seine Worte da oder dort überhaupt Aufmerksamkeit fanden. – Eine einzige kurze Unterhaltung mit spontanem Austausch von Fragen und Antworten habe es auf einer Autofahrt gegeben, bei welcher Gast und Gastgeber mit dem Dolmetscher allein waren.

Wer das Programm des letzten Staatsbesuches von BRESCHNEW in der Bundesrepublik 1981 genau studiert hat, wird sich erinnern, daß dabei nicht einmal ein Halbtag für ein Gespräch zwischen dem sowjetischen Parteichef und dem Bundeskanzler herauskam. Daß man sich auch diesmal um die

Formulierung des Schluß-Kommuniqués längst vorher bemüht hatte, konnte jedermann in den Zeitungen lesen.

Kurz: solche Inszenierungen lassen den Wert derartiger Spitzenbegegnungen zu symbolischen Gesten schrumpfen. Alle sozialpsychologischen Erfahrungen, wie man Gespräche organisieren und führen müßte, um ihnen wenigstens eine kleine Chance der Konfliktbearbeitung und -klärung zu geben, werden außer acht gelassen. Es werden Berührungen vorgeführt, die in Wirklichkeit gar keine sind. Die ausgetauschten vorgefertigten Statements könnte man einander gut auch per Post oder auf den üblichen diplomatischen Kanälen übermitteln. Wahrscheinlich wissen die Partner ohnehin bereits bis auf Nuancen im voraus, was jeder von der Gegenseite zu hören bekommen wird. Sonst würde es ja auch schlecht mit den vorgefertigten Resümees klappen. Schon allein diese übliche Vorwegnahme der Resultate bedeutet ja eine peinliche Mißachtung der Erwartungen der Völker, daß ihre führenden Repräsentanten die Möglichkeit eines persönlichen Austausches ernsthaft nutzen sollten.

Gewiß läßt sich nicht erwarten, daß solche Spitzenbegegnungen von wenigen Tagen Dauer zur Bereinigung komplizierter Schwierigkeiten in der Weltpolitik führen. Aber zwischen dieser Erwartung und der Realität solcher Show-Rituale, die nicht einmal im Ansatz echte Gespräche zulassen, ist die Kluft unerträglich groß.

Wir können nur mutmaßen, warum die wichtigsten Entscheidungsträger beider Seiten so wenig Wert darauf legen, sich wechselseitig gründlich zuzuhören und aufeinander spontan einzugehen. Sollte uns etwa durch die Vermeidung echter Berührungen bzw. durch die Vorführung unpersönlicher Pseudokontakte demonstriert werden, daß im Abschreckungszeitalter nur noch Sprachlosigkeit möglich ist?

Wahrscheinlich trifft die Annahme zu, daß 1982 überhaupt nur dadurch manche Gespräche und Begegnungen zustande gekommen sind, weil vor allem die Friedensbewegung unüberhörbar entsprechenden Druck ausgeübt hat. Um so mehr liegt es in unserer Verantwortung, unsere Forderung nach friedlicher Verständigung noch zu verstärken. Wir dürfen uns auch nicht vorschnell dadurch beschwichtigen lassen, daß man da oder dort Beauftragte hinter verschlossenen Türen über Maßnahmen der «Rüstungsbegrenzung» verhandeln läßt. Schon viele solcher Verhandlungen haben sich im nachhinein auch nur als symbolische Zeremonielle herausgestellt, nachdem sie jahrelang dem kritischen Publikum eine trügerische Beschwichtigung vermittelt hatten. Wir müssen ungeduldig bleiben, zumal da bisher keine Verhandlung zu einem Moratorium in der Produktion und Aufstellung neuer Massenvernichtungswaffen geführt hat. Die Zeit drängt. Hinhaltetaktiken dürfen nicht länger hingenommen werden. Echter Verständigungswille muß in baldigen Fortschritten sichtbar werden.

Wir sehen: gerade dort, wo die wichtigsten Entscheidungen fallen, mangelt es jedenfalls immer noch erschreckend an der Fähigkeit zum Dialog. Wenn man als psychoanalytischer Sozialpsychologe den Umgangsstil auf der höchsten Ebene in der Ost-West-Politik benennen sollte, würde man ihn als im höchsten Maße neurotisch deformiert klassifizieren. Phobische Züge, paranoides Mißtrauen, Sprachverarmung, Zwangsmechanismen, Heuchelei bis zu betrügerischer Irreführung beherrschen die Szene. Aber die Mächtigen aus West und Ost zeigen uns immer unverfrorener, daß sie offenbar gar keinen Wert auf das legen, was man als humane Gesprächskultur bezeichnen könnte. Ihr Umgang miteinander ist zu einem Krieg mit anderen Mitteln entartet. Sie fürchten geradezu den Austausch menschlicher Freundlichkeiten, als müßten sie sich gerade vor den Anwandlungen schützen, die uns und ihnen selbst ihre partnerschaftliche Bezogenheit aufeinander deutlich machen könnten. So demonstrieren sie uns Formen einer perversen Pseudokommunikation. Anstatt aus gemeinsamer Verantwortung für das Überleben der Menschen hüben und drüben motiviert, verstehen sie sich offenbar eher wie Anwälte gegnerischer Firmen, von denen jede die andere bankrott setzen möchte.

Auf dieser Ebene höchster politischer Verantwortung erleben wir also eine geradezu planmäßige Austilgung der Beziehungsmuster, mit denen ein Abbau von Unfriedlichkeit zu ermöglichen wäre. Irgendwelche Ansätze, diese destruktiven Verhaltensmuster zu ändern, sind in den politischen Machtzentralen weit und breit noch kaum zu erkennen.

Gewiß spielen die in Kapitel 7 erörterten institutionellen Zwänge eine große Rolle bei der Blockierung echter dialogischer Beziehungen. Durch Auswechselung der Akteure würde sich also zunächst nicht sehr viel ändern.

Jedenfalls sollten wir gerade da oben nicht nach Vorbildern dafür suchen, wie wir unsere Fähigkeit zu sensibleren und friedlicheren Kommunikationsformen steigern können. Umgekehrt müssen wir uns immer wieder den Rat der schwedischen Ex-Ministerin für Abrüstung ALVA MYRDAL vor Augen halten: Wir selbst müssen uns als Öffentlichkeit aufraffen und nach oben hin Druck ausüben, um die Politiker in ihrer Haltung zu wandeln.*

Wiederum wird deutlich, daß die Überwindung der Krankheit Unfriedlichkeit auf zwei Wegen geschehen muß. Einmal müssen wir uns selbst umerziehen und unsere Kinder anders erziehen. Wir müssen unsere weitgehend unterdrückte soziale Sensibilität in dem Bewußtsein wirksam werden lassen, daß wir im Sinne des alten SARTRE und MARTIN BUBERS über die Grenzen von Generationen, Nationalitäten und Ideologien hinweg universal voneinander abhängig und aufeinander angewiesen sind. Wenn Menschen miteinander sanftere Lebensformen auf der Basis eines gewandelten Selbstverständnisses einzuüben vermögen, dann werden sie sich darin glaubwürdig finden, sich noch mutiger und energischer als heute gegen eine

* A. MYRDAL: «Wir müssen uns darüber klar werden: Unser einziges Machtinstrument ist der Druck der öffentlichen Meinung auf unsere politischen Führer und durch sie auf die Atommächte.»

Politik des erstarrten Mißtrauens, der Sprachlosigkeit und des tödlichen Rivalisierens zu wehren. Dies ist der andere Weg, nämlich sich zusammenzuschließen und miteinander von unten auf eine Gegenmacht zu entwickeln, die nach oben hin Veränderungen anstoßen kann.

Die Zaghafteren mögen an dieser Stelle zum x-tenmale aufseufzen und assoziieren:

«Wie sollen ausgerechnet wir denn, wenn nicht einmal die da oben . . .?»

«Wie können wir denn, nach allem, was die Erziehung in uns zerstört hat . . .?»

«Wie können wir denn als inkompetente Laien . . .?»

«Wie sollen denn wir, die wir immer nur Druck bekommen, plötzlich so gewaltigen Druck machen, daß . . .?»

«Haben wir überhaupt das Recht . . .?»

«Sind das nicht ohnehin alles nur Träume, ohnmächtig gegenüber der Realität der Rüstungswirtschaft, der Destruktivität der menschlichen Natur oder der Fehlentwicklung unseres Gehirns?»

Die internationale Friedensbewegung entwickelt sich zu einer praktischen Antwort. Zur Frage der Überwindung von Ohnmacht hält sie sich an ein schlichtes Rezept, das E. Eppler treffend formuliert hat:

«Macht liegt überall, wo Bürger ihre Rechte wahrnehmen. Es ist im politischen Geschäft üblich geworden, sich erst nach Verbündeten umzusehen, Machtkonstellationen zu prüfen, Durchsetzungsstrategien zu entwerfen, über Instrumente zu streiten, ehe man genau weiß, was man will. In Wirklichkeit entsteht Macht, jedenfalls neue, demokratisch legitimierte Macht da, wo Menschen sich zusammenschließen, um gemeinsam etwas zu erreichen.»

17. Einige sozialpsychologische Bemerkungen zur Friedensbewegung

Eine blockübergreifende Strömung. Besonderheiten der Entwicklung in Amerika. Verlauf der Kontroversen um die hiesige Bewegung. Schwanken in der Definition von außen: chaotische Randgruppe oder sich etablierender Dachverband? Bestreben der Initiativen, sich ihre pluralistische, dezentralisierte Arbeitsform zu erhalten. Nach der ausstrahlenden Sensibilisierung Nachdenken über mögliche Erhöhung der politischen Durchschlagskraft.

«Die Friedensbewegung in den Völkern ist nicht eine vorübergehende Panik. Sie wird vielmehr bleiben, sie wird wachsen. Denn sie ist, so nehme ich es jedenfalls wahr, der Beginn der Erkenntnis einer seit langem verdrängten Wahrheit. Die Wahrheit ist, daß der Friede weder durch das konventionelle noch durch das atomare Schwert jemals hinreichend gesichert war, und daß diese Sicherung, soweit sie bestanden hat, in einen Zerfallsprozeß eingetreten ist.»

Carl Friedrich von Weizsäcker

Wer weiß eigentlich, was «die Friedensbewegung» ist, wer und wer nicht dazugehört? Und wer weiß, wie diese Bewegung sich weiterentwickeln und welche Mittel sie morgen anwenden wird? Nicht einmal in unserem Land könnte noch irgend jemand von sich sagen, er kenne sich mit den Hunderten von Spontaninitiativen aus, die da und dort aus kirchlichen, politischen, gewerkschaftlichen, studentischen Kreisen, aus Frauengruppen oder diversen Berufsgruppen erwachsen sind. Erst recht ist es unmöglich, die internationale Entwicklung, vor allem die Reaktionen in den östlichen Ländern, auch nur einigermaßen zu übersehen. Vieles geschieht heute, wovon gestern noch niemand geträumt hat. Hatten im letzten Jahr westeuropäische Politiker noch Mühe, ihren amerikanischen

Kollegen die hiesige Protestströmung gegen den NATO-Doppelbeschluß zu erklären, so hat man in Washington z. Z. alle Hände voll zu tun, um mit der «freeze campaign» zu Rande zu kommen, die wie aus heiterem Himmel über das eigene Land hereingebrochen ist.

Erstaunliches vernimmt man von Friedensinitiativen der christlichen DDR-Jugend in Verbindung mit der dortigen Kirche (vgl. Kapitel 21).* Auch die Menschen drüben werden von wachsender Ungeduld über die Verschärfung des weltpolitischen Klimas und über den neuen Schub des Wettrüstens erfaßt. Selbst wenn sich dort Unmut und Protest gegen die unveränderte gesellschaftliche Militarisierung nur schwer unter dem Druck staatlicher Kontrolle artikulieren können, so sind die psychischen Energien, die sich auf unserer Seite in Demonstrationen von Hunderttausenden ausdrücken, drüben nicht minder spürbar.

Verstehen wir unter Friedensbewegung im weiteren Sinne den Drang der Menschen nach Umkehr der Rüstungspolitik und nach friedlicher Verständigung – wie immer dieser Drang sich auch äußern kann – so haben wir es gewiß mit einem Phänomen zu tun, das die Grenzen der Machtblöcke längst übersprungen hat.

Sich um eine nähere Definierung «der Friedensbewegung» zu bemühen, erscheint deshalb auch grundsätzlich unangemessen, weil Definitionen stets abgrenzen, während diese Bewegung sich gerade nicht abgrenzen will. Ihr Konzept kann ja immer nur sein, diejenigen anzustecken, die heute noch außerhalb stehen. Nichts wäre für sie törichter, als sich wie konventionelle Parteien oder Vereinigungen irgendwo im Spektrum der politischen Organisationen fest anzusiedeln – mehr links oder mehr in der Mitte – und damit der Masse von Zögernden, Verleugnenden oder Paranoiden einen Vorwand zu liefern, gegen sie eine feste Frontstellung zu beziehen. Zugleich würde

---

* s. Ehring, K. u. M. Dallwitz: «Schwerter zu Pflugscharen – Friedensbewegung in der DDR». Rowohlt Taschenbuch Verlag, Reinbek 1982.

sich die Bewegung damit selbst widersprechen und an den üblichen gesellschaftlichen Spaltungsprozessen teilnehmen, die gerade zu den Symptomen der Krankheit Friedlosigkeit gehören. Ein Wesensmerkmal der Bewegung ist also, daß sie in keines der üblichen Klassifikations-Schemata paßt. In ihr verbindet sich vieles, was anscheinend gar nicht zusammengehören sollte nach Glauben, Partei oder sonstigen soziologischen Merkmalen. Und gerade das erscheint sinnvoll.

Die Bewegung sucht sich wie ein Fluß in der Landschaft sein Bett, je nach den hindernden oder fördernden Strukturen, die sie gerade antrifft. Sie lehnt sich dort mehr an die Kirche an, wo diese sich ihr hilfreich aufschließt, wie etwa in der DDR. Sie verbündet sich mit Parteien, wo diese mitmachen – etwa die Sozialisten in Großbritannien und in den Niederlanden. Sie bedient sich auch direkt kommunalpolitischer Institutionen, wo diese sich als Hebel anbieten. Interessant ist, wie die Bewegung in den USA gerade hier schwerpunktmäßig angesetzt hat.

In zahlreichen Dörfern und Städten Neuenglands war die offizielle Gemeindeversammlung der Ort, von wo aus der Funke übersprang und binnen kurzem so etwas wie einen Flächenbrand entfachte. Da diese Entwicklungsvariante hier vielen unbekannt ist, welche die amerikanische Friedensbewegung mit einer bloßen Kopie der westeuropäischen verwechseln, sei ihr eine kurze Betrachtung gewidmet:

1980 riefen zuerst einige regionale Organisationen in Massachusetts nach einem nuklearen Rüstungsstopp. Inzwischen haben sich zahlreiche Gemeinden in Vermont, New Hampshire und Connecticut angeschlossen. SABINA LIETZMANN hat als Zeugin geschildert, wie so etwas vor sich geht. Ihr Beispiel stammt aus Connecticut:

«Es begann mit einem Anschlag im Postamt, im Country Store, am Schwarzen Brett der Town Hall: Die gewählte Ortsvertretung des Neuengland-Städtchens, in dem wir unsere Wochenenden verbringen, das Board of Selectmen, lud die Bevölkerung (1200 Seelen) zu einem Town Meeting ein. Es geschah dies auf Antrag von sechs Bürgern, und es gab nur einen Tagesordnungspunkt: eine Entschließung über die Atomabrüstung stand zur Debatte. So versammelte sich eine ansehnliche Menge der Bürgerschaft am Freitag abend in der Schule und verabschiedete nach relativ kurzer Debatte einstimmig folgenden Text: ‹Wir, das Volk von Cornwall, appellieren aus tiefer Besorgnis für die Völker der Erde an die Vereinigten Staaten und die Sowjetunion, 1. Die Drohung eines Atomkrieges durch sofortigen Stopp aller Produktion, Erprobung und Verbreitung nuklearer Waffen zu mindern, und 2. alle solche Waffen zu reduzieren und sie am Ende abzuschaffen.› Die Selectmen des Ortes wurden beauftragt, diese Resolution mit den Stimmen des Volkes der Gemeinde Cornwall der Kongreßvertretung des Staates Connecticut sowie den Präsidenten der Vereinigten Staaten und der Sowjetunion und dem Generalsekretär der Vereinigten Nationen weiterzuleiten.» (*Frankfurter Allgemeine Zeitung* vom 19. 6. 82)

Auf ähnliche Weise haben inzwischen zahllose Ortschaften entsprechende Beschlüsse gefaßt. Im Juni 1982 hat sich der Städtetag der USA der Forderung nach Beendigung des atomaren Wettrüstens («Freeze») angeschlossen. Bemerkenswert ist, daß eher als konservativ geltende Staaten wie New Hampshire und Vermont bei diesen Initiativen eine bedeutende Rolle spielen. Auch konservative Politiker mischen in der Bewegung, anders als etwa hierzulande, aktiv mit. So tritt z. B. BARRY GOLDWATER aus Arizona als Abrüstungsredner auf und plädiert für eine Senkung des Militäretats. Abweichend von den hiesigen Verhältnissen ist auch der bedeutende Beitrag, den die Amtskirchen und erhebliche Teile der Ärzteschaft zur Mobilisierung der Öffentlichkeit geleistet haben. Diese Aktivitäten werden später noch gesondert behandelt werden.

Wie sich die Bewegung in der Bundesrepublik entwickelt hat, bedarf hier keiner erneuten Beschreibung nach der Fülle einschlägiger Publikationen und Fernseh-Dokumentationen. Zwei Punkte erscheinen mir indessen, speziell unter sozialpsychologischem Aspekt, einer Überlegung wert:

1. Das ist einmal die Entwicklung der Kontroversen um die Bewegung. Wie verläuft diese Diskussion? Weist sie eher auf eine zunehmende Desintegration oder auf eine Chance zur Integration der Impulse hin, die sich in der Bewegung artikulieren?

2. Zum zweiten erscheint interessant, daß die Bewegung durch zunehmende Einbeziehung berufstätiger Jahrgänge auch bei uns mehr Fuß faßt in speziellen Berufsgruppen und Institutionen. Wie geschieht das, und welche neuen Strategien werden dabei sichtbar? Diesen Punkt werde ich später ausführlicher am Beispiel von Ärzten, Lehrern und Pfarrern verfolgen.

Zunächst aber zu der Frage, wie sich die allgemeine Diskussion um die Friedensbewegung entwickelt und was sich darin sozialpsychologisch ablesen läßt. Zum Verständnis dieser Prozesse gehe ich von der Hypothese aus, daß die dabei bemerkbaren Frontlinien dadurch entstehen, daß ein ursprünglich gemeinsamer Konflikt wegen gesteigerter Spannung nicht mehr solidarisch bearbeitet werden kann, sondern zu einem Dissoziationsprozeß führt, bei welchem jede Seite der anderen Merkmale zuteilt oder diese auf Merkmale fixiert, die sie zur jeweiligen Eigenstabilisierung bei sich unterdrückt. Diese Hypothese setzt also eine unbewußte Ähnlichkeit oder Verwandtschaft zwischen den «Parteien» voraus. Indem sie das Gemeinsame im Getrennten festhält, ergibt sich aus ihr nahezu automatisch die Suche nach Aussichten, die Dissoziation in konstruktiver Weise zu überwinden.

Wie allen bekannt, wird die Bewegung hierzulande noch immer in der Hauptsache von engagierten Teilen der Jugend getragen, die das Friedensthema unmittelbar mit dem Ökologieproblem verbinden. Dabei gründet sich das Verlangen nach friedlicheren und umweltfreundlicheren Lebensformen auf eine gewandelte Grundhaltung, die bereits in Kapitel 14 skizziert wurde. Dieser Jugend, die den eigentlichen Kristallisationskern der Bewegung bildet, geht es um viel mehr als um eine bloße Anti-Raketen-Kampagne, auch um mehr als einen Kampf gegen die gesellschaftliche Militarisierung. Ihr Protest ist überhaupt ein anderer als derjenige, von dem CARL FRIEDRICH VON WEIZSÄCKER einmal zu Recht gesagt hat, daß er immer an das gebunden bleibe, wogegen er protestiere. Diese jugendliche Kerngruppe der Bewegung setzt ein eigenes, bescheidenes, sanfteres, kommunikativeres Lebenskonzept gegen die Lebensform der Hektik, des Bürokratismus und des Expansionismus, der im kleinen wie im großen auf mörderisches Rivalisieren hinausläuft. Der Protest enthält also eine echte konstruktive Alternative. Wie alle ähnliche gesellschaftliche Desintegrationsprozesse enthält jedoch auch dieser folgendes Problem: Diese unruhige Jugend reißt quasi die Gefühle und Impulse an sich, deren Befreiung aber gerade auch die etablierten Älteren bedürften, um sich von den zitierten destruktiven und paranoiden Mechanismen zu lösen. Wichtig wäre ja, daß gerade auch die gesellschaftlich Mächtigeren wieder mehr Zugang zu jenen jetzt von der Protestjugend gewissermaßen vereinnahmten psychischen Gegenkräften fänden. Sie sollten sich eigentlich von dieser Jugend helfen lassen, sich innerlich aufzulockern und mehr von den Gefühlen zuzulassen, deren zwangshafte Unterdrückung ja im psychischen Hintergrund der zunehmenden Dehumanisierung und Militarisierung des gesellschaftlichen Betriebes eine wesentliche Rolle spielt.

Aber nun beanspruchen die engagierten jungen Leute gewissermaßen das Monopol für Friedlichkeit, Lebensfreude, Sanftheit, Umweltverständnis, soziale Sensibilität. Und den älteren Etablierten, vom System Vereinnahmten, sagen sie: Ihr repräsentiert Unterdrückung, Zwang, Hektik, Gewaltsamkeit, Naturblindheit, Expansionismus, Rivalitätssucht. Weil ihr so seid, können wir mit euch nicht kooperieren. Denn wir wollen uns nicht in die Zwänge und Mechanismen eures gesellschaftlichen Betriebes verwickeln. Wir fürchten, daß wir damit unser Selbtverständnis wieder zerstören würden.

Dadurch fühlen sich die eben in diesen Betrieb voll eingespannten Älteren im Stich gelassen wie die Eltern in einem Familienbetrieb, denen die heranwachsenden Kinder die Unterstützung verweigern.

Dieser Spaltungsprozeß führt automatisch zu einer Verhärtung und Personalisierung der Kontroversen. Und es entsteht die Gefahr, daß keine der polarisierten Gruppierungen sich in der anderen noch wiedererkennen will und daß beide sich in einem ähnlichen paranoiden Schema verfangen, wie es zuvor für das Ost-West-Verhältnis beschrieben worden ist. Die Protestjugend verkennt die gesellschaftliche Gegenseite als Inkarnation von Lebensfeindlichkeit. Und die defensiven Älteren erblicken in ihren Herausforderern pubertäre, extremistische Chaoten. Bei zunehmender Vertiefung der Spaltung wird jede Gruppe für die andere schließlich so etwas wie ein Gesellschaftsfeind, *gegen* den die Sicherung des Friedens kämpferisch durchgesetzt werden müsse.

Dieses neurotische sozialpsychologische Beziehungssystem hat die hiesige Diskussion um die Friedensbewegung längere Zeit beherrscht. Seitens der großen Parteien und der Medien wurde die Bewegung planmäßig als infantil, chaotisch und antisozial bis extremistisch entwertet. Diese Etikettierungen sind zwar noch immer da und dort zu hören. Aber es mehren sich auch die nachdenklichen Leute, die sich überlegen, ob man nicht doch voneinander etwas lernen könnte. Vielmehr müßte man die nur agitatorisch benutzten Reizworte auch von der Kehrseite her betrachten. Man käme dann zu Polarisierungen wie: Infantil – vergreist; chaotisch – überkontrolliert.

Gewiß stecken in den Denkformen und Verhaltensweisen vieler Gruppen der Friedensbewegung Züge, die man als infantil bezeichnen könnte. Dazu gehört neben der besonderen Spontaneität und Impulsivität z. B. eine «naive» Ganzheitlichkeit des Denkens. Man nimmt sich z. B. heraus, sich ohne

den verordneten Respekt vor Experten über ein so komplizier-
tes Problem wie die Friedenssicherung ein Urteil zu bilden.
Die Leute sagen, es genügt, ein paar ganz einfache Grundtat-
sachen zu verstehen, um das eigene Engagement zu rechtfertigen. Da wird z. B. in horrendem Maße Geld für Geräte
ausgegeben, die nur für die massenweise Vernichtung von
Menschen produziert werden, während Armut und Hunger in
der Welt rapide zunehmen. Und da gibt es die andere Tatsache,
daß die offiziellen modernen Strategien den Mord und den
Selbstmord ganzer Völker einkalkulieren. Zusätzlich zu diesen
beiden Tatsachen benötige man keine weitere militärtechno-
kratische oder ideologische Begründung, um eine solche Politik zu bekämpfen. Und da die Politprofis allein offensichtlich
außerstande seien, das Steuer herumzureißen, halte man es für
gerechtfertigt, sich selbst einzumischen. Dieses Denken kann
man in seiner Einfachheit kindlich nennen, aber ist es unvernünftig? Steckt etwa in dem vergreisten Expertendenken der
Stecknadelkopf-Strategien mehr Vernunft?

Auch das Prädikat chaotisch trifft in vieler Hinsicht durchaus zu. Da vermeiden viele der Friedensinitiativen alles, was
eigentlich zu einer ordentlichen Organisation gehört. Sie leisten sich kaum Bürokratie, ausführliche Satzungen und hierar-
chische Strukturierungen. Man will nicht in Funktionäre und
Mitläufer, in Experten und Laien, in Anfänger und Fortge-
schrittene zerfallen. Der Preis, den man zahlt, ist zunächst
einiges Durcheinander. Die vielen Gruppen und Grüppchen
müssen sich von Fall zu Fall jedesmal erst wieder spontan
zusammenfinden, um größere Veranstaltungen aufzuziehen.
Die mangelnde Strukturierung kann von bestimmten kleinen
orthodoxen Cliquen und Sekten manipulativ ausgenutzt werden. Und man verzichtet da oder dort auf unmittelbare Einflußnahme in politische Entscheidungszentren, weil man eben
in diesen nicht in konventioneller Weise mitspielt.

Aber man nimmt diese Schwierigkeiten in Kauf. Bisher ist
man mit den Orthodoxen ganz gut fertig geworden. Und man

stellt fest, daß man indirekt im gesellschaftlichen Umfeld gerade dadurch Eindruck macht, daß man sich nicht in das Taktieren, in das Karrieredenken und in die Intrigen der offiziellen Politik-Szene verstrickt. Wenn man die Destruktivität der puren Machtperspektiven entlarven will, kann man sich nur bedingt auf die institutionellen Mechanismen einlassen, die eben von diesem Prinzip regiert werden.

Chaotisch, ja scheinbar antisozial benimmt man sich in unserer überorganisierten Gesellschaft schon dann, wenn man irgendwo in dem gut geölten Apparat nicht brav mitfunktioniert. Schließlich droht die hoch empfindliche Maschinerie ja bereits zu dekompensieren, wenn einige Gruppen nur «Dienst nach Vorschrift» machen. Was könnten da erst gewaltfreie Widerstandsformen anrichten, wie sie inzwischen da und dort entwickelt werden?

Ohne Ordnung geht es nicht in der modernen Massengesellschaft. Und die Friedensbewegung verdankt ihre Entfaltungsmöglichkeiten in unserem Lande einer Ordnung, die erhebliche Spielräume gewährt. Aber überall sind Machteliten versucht, mit Hilfe von Ordnungen Andersdenkende und Kritiker einzuschüchtern. Dann wird bereits der umstürzlerischen Radikalität verdächtigt, wer von seinem Demonstrationsrecht dort Gebrauch macht, wo der Staat für Paraden, militärische Gelöbnisfeiern u. ä. gehorsame Akklamation und Ehrerbietung erwartet. Junge Männer, die aus moralischen Gründen lieber im Zivildienst Behinderte oder Gebrechliche pflegen, anstatt sich im Waffengebrauch zu üben, haben oft alle Mühe, sich bei fragwürdigen Prüfungen nicht angeblicher Drückerei überführen zu lassen. Schon wird bekanntlich erwogen, ob man sich für die geburtenschwachen Jahrgänge in unserem Lande weiterhin den «Luxus» der verfassungsrechtlichen Kriegsdienstbefreiung aus Gewissensgründen im bisherigen Umfang «leisten» könne.

Neuerdings sieht man indessen, daß sich die Porträtierung der Friedensbewegung durch die Parteien und die Medien verändert. Das weitere Anwachsen der Bewegung, die Entwicklung in Amerika, das Wahlverhalten der jugendlichen Jahrgänge und die weitere Verschärfung der Konfrontationspolitik mögen zu dem Verzicht beitragen, die Basisinitiativen nach wie vor im Randgruppenbereich eines extremistischen Chaotentums anzusiedeln. Politiker und Kommentatoren gehen mehr und mehr dazu über, von der Bewegung wie von einem Dachverband mit regulären Untergliederungen zu reden. Nach der neuen Definition von außen könnte man den Eindruck gewinnen, als seien die vielen Gruppen auf dem besten Wege, sich in konventioneller Weise vereinsmäßig zu etablieren. Jedenfalls hört und liest man immer häufiger davon, daß die Friedensbewegung total mit den Kreisen und Organisationen identifiziert wird, die korporativ bei bestimmten Veranstaltungen mitunterschreiben, Büro- und Koordinationshilfe leisten. Schon taucht die Frage nach den maßgeblichen Funktionären auf, die manifest oder aus dem Hintergrund das Ganze steuern. Die Millionen Menschen, welche die Bewegung aus ihrem spontanen Engagement heraus tragen, verschwinden bei dieser Darstellung eher im Hintergrund als scheinbar unwichtige manipulierte Mitläufer. Ob man wohl glaubt, die Mitglieder der Hunderte von pluralistischen Initiativen seien dabei, allmählich ihr Selbstverständnis zu ändern und sich nur noch zentralistisch von Verbänden steuern zu lassen?

Es wird abzuwarten bleiben, wie man in den Gruppen mit dem Problem des «Älterwerdens» zurechtkommen und wie man mit der Gefahr der Erstarrung weiterhin umgehen wird. In den meisten Basisinitiativen und selbst in den halbparlamentarisierten Gruppierungen (den «Grünen», den «Alternativen») beachtet man diese Gefahr, soweit sich erkennen läßt, immer noch sehr sorgsam. Nur einige randständige orthodoxe Gruppierungen pflegen eher einen traditionellen Partei-Stil. Aber gerade darum sind sie für die große Mehrzahl der Engagierten nicht attraktiv, die sich in dieser Basisbewegung eben nicht sektenartig einschnüren und auf Vordermann bringen lassen wollen. Die Grundidee ist ja, daß diese Bewegung nur von der Basis aus weiterwachsen könne, wenn sie sich möglichst nach außen und nach innen offenhalte und allen, die teilnehmen wollen, einen möglichst großen Spielraum für spontanes und kreatives Mittun bewahre. Man begrüßt es, wenn Entscheidungen, wo es irgend geht, gemeinsam gefaßt werden können. Und man tut alles, um der Verbissenheit, Hektik und Pedanterie zu entgehen, die sonst häufig die Freude und den Schwung an der Mitwirkung in politischen Gruppierungen nehmen. Die Lebenslust – das eigentliche Gegenmotiv gegen die psychische Militarisierung – will man sich um jeden Preis erhalten. Die «Arbeit» in den Basisinitiativen läuft deshalb eher nach Freizeitmaßstäben, locker und phantasievoll.

Ich bemerke bei manchen Freunden und mir selbst, daß wir Älteren es weit schwerer als die meisten Jungen haben, diesen so wichtigen «kindlichen» Stil mit durchzuhalten, wiewohl wir einsehen, daß gerade diese Umgangsformen die eigentliche Kraftquelle darstellen, sich gegen die schleichende Militarisierung zu wehren. Für diese steigt die Anfälligkeit ja tatsächlich durch alle Rituale und Verhaltensmuster, die Spontaneität, Kreativität, Gemütlichkeit, Humor, aber auch Mut zum Widerspruch lähmen. Jede Pedanterie, jede unnötige Disziplin verhärtet und verwandelt leicht eine lockere Alternativhaltung in Verbissenheit und Fanatismus.

Nach wie vor bleibt es ein großer Vorteil dieser neuen Basisbewegung, daß sie sowohl in Europa wie in Amerika die Grenzen von Parteien und Ideologien überspringt. Das verbindende Konzept sieht aus technokratischer Perspektive dürftig und global aus. Dennoch erscheint es besonders tragfähig, weil es tiefer emotional verwurzelt ist als die zum Teil austauschbaren floskelhaften und opportunistischen Programme der großen Parteien. Immer wieder gibt es zwar von außen den Einwand: Ihr mißachtet die ungeheure Kompliziertheit unserer modernen Gesellschaft und macht es euch zu einfach, indem ihr nur schwerpunktmäßig z. B. für den Frieden und allenfalls noch gegen die Umweltzerstörung kämpft. Die Antwort könnte lauten: Ihr habt statt dessen über der Kompliziertheit der hunderttausend Einzelfragen die Grundfrage aus dem Auge verloren, nämlich zuerst unser Überleben zu sichern!

Natürlich muß die Friedensbewegung im Westen auch ihre Chance nutzen, auf politische Gremien direkt Einfluß zu nehmen. Sie tut das ja in Amerika von vornherein im kommunalen Bereich, in den Bundesstaaten, aber auch im Kongreß. In Westeuropa bringt sie es z. Z. zu Wege, daß immer mehr Städte und Gemeinden sich zu nuklearfreien Zonen erklären. Ihrer Wirksamkeit ist es überdies zuzuschreiben, daß die Zahl der Spitzenpolitiker wächst, die ihre Vorstellungen ernst nehmen. Bekannte amerikanische Senatoren hängen sich an sie an bzw. bieten sich ihr sogar als Wortführer an. Der deutsche Bundeskanzler zollt ihr – nach zahlreichen früheren Vorwürfen – neuerdings Anerkennung. Aber damit hat sie die Rüstungspolitik selbst noch nicht verändert. Noch ist sie nicht zu der entscheidenden Gegenmacht geworden, die dem nuklearen Wettlauf Schranken setzen könnte. Die Sensibilisierung wachsender Gruppen der Öffentlichkeit ist ein erster wesentlicher Schritt. Nun geht es darum, wie diese geweckten psychischen Kräfte noch mehr politische Durchschlagskraft entfalten können.

Eine Möglichkeit, die in der Bewegung zunehmend Beachtung findet, sind Verweigerungsstrategien. Es geht um die Verweigerung von Leistungen, die einen Krieg führbar machen oder ihn zumindest führbar erscheinen lassen. In einzelnen Berufsgruppen beginnt man mit der Verwirklichung solcher Strategien. In den Kapiteln 19 und 20 wird davon ausführlicher die Rede sein.

18. Exkurs über einen Friedenskämpfer «aus pazifistischem Instinkt»: Albert Einstein

Es liegt im Wesen der Friedensbewegung, daß sie nicht viele Worte macht. Sie schöpft ihre Kräfte ja auch vorwiegend aus dem Emotionalen, nicht aus einer Theorie. Aber sie muß sich ausdrücken. So sucht sie auch nach Sprache. Indessen ist sie dabei stets auf der Hut vor den schnellen glatten Sprüchen, vor der taktischen und unechten Rhetorik der professionellen Politik-Szene. Sie sucht nach der Einheit von menschlicher Haltung und sprachlicher Äußerung. Nichts scheut sie mehr als Worte, die sich verselbständigen und die den Kopf vom Gefühl trennen. Wo in den Gruppen zitiert wird, sucht man sich dafür Persönlichkeiten aus, die das leben oder gelebt haben, was sie gesagt haben. Einer, der in dieser Weise vorzugsweise benutzt wird, ist ALBERT EINSTEIN, der in der Tat neben BERTA VON SUTTNER, MAHATMA GANDHI, MARTIN LUTHER KING und BERTRAND RUSSELL zu den großen historischen Figuren zählt, in denen in besonderem Maße zur Erscheinung gekommen ist, was man als Friedensfähigkeit bezeichnen kann.

Fast auf jeder Veranstaltung zum Friedensthema stützt sich einer auf das EINSTEIN-Zitat, daß man im Atomzeitalter grundlegend umdenken müsse, um zu überleben. Aber wie ist bei EINSTEIN selbst dieses Umdenken zustande gekommen, und wie hat er, was er gedacht hat, in seinem Leben verwirklicht? Wie hat er inmitten aller gesellschaftlichen Zwänge, denen er zumindest in Kindheit und Jugend in üblicher Weise ausgesetzt war, diese Position entwickeln können?

Mich selbst hat diese Frage immer wieder beschäftigt, und es hat mich ermutigt, was ich bei ihrer Verfolgung gefunden habe. Mir scheint, daß EINSTEIN nicht nur in den wenigen von ihm hundertfach wiederholten Zitaten, sondern in seiner gesamten Lebenshaltung eine Orientierungshilfe für viele sein kann, die sich in ihrem Engagement immer wieder selbstkritischen Zweifeln aussetzen müssen. In seiner Person und seinem Wirken sind wesentliche Merkmale verdichtet und besser psychologisch beschreibbar als an einer «Bewegung», mit der er oder die ihm in vieler Hinsicht nahe verwandt scheint. Deshalb sei hier eine kurze Betrachtung darüber eingefügt, wie sich bei diesem großen Pazifisten psychische Merkmale und politisches Engagement verbinden.

EINSTEIN erscheint im übrigen speziell deshalb als interessanter Modellfall, weil er durch sich selbst das Vorurteil widerlegt, Pazifismus und Friedensbewegung seien allenfalls etwas für unbesonnene Phantasten und irrationale Utopisten. Als einer der bedeutendsten Köpfe unseres Jahrhunderts ist er ein schlagendes Argument gegen die vielen Abschreckungs-Befürworter, die ihren Anti-Pazifismus als Gebot der Rationalität zu rechtfertigen belieben. Bei EINSTEIN kamen zusammen:

1. Ein besonders sensibles, ehrfurchtsvolles Naturverhältnis;
2. eine ganzheitliche, positiv bestimmte Lebensanschauung unter Verknüpfung von Fühlen und Denken;
3. Abscheu «instinktiver Natur» gegen Gewalt und Grausamkeit;
4. eine unbeirrbare Widerstandsbereitschaft gegen Zwang, insbesondere gegen gewissenswidrige Zumutungen.

Schon dem kleinen Jungen war das Soldatenspielen zuwider. Er weinte, wenn ein Soldatenzug mit Marschmusik vorüberzog. Zu seinen Eltern sagte er: «Wenn ich einmal groß bin, dann will ich nicht zu diesen armen Leuten gehören.» Er galt, wie sein Schüler und Biograph PHILIPP FRANK berichtet, als «sympathischer Träumer». Er verehrte die überlieferten Religionen, in denen er Symbole für die Gesetze des Weltalls erblickte. Aber die rituellen Vorschriften einer religiösen Gemeinschaft erschienen ihm wiederum als unsinniger Zwang. Ebenso schwer erträglich war für ihn der Schuldrill: «Die Lehrer in der Elementarschule kamen mir wie Feldwebel vor und die Lehrer im Gymnasium wie Leutnants.» Er verteidigte sich gegen jeden mechanischen Zwang. Von einem Arzt verschaffte er sich ein Zeugnis, daß er wegen «einer Nervenzerrüttung» einen halbjährigen Erholungsurlaub von der Schule nötig habe. PH. FRANK notiert: «Eines Tages ließ ihn sein Klassenlehrer rufen und teilte ihm mit, daß es wünschenswert wäre, wenn er die Schule verließe.» Begründung: «Ihre bloße Anwesenheit in der Klasse verdirbt den Respekt der anderen Schüler.»

Dieser Vorfall bezeugt, daß EINSTEIN bei aller Empfindsamkeit und Verträumtheit genügend widerstandsfähig war, um sich gegen eine Verinnerlichung der institutionellen Zwänge in Schule und Religionsgemeinschaft zu wehren. Er bewahrte eine Einheit von eigenständigem Denken und kritischem Verhalten und nahm dafür standhaft den Konflikt mit den Autoritäten in Kauf.

EINSTEIN wurde Sozialist. Wie NATHAN, sein enger Vertrauter, mitteilt, war er «ein Gegner der Klassenspaltung des Kapitalismus. Ihm widerstrebte die Ausbeutung des Menschen durch den Menschen, die der Kapitalismus seiner Ansicht nach in schlauerer, undurchsichtigerer Weise ermöglicht hatte als jede andere vorausgegangene Wirtschaftsordnung». Später gab er u. a. amerikanischen Kapitalinteressen eine Hauptschuld an der für ihn unverständlich raschen Wiederaufrüstung Westdeutschlands nach dem Zweiten Weltkrieg.

Als EINSTEIN 1914 erstmalig mit pazifistischen Ideen an die Öffentlichkeit trat, war er bereits ein renommierter Wissenschaftler. Der Krieg war für ihn etwas «Unglaubliches». Er sah in ihm eine unerhörte Verletzung der Gesetze der Natur, die er mit einem stetigen Gefühl von Ehrfurcht erforschte. Als 1914 93 prominente deutsche Wissenschaftler, Schriftsteller, Ärzte, Philosophen, Geistliche und Künstler (darunter WILHELM RÖNTGEN, PAUL EHRLICH, MAX REINHARDT) einen militaristischen «Aufruf an die Kulturwelt» veröffentlichten, empörte sich EINSTEIN. Immerhin hieß es in dem Aufruf: «Ohne den deutschen Militarismus wäre die deutsche Kultur vom

Erdboden getilgt. Zu ihrem Schutz ist er aus ihr hervorgegangen in einem Lande, das jahrhundertelang von Raubzügen heimgesucht wurde wie kein zweites. Deutsches Heer und deutsches Volk sind eins. Dieses Bewußtsein verbrüdert heute siebzig Millionen Deutsche ohne Unterschied der Bildung, des Standes und der Partei.»

Unmittelbar darauf versuchte EINSTEIN einen Gegenaufruf «An die Europäer» zusammen mit dessen Verfasser, dem Physiologen NICOLAI, herauszugeben. Aber EINSTEIN und NICOLAI fanden kaum Unterstützung. Später verbarg EINSTEIN den von erneuter Verhaftung bedrohten Pazifisten NICOLAI zeitweilig in seinem Haus, von dem aus dieser schließlich nach Skandinavien fliehen konnte.

Nach dem Kriege focht EINSTEIN beharrlich weiter für die Prinzipien des Pazifismus:

«Kein Mensch hat das moralische Recht, sich Christ oder Jude zu nennen, wenn er bereit ist, auf Befehl einer Obrigkeit planmäßig zu morden oder sich im Dienst eines derartigen Beginnens oder der Vorbereitung hierfür irgendwie mißbrauchen zu lassen.»

«Mein Pazifismus ist instinktiver Natur – ein Gefühl, von dem ich besessen bin. Der Gedanke des Mordes an einem menschlichen Wesen erfüllt mich mit Abscheu. Meine Haltung ist nicht von intellektueller Theorie, sondern von einem tiefen Widerwillen gegenüber jeglicher Art von Grausamkeit und Haß motiviert.»

Freilich sah sich der Emigrant EINSTEIN späterhin gezwungen, den Kampf gegen die HITLER-Tyrannei gutzuheißen. Sein ganzes Trachten galt jedoch dem Plan, nach dem HITLER-Krieg eine Weltorganisation zu fördern, die den Frieden sichern müßte. Richtig ist, daß EINSTEIN einen Brief an ROOSEVELT unterschrieb, in dem er diesen auf die deutschen Uranexperimente aufmerksam machte und ihm einen engen Kontakt mit einer Gruppe amerikanischer Atomphysiker vorschlug, deren experimentelle Arbeiten zu fördern seien. Die

EINSTEIN-Biographen OTTO NATHAN und HEINZ NORDEN stellen jedoch fest: «Soweit sich ermitteln läßt, hatte Einstein weder an der weiteren Entwicklung, die zu dem Atombomben-Projekt führte, noch an dem Projekt selbst irgendeinen Anteil.» – «Ebensowenig gibt es irgendwelche Anzeichen dafür, daß er über die dazu erforderliche weitere Forschung informiert worden wäre.»

EINSTEIN selbst äußerte sich dazu 1953 in einem Brief an einen japanischen Pazifisten:

«Den Gebrauch der Atombombe gegen Japan habe ich stets verurteilt, konnte aber gar nichts tun, um den verhängnisvollen Entschluß zu verhindern . . .»

Nach dem Zweiten Weltkrieg wurde EINSTEIN nicht müde, immer wieder nach einer internationalen Instanz im Sinne einer Art Weltregierung zu rufen, die gegen ein atomares Wettrüsten einschreiten sollte. Zugleich betonte er, was hier besonders interessiert, unablässig den *psychologischen* Faktor als Motor für die Militarisierung bzw. als Schlüsselproblem für ein politisches Umschwenken. 1950 sagte EINSTEIN in einer Fernsehdebatte unter anderem:

«Der Glaube, man könne Sicherheit durch nationale Bewaffnung erlangen, ist beim gegenwärtigen Stand der militärischen Technik eine verhängnisvolle Illusion. Auf der Seite der Vereinigten Staaten wurde diese Illusion noch besonders begünstigt durch einen zweiten Irrglauben, der darauf beruhte, daß es in diesem Land zuerst gelang, eine Atombombe herzustellen. Man neigte daher zu dem Glauben, daß es für die Dauer möglich sei, eine entscheidende militärische Überlegenheit zu erreichen. Auf diesem Wege glaubte man, jeden potentiellen Gegner abschrecken zu können und dadurch uns selbst und der übrigen Menschheit die von allen so sehnlich gewünschte Sicherheit zu bringen. Die Maxime, der wir in den letzten fünf Jahren vertrauten, lautet: Sicherheit durch überlegene Macht, was sie auch kosten möge.»

«Die Folge dieser mechanistischen, technisch-militärischen

und psychologischen Einstellung konnte nicht ausbleiben. Jede außenpolitische Handlung wird beherrscht durch den einzigen Gesichtspunkt: Wie müssen wir handeln, um im Kriegsfalle dem Gegner möglichst überlegen zu sein? Errichtung von militärischen Stützpunkten an allen erreichbaren, strategisch wichtigen Punkten der Erde, Bewaffnung und wirtschaftliche Stärkung von potentiellen Bundesgenossen. Im Innern Konzentration ungeheurer finanzieller Macht in den Händen des Militärs, Militarisierung der Jugend, Überwachung der Loyalität der Bürger und besonders der Beamten durch eine immer mächtiger werdende Polizei, Einschüchterung der politisch unabhängig Denkenden, Beeinflussung der Mentalität der Bevölkerung durch Radio, Presse und Schule, Knebelung wachsender Gebiete der öffentlichen Informationsmittel durch das militärisch bedingte Geheimnis.

Weitere Folgen: Das ursprünglich nur als Vorbeugung gedachte Wettrüsten zwischen den Vereinigten Staaten und Rußland nimmt einen hysterischen Charakter an. Auf beiden Seiten werden die Mittel der Massenvernichtung mit fieberhafter Eile betrieben – hinter der Mauer des Geheimnisses.»

«Erstes Problem ist die Beseitigung der gegenseitigen Furcht und des gegenseitigen Mißtrauens. Feierlicher Verzicht auf gegenseitige Gewaltanwendung (nicht nur Verzicht auf Verwendung von Mitteln der Massenvernichtung) ist zweifellos nötig. Solcher Verzicht kann aber nur dann wirksam sein, wenn er mit der Einführung einer übernationalen richterlichen und exekutiven Instanz verbunden ist, der die Entscheidung der mit der Sicherheit der Nationen unmittelbar verknüpften Probleme übertragen wird. Schon eine Erklärung der Nationen, an der Realisierung einer solchen ‹beschränkten Weltregierung› loyal mitzuarbeiten, würde die drohende Kriegsgefahr bedeutend herabsetzen.

Letzten Endes beruht jedes friedliche Zusammenleben der Menschen in erster Linie auf gegenseitigem Vertrauen und erst in zweiter Linie auf Institutionen wie Gericht und Polizei: dies gilt ebenso für Nationen wie für Individuen. Das Vertrauen aber gründet sich auf eine loyale Beziehung des ‹Nehmens und Gebens›.»

Präziser, als es der *Physiker* EINSTEIN hier getan hat, lassen sich nicht herausarbeiten:

1. die unheilvolle Wechselwirkung zwischen psychologischer Einstellung und Abschreckungsstrategie;
2. der Vorrang eines psychologischen Haltungswandels gegenüber allen technokratischen Regelungen.

Vor dreißig Jahren hat EINSTEIN drei Grundüberzeugungen beschrieben, auf denen auch dieses Buch basiert:

1. Die Abschreckungspolitik basiert primär auf einem Irrglauben, also auf einer psychologischen Fehleinstellung.
2. Diese führt notwendigerweise zu fortschreitender sozialer Militarisierung mit erhöhter Konzentration von Macht beim Staat und beim Militär, zu Überwachung und manipulativer Einschüchterung der Bürger. D. h. die Militarisierung verstärkt sich kreisförmig selbst.
3. Eine psychologische Umstellung auf Vertrauens- und Verständigungsbereitschaft ist die *erste Voraussetzung* zu einer friedenssichernden Politik. Erst wenn diese Bedingung realisiert ist, wird man zu geeigneten institutionellen Maßnahmen, also Verträgen, Kontroll-Instanzen usw. finden können, die ein Zusammenleben ordnen, das dem gewandelten Wollen entspricht.

Bis kurz vor seinem Tod hat EINSTEIN die Notwendigkeit eines psychologischen Haltungswandels immer wieder formuliert. 1953 schrieb er in einem unveröffentlichten Text: «Man müßte von beiden Seiten her durch faktische Verzichtleistungen das Vertrauen erzeugen, daß man keine aggressiven Absichten hat. Wenn dazu keine Bereitschaft ist und das ganze Verhalten auf beiden Seiten darauf hinausläuft, möglichst militärisch ‹gesichert› zu sein, dann ist die große Katastrophe auf die Dauer unvermeidlich.»

In einem Brief an die belgische Königinmutter, kurz vor

seinem Tod 1955 verfaßt, heißt es: «Obwohl alle sehen, daß ein ernsthafter militärischer Konflikt unter den heutigen Bedingungen zur Vernichtung aller führen muß (ja, schon die Vorbereitung auf einen *möglichen* militärischen Konflikt), kann man sich nicht dazu entschließen, Schlauheit und gegenseitige Bedrohung durch wohlwollendes Verständnis zu ersetzen.»

Einen Tag später schrieb er noch an A. J. Muste von der Fellowship of Reconciliation: «Eine wirkliche Lösung des Sicherheitsproblems setzt ein gewisses gegenseitiges Vertrauen der Parteien voraus, das nicht durch mechanisierte Maßregeln irgendwelcher Art ersetzt werden kann. Die Erzeugung von Vertrauen erfordert konsequentes Handeln in diesem Sinne.»

Zum ideologischen Ost-West-Konflikt meinte er: «. . . Das Problem von Friede und Sicherheit ist weit wichtiger als der Gegensatz von Sozialismus – Kapitalismus. Denn erst muß man mal existieren, und dann kann man sich fragen, welche Form man für diese Existenz vorzieht.»

Nicht im mindesten sympathisierte Einstein mit dem Sowjetsystem. Die vom Moskauer Regime ausgeübte Unterdrückung erregte seinen Widerwillen. Aber aufs schärfste wandte er sich gegen den Mißbrauch antikommunistischer Gefühle durch die Administration in Washington. So heißt es in zwei Briefen von 1953 und 1954: «Die Kommunisten-Angst hat bei uns Formen angenommen, die unseren Staat dem Gespött der übrigen zivilisierten Menschheit ausliefern. Wie lange werden wir es dulden, daß machthungrige Politiker auf dieser Basis ihre politischen Geschäfte machen?»

«Ihre kritischen Bemerkungen über das russische Regime finde ich völlig richtig. Es ließe sich noch erheblich mehr anführen: die Verlogenheit der politischen Prozesse, die auf legalisierten Mord hinauslaufen, die völlige Knebelung und Entrechtung des Individuums und der politischen Minoritäten, die konsequente Benutzung der Lüge für Staatszwecke (in weit höherem Maße als in anderen Ländern).

Aber dies ist keine Rechtfertigung dessen, was unter der Devise ‹Kampf gegen den Kommunismus› in unserem Lande vor sich geht. Die ‹kommunistische Gefahr› ist hier ein Vorwand für einen Kampf gegen die Staatsbürgerrechte durch reaktionäre Politiker.»

Grundfalsch ist es, wenn manche sich heute auf EINSTEIN als einen freundlichen Prediger von Friedensideen berufen und die Schärfe seiner kämpferischen Einstellung mit Bedacht herunterspielen. Tatsächlich forderte EINSTEIN unermüdlich dazu auf, sich aus Gewissensgründen jeder Form der Kriegsvorbereitung zu verweigern. Er sah in der Militärdienstverweigerung ein elementares Menschenrecht. 1953 schrieb er in einer Botschaft an die Liga der Kriegsdienstverweigerer:

«Es gibt aber noch ein Menschenrecht, von dem wenig gesprochen wird, das aber dazu bestimmt zu sein scheint, eine wichtige Bedeutung zu erlangen: das Recht (beziehungsweise die Pflicht) des Individuums, sich von der Beteiligung an Unternehmungen auszuschließen, wenn es diese als unrecht und verderblich empfindet. Hierzu gehört in erster Linie die Militärdienstverweigerung. Ich habe erlebt, daß Individuen von ungewöhnlicher moralischer Stärke und Reinheit mit den staatlichen Organen auf dieser Basis in Konflikt gekommen sind. Das Nürnberger Verfahren gegen die deutschen Kriegsverbrecher hat zu stillschweigender Anerkennung des Grundsatzes geführt, daß Regierungsbefehl keine Entlastung gegenüber Verantwortung für verbrecherisches Handeln involviert; Gewissen geht über Staatsgesetz.»

Ähnlich äußerte er sich in einem Schreiben aus dem gleichen Jahr: «Die Liga der Kriegsdienstverweigerer erfüllt eine wichtige Aufgabe. Es gibt unter den selbständigen Menschen in allen Ländern eine nicht geringe Zahl, für die das Wort ‹Krieg ist ein Verbrechen gegen die Menschheit› keine leere Phrase ist. Sie ziehen es vor, Strafen und soziale Ächtung auf sich zu nehmen, statt entgegen ihrem Gewissen zu handeln.

Die Existenz einer derartigen moralischen Elite ist unentbehrlich, um einen Umschwung der öffentlichen Meinung vorzubereiten, der unter den heutigen Verhältnissen für das Fortbestehen der Menschheit unbedingt nötig ist.

Die Liga der Kriegsdienstverweigerer ist darum wichtig, weil sie durch Zusammenschluß den Mutigen und Entschlossenen das lähmende Gefühl der Vereinsamung abnimmt und sie dadurch moralisch unterstützt in der Erfüllung dessen, was sie als ihre Pflicht erkannt haben.»

Ganz eindeutig räumte er dem Gewissen einen Vorrang gegenüber dem Gesetz ein. Noch in seinem Todesjahr bekannte der 75jährige EINSTEIN in einem Brief an einen amerikanischen Korrespondenten: «Ich selber entscheide als Individuum. Ich denke, dieses soll seinem Gewissen gemäß handeln, auch wenn das zu einem Konflikt mit den Staatsgesetzen führt. Dies soll er nach meiner Ansicht tun, auch wenn er vom Staate dafür legalerweise eine Bestrafung zu erwarten hat.

Diese Auffassung entspricht meinem moralischen Gefühl. Man kann sie aber auch bis zu einem gewissen Grade objektiv rechtfertigen: Blinder Gehorsam gegenüber als unmenschlich empfundenen Staatsgesetzen ist der moralischen Verbesserung dieser Gesetze nicht förderlich.»

Die *Verweigerung* erschien EINSTEIN als ein unerläßliches Element im Kampf gegen die Atomkriegsgefahr. Immer wieder hat er eine Haltung bekräftigt, die er bereits 1929 erstmals formuliert hatte: «Die Völker müssen *selbst* die Initiative aufbringen, zu verhindern, daß sie aufs Neue zur Schlachtbank geführt werden. Von ihren Regierenden Schutz zu erwarten, ist Torheit.»

Der Kampf für den Frieden könne nicht allein mit Ideen und freundlichen Mahnungen an die Adresse der Politiker gewonnen werden. *Konkrete Widerstandsinitiativen* erschienen für EINSTEIN als ein unentbehrliches Instrument, um genügend Druck nach oben zu entfalten. Mit dieser mutigen Eindeutigkeit beschämte er und beschämt er noch immer die vielen Zunftgenossen aus der Wissenschaft, Scharen von Intellektuellen, Künstlern, Ärzten, Geistlichen, die sich auf anachronistische Standesvorschriften oder auf die traditionelle «Innerlichkeits-Ideologie» berufen, um Konflikte mit ihren Standes-Oberen, mit der staatlichen Obrigkeit und andersdenkenden Teilen der Öffentlichkeit zu vermeiden.

Auf die Politik kann man nur einwirken, wenn die Politiker konkreten Widerstand zu spüren bekommen. Es reicht nicht, wenn man ihnen nur ein anderes Denken – in Resolutionen, Memoranden, Appellen usw. – vorhält, aber weiterhin gehorsam mit*macht*.

Manche, die heute unverbindliche Lippenbekenntnisse gegen die Atomkriegsdrohung ablegen und dafür ein vergleichsweise zahmes Zitat EINSTEINS heraussuchen, unterschlagen dessen Forderung nach konkretem Widerstand gegen die Militarisierung und den Krieg schlechthin.

Beispielhaft hat EINSTEIN immer wieder Konflikte, die bis zur Verfemung gingen, durchgestanden, um seiner pazifistischen Haltung treuzubleiben. Wie er als Schüler durch Nichtanpassung den Rauswurf aus der Schule aufs Spiel setzte, so machte er sich später durch seine konsequente politische Haltung immer wieder zu einer «umstrittenen Persönlichkeit». Am eigenen Leibe bekam er zu spüren, was er etwa 1947 beschrieb: «Allgemeine Furcht und Angst erzeugt Haß und Aggressivität. Die Gewöhnung an kriegerische Zielsetzung und Tätigkeit hat die Denkweise der Menschen korrumpiert, so daß vernünftiges, objektives und humanes Denken kaum zur Wirkung kommt, ja sogar als unpatriotisch verdächtigt und verfolgt wird.»

Wie eine Fortsetzung liest sich, was er acht Jahre später als Selbsterfahrung formulierte: «... der Prophet gilt nichts in seinem Vaterlande. Er wird als Ketzer oder Verräter betrachtet und – in Zeiten allgemeiner Erregung – auch demgemäß behandelt.»

In einem Brief an die belgische Königinmutter heißt es: «Dazu bin ich in meiner neuen Heimat zu einer Art enfant terrible geworden, weil ich nicht imstande bin, alles schweigend zu schlucken, was sich da zuträgt.»

Hätte EINSTEIN seine Widerstandsbereitschaft gegen alles, was Gewalt und Zwang bedeutet, nicht bereits als Kind zu erkennen gegeben, könnte man sagen: Kunststück, daß dieser Mensch, unangreifbar durch seine Prominenz, sich viele Herausforderungen leisten konnte. Aber man kann sich durchaus auch umgekehrt fragen: Hat nicht vielleicht der schon früh bewiesene Mut, Eigenständigkeit im Denken und in moralisch-religiösen Anschauungen gegen alle Schul-Dressur und sonstige Zwänge unbeirrbar zu verteidigen, erst die Basis nicht nur für die freie Entfaltung seines schöpferischen Geistes, sondern zugleich für sein späteres standhaftes politisches Engagement gelegt?

Noch ein Wort zu seinem Pazifismus. Er vertraute seinem «pazifistischen Instinkt» als einem «Gefühl, von dem ich besessen bin». So würden ihn Konservative von heute sicherlich gern als einen reinen «Gesinnungsethiker» abqualifizieren. Aber gerade EINSTEIN ist ein treffendes Gegenargument gegen die aktuelle Mode, Gesinnungsethik und Verantwortlichkeit, wie sie MAX WEBER definiert hat, als unvereinbaren Gegensatz hinzustellen. Für EINSTEIN bedeutete es keinen Widerspruch zu seinem Gewissen, zum Widerstand gegen das faschistische Nazi-Regime aufzurufen, «wenn nicht die Macht in der ganzen Welt in die Hände der schlimmsten Feinde der Menschheit geraten soll». Dies vereinbarte sich mit seinem Begriff eines «vernünftigen, aktiven Pazifismus». Es sei geboten, sich zu wehren, «wenn ich einen Gegner habe, dessen bedingungsloses Ziel es ist, mich und die Meinen zu vernichten». Diese Voraussetzung sei im Falle des Nazi-Regimes erfüllt gewesen. «Mit Rußland liegt der Fall wesentlich anders.» Hier trat er, wie zitiert, entschieden für eine Vertrauen aufbauende und Verständigung fördernde Politik ein. Das heißt, sein rigoroser pazifistischer «Instinkt» hinderte ihn nicht, sein Verhalten differenziert auf die sorgsam geprüfte Realität abzustimmen.

19. Engagement von Berufsgruppen: Physiker und Ärzte

Zögern, standesübliche Zurückhaltung aufzugeben. Die «Göttinger Erklärung» der deutschen Atomphysiker. Die neue internationale Ärztebewegung. Kriegsverhütung als vordringliche Aufgabe präventiver Medizin. Verweigerung kriegsmedizinischer Fortbildung: die «Frankfurter Erklärung». Für und wider die Verweigerungsstrategie.

Es gibt Berufe, aus deren Aufgaben und aus deren Verantwortung man einen besonderen Sinn für die Angehörigen ablesen kann, sich für den Frieden zu engagieren. Atomphysikern, deren Erkenntnisse zum Bau der Atomwaffen genutzt werden, muß sich die Frage aufdrängen, ob sie es gutheißen können, wohin ihre Entdeckungen führen. Pädagogen müssen in einer Zeit fortschreitender psychischer Militarisierung überlegen, daß es nicht zuletzt von ihnen abhängt, ob Kinder und Jugendliche lernen, die Möglichkeit eines Krieges zu akzeptieren oder diesen radikal zu verwerfen. Ärzte müssen darüber nachdenken, warum eigentlich das hippokratische Verbot, Menschen Schaden zuzufügen, nur auf Gesundheitsberufe begrenzt sein soll, anstatt auf die ganze Gesellschaft im Sinne einer Ächtung des Krieges erweitert zu werden. Christliche Pfarrer haben Grund sich zu prüfen, ob sie nicht eindeutig Farbe bekennen müssen, wenn die Rüstung für einen Atomkrieg eindeutig die Zerstörung der Schöpfung in greifbare Nähe rückt.*

* Unüberschaubar ist natürlich auch die wichtige Aufgabe für Wirtschaftswissenschaftler und Soziologen, praktikable Konzepte für die Umstellung von Rüstungsbetrieben auf die Produktion «sozial nützlicher» Güter zu entwickeln. Die für jedermann einsichtige Dringlichkeit der Bearbeitung dieses Problems hat die von WILLY BRANDT geleitete Nord-Süd-Kommission 1980 so formuliert: «Vom Standpunkt der Weltentwicklung aus gesehen besteht für die Industrieländer die fundamentale Notwendigkeit, sich auf eine hochtechnologische friedliche Produktion umzustellen, die jene qualifizierten Fachkräfte beschäftigt, welche derzeit in der Rüstungsindustrie tätig sind.» (W. BRANDT: Wandel tut not: Frieden, Ausgleich, Arbeitsplätze. Einleitung zum Bericht der Nord-Süd-Kommission. Kiepenheuer u. Witsch Verlag, Köln 1980).

Dennoch hat es lange gedauert, ehe Angehörige dieser und mancher anderer unmittelbar verwickelter Berufsgruppen sich *kollektiv* gegen die Atomkriegsdrohung erhoben und gesagt haben: Wir kämpfen jetzt gegen den Krieg, *weil* wir z. B. Atomwissenschaftler, Lehrer, Therapeuten oder Seelsorger sind.

Ein Hinderungsgrund lag und liegt noch immer für viele darin, daß sie zwischen ihrer beruflichen Identität und ihrer Identität als Mitmensch und politischer Bürger streng unterscheiden – so wie sie in der rollengeteilten Gesellschaft erzogen worden sind. Auch wenn sie intuitiv einen direkten Zusammenhang zwischen ihrer beruflichen Motivation und einem inneren Zwang zum Engagement für den Frieden fühlen, so scheuen sie sich häufig, diese Verbindung öffentlich zu vertreten. Hier wirkt noch immer die in Kapitel 15 besprochene Zweiteilung in eine Welt des Geistes, der Moral, der seelischen Innerlichkeit und eine andere Welt der materiellen politischen Wirklichkeit nach. Aber da zeichnet sich nun eine Wandlung ab. Damit kommt ein neues Element teils in die Friedensbewegung hinein, teils zu dieser hinzu.

Ich möchte mit dem Beispiel der achtzehn deutschen Atomwissenschaftler beginnen, die 1957 die «Göttinger Erklärung» gegen die Atombewaffnung der Bundeswehr veröffentlichten. Das war damals ein sensationeller Schritt. Den Physikern war bewußt, daß sie damit gegen ein Tabu verstießen. Sie erwarteten: «Uns als Nichtpolitiker wird man die Berechtigung ... abstreiten wollen.» Sie überwanden diese Bedenken dennoch angesichts der Erfahrung von Hiroshima und in Voraussicht des noch viel schlimmeren Elends, das ein weiterer Mißbrauch der Atomenergie heraufbeschwören würde. Die «Göttinger Erklärung» enthielt vier Elemente, die typisch sind für eine kritische Initiative einer von Hause aus nichtpolitischen Berufsgruppe, die politischen Druck gegen die Atomrüstung auszuüben versucht:

1. Es wird darüber informiert, was man vom eigenen Fach aus – hier der Atomphysik – an Erkenntnissen beisteuern kann, die gegen die Atomrüstung sprechen. Die Atomwissenschaftler machten klar, daß jede der sogenannten taktischen Atombomben oder -granaten ähnlich wirke wie die Hiroshima-Bombe. Jede von ihnen könnte eine kleinere Stadt zerstören. Ferner wiesen die Physiker auf die verheerende Wirkung der strategischen Atomwaffen hin und bekannten, daß sie keine technische Möglichkeit wüßten, große Bevölkerungsmengen vor dieser Gefahr zu schützen.

2. Die Autoren begründeten, warum sie als reine Wissenschaftler und Nichtpolitiker sich dennoch berufen fühlten, zur Frage der Atomrüstung Stellung zu beziehen. Sie sähen sich nämlich als mitverantwortlich für die möglichen Folgen ihrer wissenschaftlichen Erkenntnisse an.

3. Sie ließen dann ihr politisches Votum folgen, das lautete: «Für ein kleines Land wie die Bundesrepublik glauben wir, daß es sich heute noch am besten schützt und den Weltfrieden noch am ehesten fördert, wenn es ausdrücklich und freiwillig auf den Besitz von Atomwaffen jeder Art verzichtet.»

4. Nachdruck verliehen die Physiker ihrer politischen Stellungnahme dadurch, daß sie eine *persönliche Verweigerungserklärung* anschlossen: «Jedenfalls wäre keiner der Unterzeichneten bereit, sich an der Herstellung, der Erprobung oder dem Einsatz von Atomwaffen in irgendeiner Weise zu beteiligen.»

Unter den damaligen Unterzeichnern waren MAX BORN, OTTO HAHN, WERNER HEISENBERG, MAX VON LAUE und CARL FRIEDRICH VON WEIZSÄCKER.

Bereits zwölf Jahre vorher hatte CARL FRIEDRICH VON WEIZSÄCKER sich mit der Frage beschäftigt, welches Gegengewicht dem «Dämon der Macht» entgegengestellt werden könne. «Vielleicht», so erwog er, «ist die Stellung, die in der kommenden Welt die Wissenschaftler einnehmen können, am ehesten der Stellung zu vergleichen, die in religiöseren Zeiten die Priester hatten.« – »So haben ja ... einst vielleicht eben die Priester und Mönche, die, fern der Macht, ihrer religiösen Überzeugung lebten, die geistige Atmosphäre geschaffen, den Glauben an das Gute wachgehalten, der allein die Ausübung der Macht mäßigte und auf sinnvolle Wege lenkte.» Die «Göttinger Erklärung» bedeutete nun indessen einen neuen Schritt. Mit ihrer «Verweigerungserklärung» kündigten die Physiker aus Gewissensgründen vorsorglich ihren Widerstand gegen mögliche staatliche Vorschriften an, die sie zu einer irgendwie gearteten Mitwirkung an der Atomrüstung verpflichtet hätten. Das war ein eindeutiger politischer Akt. Da die Unterzeichner in unserem Lande über das einschlägige Wissensmonopol verfügten, repräsentierten sie eine potentielle Gegenmacht und bildeten somit durchaus eine Herausforderung. Nur die äußeren Umstände verhinderten, daß die Wissenschaftler vor einem konkreten Konflikt mit der politischen Führung bewahrt wurden.

Unmittelbar vor seinem Tod unterstützte EINSTEIN den Mathematiker und Philosophen RUSSELL bei der Gründung einer internationalen Initiative von Naturwissenschaftlern, die als «Pugwash-Konferenz» noch immer aktiv ist. Die Ziele dieser Konferenz hat der Physiker und Nobelpreisträger MAX BORN wie folgt definiert: «Der Zweck unserer Zusammenkünfte ist, die Wahnidee der absoluten Feindschaft zwischen Wirtschaftssystemen und Ideologien zu widerlegen und eine Basis zu schaffen, von der jede nationale Gruppe ihre Regierung im Sinne der Mäßigung beeinflussen kann. Wir wollen, daß unsere schöne Wissenschaft wieder ausschließlich dem Wohle der Menschen diene und nicht für Zwecke einer überlebten Machtpolitik mißbraucht werde.» Es gelang dieser Konferenz, Wissenschaftler aus Ost und West zusammenzubringen und sich durch systemübergreifende Kooperation einige politische Autorität zu verschaffen.

Ein Berufsstand, dem es besonders naheliegen sollte, sich

für die Verhütung von Gewalt und Krieg zu engagieren, sind die *Ärzte*. Tatsächlich haben sich seit einigen Jahren in vielen Ländern Ärztegruppen zu mehr oder minder massiven Kampagnen gegen die Atomkriegsdrohung zusammengetan. Aber lange hat es gedauert, ehe es dahin gekommen ist. Und noch immer geht innerhalb dieses Standes der Streit darum, ob und wie Ärzte ihre Besorgnis äußern dürfen oder sollen.

Wiederum zeigt sich hier exemplarisch das Zögern einer potentiell sozial einflußreichen Gruppe, sich dazu zu ermutigen, ihr humanitäres Wertsystem der Politik maßstäblich vorzuhalten. Im Gegensatz zu den theoretischen Naturwissenschaftlern, die ihre Forschungsziele nicht unmittelbar an der Praxis orientieren, sind die Mediziner direkt mit dem Schutz dessen beauftragt, was durch Krieg zerstört wird. Weil ihnen das soziale Helfen ein zentrales Bedürfnis ist, zieht es in Scharen junge Menschen zu den Heilberufen, und die meisten finden darin auch eine entsprechende Befriedigung. Sie identifizieren sich leicht mit ihrer Berufspflicht, daß Vorbeugen und therapeutische Hilfe allen zugute kommen soll, die sie nötig haben. Das heißt Merkmale wie nationale Zugehörigkeit, Rasse, Religion, politische Einstellung dürfen keine Rolle spielen. Ziel ist es, der Gesundheit der Menschheit zu dienen, was nach der Definition der Weltgesundheitsorganisation unbeeinträchtigtes körperliches, seelisches, soziales Wohlbefinden sein soll. Somit werden die Mediziner in geradezu idealer Weise darin unterstützt, eine psychologische Grundhaltung zu entwickeln, die in wesentlichen Elementen dem Begriff von Friedensfähigkeit entspricht.

Indessen lehrt die Geschichte, daß Ärzte immer wieder in großer Zahl bereit gewesen sind, diese Motive zu unterdrücken, wenn die staatliche Obrigkeit es forderte. In unserem Land beispielsweise haben große Teile der Ärzteschaft, als das Nazi-Regime seine perverse «Rassenhygiene» zum Dogma erklärte und mit Massensterilisationen gegen «erbliche Minderwertigkeit» vorging, nicht nur nicht protestiert, sondern willig mitgemacht. Bei den Ärzten fand das Regime sogar im Vergleich zu manchen anderen Berufsgruppen besonders zahlreiche Unterstützung. Selbst einige bedeutende medizinische Forscher, die sich vor der Machtergreifung Hitlers durch eifriges sozialhygienisches Engagement hervorgetan hatten, ergaben sich nahezu widerstandslos der Nazi-Ideologie von einer «Volksgesundheit», die durch Ausmerzung «schlechten Erbgutes» entscheidend gefördert werden sollte. Wie durch Knopfdruck war das hippokratische Gebot, keinem Menschen je Schaden zuzufügen, außer Kraft gesetzt. Und die Massensterilisationen konnten ungestört nahezu im Fließbandverfahren ablaufen. Selbst die Tötung psychisch Kranker (unter Einschluß von sogenannten «Psychopathen») fand hinreichende Unterstützung bei gutachtenden und selektierenden Psychiatern aller Ränge. Daß diese «Euthanasieaktion» – nach Mord an nahezu 100 000 Psychiatrie-Patienten – schließlich abgebrochen werden mußte, war nicht eine Folge massiven Widerstandes aus der Ärzteschaft, sondern der Beunruhigung in Teilen der Bevölkerung und der Intervention von kirchlicher Seite.

Ärztliche Bereitschaft, tragende Prinzipien der hippokratischen Ethik staatlichen Interessen und Forderungen zu opfern, findet man in der Geschichte der internationalen Kriegsmedizin in reichem Maße. Wie selbstverständlich verschiebt sich da für viele dienstverpflichtete Mediziner das Ziel der Prävention und der Therapie von Gesundheit im eigentlichen Sinne auf «Kriegsverwendungsfähigkeit». An anderen Stellen habe ich darüber berichtet, wie selbst hochangesehene Vertreter der Psychiatrie noch nach dem Kriege öffentlich darüber nachdachten, wie die Erziehung wohl verbessert werden könne, um die psychische Anpassung junger Männer an Kriegsaufgaben zu verbessern. Vollends muß man darüber erschrecken, daß in der UdSSR Psychiater – unter welchem politischen Druck auch immer – bei der «Psychiatrisierung» von politischen Dissidenten Erfüllungsdienste geleistet haben und allem Anschein nach immer noch leisten.

Daß Obrigkeitshörigkeit, wie insbesondere in der Nazi-Zeit erwiesen, erhebliche Teile des gesamten ärztlichen Berufsstandes erfassen kann, erscheint auf den ersten Blick schwer erklärlich. Schließlich würde man, abgesehen von der Geistlichkeit, von keinem anderen Beruf spontan soviel moralische Widerstandskraft erwarten wie gerade von den Medizinern, die ja in einem einzigartigen Maße Gelegenheit haben, ihr Arbeitsleben nach humanitären Prinzipien zu entwickeln und sich dabei auf eine allerseits anerkannte Standesethik zu stützen.

Aber offensichtlich erklärt sich das Phänomen gar nicht durch eine Art Gehirnwäsche oder durch tiefgreifende Wandlungsprozesse in der Brust der anfälligen Ärzte. Die obrigkeitliche Intervention deckt nur eine Motivationsstruktur auf, die schon von vornherein bereit lag. Man sollte sich immer wieder an das MILGRAM-Experiment erinnern, das vielleicht den wichtigsten Beitrag zum Verständnis solcher Verhaltensweisen geliefert hat: Wirksam ist die uns allen anerzogene Hörigkeitsbereitschaft, die im Konfliktfall leicht zur Suspendierung des Gewissens führt. Alles, was in uns angelegt ist an Mitgefühl, caritas, agape, ist durch Erziehung planmäßig relativiert und nur unter dem Vorbehalt gehegt worden, daß es auf Geheiß von oben abgeschaltet werden kann. «Verantwortungsethik» nennt die Obrigkeit dann z. B. die eigenen Vorschriften, mit denen sie von uns verlangt, daß wir unsere Gesinnung außer Kraft setzen. Die «Verantwortung» gebietet dann eben z. B. Ärzten, gegenüber menschlichen «Schädlingen» den Hippokratischen Eid zu brechen – oder stumm und angepaßt eine Politik zu dulden, deren Fortsetzung die größte aller denkbaren medizinischen Katastrophen immer wahrscheinlicher macht.

Ärzte leben trotz zunehmender administrativer Gängelung und Bürokratisierung immer noch in einem vergleichsweise großen sozialen Freiraum. Der Staat gewährt ihnen zahlreiche Privilegien. Andere Berufsgruppen, die unter stärkerem gesellschaftlichen Druck leben, werden aber gerade dadurch in ihrer politischen Sensibilität eher stimuliert. Und der relative Verwöhnungszustand bedeutet für die Ärzte obendrein eine Versuchung, sich eher noch nach oben als nach unten zu solidarisieren. Gegenüber einer Bevölkerung potentieller Patienten erleben sich viele Ärzte in einem Status elitärer Abgehobenheit, der sie automatisch der gesellschaftlichen Führungsschicht an die Seite rückt. Und um so leichter kann es ihnen dann passieren, daß sie deren Politik automatisch und unkritisch mittragen, oft ohne den dadurch möglichen Konflikt mit ihrer beruflichen Wertwelt überhaupt zu spüren. Eher und schmerzlicher spüren sie dagegen Konflikte mit der Obrigkeit, wenn sie etwa umgekehrt ihre hippokratische Moral gegen inhumane staatliche Zumutungen durchzusetzen versuchen.

Es ist gewiß kein Zufall, daß sich Ärzte erstmals kollektiv gegen Atomrüstung, Atomwaffentests und illusionäre Zivilschutzprogramme in einem Land mit vergleichsweise schwächerer autoritärer Tradition engagierten, nämlich in den USA. REGINE ARMBRUSTER-HEYER berichtet über die Anfänge: 1962 veröffentlichte eine kleine Gruppe amerikanischer Ärzte, die sich Physicians for Social Responsibility (PSR) nannten, eine Studie, die sich mit medizinischen Folgen eines Atomangriffs auf ihre Heimatstadt Boston befaßte. Die Studie kam zu folgendem Ergebnis:

1. Keine moderne Gesellschaft kann einen Atomschlag überleben.
2. Vorbereitungen zum Zivilschutz schützen wenig und können schnell durch geänderte Angriffsstrategien zunichte gemacht werden.
3. Überlebende Ärzte und Gesundheitseinrichtungen, die übrigbleiben, sind außerstande, auch nur die elementarsten Wundversorgungen auszuführen. Die Zahlen der Verwundeten, Verbrannten, Strahlenopfer und der Sterbenden gehen in die Millionen.

4. Ungeachtet der gründlichen Analysen über die unmittelbaren Folgen können die Langzeitfolgen ökologischer Zerstörung, die Veränderung im Klima, Verseuchung mit Radioisotopen, Mißernten und andere Zerstörungen der empfindlichen Erdbiosphäre in ihrem vollen Ausmaß nicht geschätzt werden.
5. Der letzte Schluß, Ärzten nicht unbekannt, ist der, daß für manche Zustände Vorbeugung die einzig verfügbare Hilfe ist.

Die Initiative dieser Ärztegruppe hat in die Administration in Washington hineingewirkt. Ihrem Einfluß wird ein Anteil an der Entscheidung der Regierung zugeschrieben, den überirdischen Atomwaffenteststop-Vertrag zu unterzeichnen und vorläufig das Zivilschutzprogramm (unter Präsident CARTER) abzusetzen.

Nach langer Stagnation erwachte die PSR erst 1979 zu neuer Aktivität. Wichtige Impulse erhielt sie durch die aus Australien stammende Kinderärztin HELEN CALDICOTT, von der bereits die Rede war (s. Kap. 7). HELEN CALDICOTT hatte seit 1971 die australische Öffentlichkeit über die gesundheitlichen Risiken der überirdischen Atomtests der Franzosen im Südpazifik aufgeklärt. Sie hatte Gewerkschaften und die Bergbauarbeiter der Uranbergwerke über die Wirkungen der Strahlenverseuchung informiert.

HELEN CALDICOTT und Ärzte aus der alten PSR taten sich zusammen und veröffentlichten eine Anzeige über die Gesundheitsgefahren der Atomkraftwerke und der Atomwaffen im *New England Journal of Medicine* – einen Tag vor dem Unglück von Harrisburg.

Von da an nahm die amerikanische Ärztebewegung gegen den Atomkrieg rasch einen mächtigen Aufschwung. Die PSR ist seit 1979 auf 12 000 Mitglieder in fünfundachtzig Ärztegruppen angewachsen. HELEN CALDICOTT trug wesentlich zu dieser enormen Ausstrahlung bei.

1980 traf der amerikanische Kardiologe B. Lown, Professor an der Harvard Universität, mit seinem Kollegen Professor Tschasow, Direktor des Nationalen Herzforschungszentrums in Moskau, anläßlich eines Kongresses zusammen. Er schlug ihm vor, eine internationale Ärztebewegung zur Verhinderung eines Atomkrieges zu gründen. So entstand die Bewegung «Internationale Ärzte zur Verhütung eines Atomkrieges» (IPPNW), die inzwischen zwei Kongresse abgehalten hat und in der z. Z. bereits Vertreter aus über dreißig Ländern aus Ost und West mitarbeiten.

Auf den Kongressen haben die engagierten Ärzte herausgearbeitet, 1. warum sie sich am Kampf für den Frieden beteiligen, 2. was sie von ihrer Fachkompetenz her an wichtigen Erkenntnissen beisteuern können und 3. was sie politisch und militärisch fordern.

1. «Wieder und wieder muß man sich fragen», so äußerte Tschasow, einer der beiden Gründer der IPPNW, «können wir Ärzte, die aufgerufen sind, Leben auf der Erde zu schützen – untätig daneben stehen, während Versuche unternommen werden, den menschlichen Selbsterhaltungstrieb zu unterdrücken und die Wahrheit über die wirklichen Gefahren eines Atomkriegs zu verheimlichen? Da gibt es nur eine Antwort: Nein, das können wir nicht.»

2. Ärzte wissen besser als alle anderen, was Atomwaffen neben der Tötung von Menschenmassen an grauenhaften Verbrennungen, an Strahlenkrankheiten, an Leukämie und Erbschäden, aber auch an psychischen Schäden bewirken. Also kann und sollte es ihre Aufgabe sein, die Öffentlichkeit und die Politiker darüber genau zu informieren und die Illusion zu zerstören, daß ein Atomkrieg überstanden werden könnte.

Auf dem 2. Kongreß der IPPNW 1982 in Cambridge demonstrierte z. B. der Russe Ilyin, daß ein Atomkrieg in Europa rund die Hälfte der europäischen Bevölkerung unmittelbar treffen und zudem die Medizin praktisch lahmlegen würde. Dutzende von Millionen Menschen wären ihren Verletzungen, Verbrennungen und Strahlenkrankheiten hilflos ausgeliefert. Und die Überlebenden müßten in ständiger Angst leben, an Krebs oder Leukämie zu erkranken und in ihrer Erbsubstanz geschädigt worden zu sein. Weite Landstriche würden unbewohnbar werden.

In den USA, in der UdSSR und einer Reihe anderer Länder haben Ärzte der IPPNW damit begonnen, in Fernsehen, Rundfunk und öffentlichen Veranstaltungen die Bevölkerung über die medizinischen Wirkungen der modernen Massenvernichtungswaffen systematisch zu belehren – gegen zahlreiche Bedenken und Widerstände der Kreise, die ihre Beschwichtigungspropaganda gefährdet sehen. TSCHASOW, der Leibarzt BRESHNEWS, konnte erreichen, daß etwa 150 Millionen Russen einen Fernsehfilm über die Folgen eines Atomkrieges aus ärztlicher Sicht zu sehen bekamen.

Die Absicht ist, die öffentliche Meinung aufzurütteln, so wie es der Amerikaner LOWN formuliert hat: «Nur eine stark gewordene öffentliche Meinung kann die Politiker zwingen, den Wettlauf der Rüstungsspirale zu stoppen.»

3. Immerhin beachtlich ist, daß sich die IPPNW in einer Übereinstimmung der Delegierten aus West und Ost zu *politischen* Forderungen durchgerungen hat, die denen von Teilen der internationalen Friedensbewegung entsprechen. So verlangte die IPPNW in einem Schreiben an die Teilnehmer der UN-Sonderkonferenz über Abrüstung Juni 1982: Die Supermächte sollten als erste Maßnahme zur Einleitung von Abrüstung die Produktion, die Tests und die Aufstellung von Atomwaffen und ihrer Trägersysteme stoppen. Außerdem sollten sie ihre Rüstungsetats senken. Der erste Teil dieses Appells kommt praktisch dem der amerikanischen Freeze-Kampagne gleich, in der sich u. a. die Senatoren KENNEDY und HATFIELD besonders hervortun.

Unaufhaltsam breitet sich in der internationalen Ärztebewegung ein Gedanke aus, den der Russe TSCHASOW in einer Rede 1981 ansprach: Es ist an der Zeit, daß Ärzte dazu aufrufen, daß sich die Menschen aus Ost und West zusammentun, um gemeinsam die Krankheit des Wettrüstens zu kurieren. Wörtlich sagte er: «Im Kampf für diese Grundsätze sollten sich Menschen mit unterschiedlichen politischen Auffassungen, von verschiedenen Nationalitäten und Religionen vereinigen.»

Sind nicht Ärzte in der Tat speziell dazu ausersehen, dieses Umdenken zu unterstützen, das EINSTEIN konkret so beschrieben hat: «Der Mensch muß einsehen, daß seine Geschicke mit denen seiner Mitmenschen in allen Teilen der Welt eng verknüpft sind . . .» – «Im Schatten der Atombombe hat sich mehr und mehr gezeigt, daß alle Menschen Brüder sind . . .»

Ich habe in einem Vortrag auf dem 2. Kongreß der IPPNW in Cambridge dazu gesagt: «Wir Ärzte sind in besonderer Weise legitimiert, zu dieser Umbesinnung einen Beitrag zu leisten. Denn unser Beruf ist neben dem des Priesters durch seine spezifische Ethik dafür prädestiniert, das quasi offiziell verordnete absolute Freund-Feind-Denken zu überwinden. Unsere Pflicht zur Hilfeleistung kennt keinen Unterschied zwischen Freund und Feind. Unsere Aufgabe, uns jederzeit für den Schutz von Leben und Gesundheit der Menschen zu engagieren, verbietet es uns, zwischen mehr oder weniger erhaltungsbedüftigem Leben zu trennen und entsprechende Prioritäten zu setzen.» Und ich erklärte es als eine sinnvolle ärztliche Aufgabe, «die Heilung der psychischen Krankheit der paranoischen Friedlosigkeit zu fördern.» – «Ich meine, daß die mit unserem Beruf verbundene Grundhaltung uns eine hervorragende Chance gibt, die vorherrschenden paranoischen (d. h. wahnhaften) Motivationen zu durchschauen und diese Erkenntnis zu verbreiten.»

Die neue Ärztebewegung kann jedenfalls mehr tun, als die Bevölkerung nur durch rückhaltlose Aufklärung über die Atomwaffenwirkungen zu schocken. Sie kann auch mithelfen, konstruktiv jene Gemeinschaftsgefühle – «daß alle Menschen

Brüder sind» – zu fördern. Es genügt ja nicht, den Menschen nur Entsetzen über die üblicherweise verleugneten oder verharmlosten Verheerungen eines Atomkrieges einzujagen. Manche sind nicht so weit wie HELEN CALDICOTT, CHRISTA WOLF oder diejenigen, die in offener Konfrontation mit einer tödlichen Krankheit oder einer vergleichbaren tödlichen Bedrohung spontan den Lebenswillen mobilisieren können, der sie vor endgültiger Verzweiflung schützt. Psychisch labile Menschen können der Versuchung erliegen, mit ihrer durch schonungslose Information verstärkten Angst nur ihren wahnhaften Verfolgungsideen neue Nahrung zu geben. Sie bändigen gewissermaßen ihre Todesangst durch Flucht in noch mehr Feindeshaß und Mißtrauen, es sei denn, man spricht in ihnengleichzeitig solche positiven Gegenkräfte an, die sie in einer sinnvolleren Angstbewältigung ermutigen können.

Ärzte und Mitglieder anderer helfender Professionen sind ja bereits der Ideologie verpflichtet, die EINSTEIN und auch TSCHASOW ansprechen. Warum sollten sie nicht alle Anstrengungen daran wenden, in der Öffentlichkeit Lernprozesse anzustoßen, die sich an den Maßstäben ihrer psychosozialen Tätigkeiten orientieren? Warum sollten sie nicht in allen, die sie erreichen können, den Wunsch fördern, über alle Blockgrenzen hinweg mit den anderen Menschen gemeinsam für einen Abbau der tödlichen Gefahren zu sorgen? TSCHASOW spricht treffend von einer Saat, die aufgehen kann. Sind nicht die Impulse, die große Teile der Jugend eine Erfüllung in helfenden Tätigkeiten suchen lassen, in allen – wie unterdrückt auch immer – wirksam, und könnten diese nicht systematisch als therapeutische Gegenmittel gegen das Gift der Verfolgungsmentalität und der Verteufelung stimuliert werden?

Könnte dies nicht dazu führen, daß immer größere Teile der Öffentlichkeit sich angewidert von der von oben geschürten Verhetzungspropaganda abwenden? Daß sie es endlich absurd und töricht finden, wenn z. B. auf einer NATO-Tagung – wie letzthin – stundenlang darum gerungen wird, ob Worte wie

«Entspannung» und «Dialog» überhaupt noch ohne Ein-
schränkung verwendet werden dürfen? Und daß sie sich ent-
geistert an den Kopf fassen, wenn die Amerikaner verkünden,
die Russen müßten sich Entspannung und wirtschaftliche Zusammenarbeit erst durch Bravheit verdienen, als wären Entspannung und friedliche Kooperation großmütige Geschenke
für den Gegner und nicht – was sie eigentlich sind – vitale
Notwendigkeiten für beide Seiten – und zugleich Voraussetzung für eine gemeinsame verantwortliche Politik gegenüber
den notleidenden Völkern der südlichen Hemisphäre? Ist es
nicht an der Zeit, den Wahnsinn zu entlarven, daß die Menschheit z. Z. zweieinhalb mal mehr für Vernichtungswaffen als für
die Gesundheit ausgibt und daß bereits eine zehnprozentige
Kürzung des Rüstungsetats die Millionen Kinder vor dem
Hungertod retten würde, die diesem jährlich anheimfallen?

Es ist also durchaus plausibel, daß Ärzte sich kompetent
fühlen, aktiv solche psychischen Selbstheilungskräfte zu unterstützen, zumal da die gesellschaftliche Militarisierung ja
eben auch eine psychopathologische Dimension hat. Ärzte
kennen aus der Eigenerfahrung genau die positive Wirkung
der hippokratischen Moral, die zugleich in uns allen angelegte
soziale Bedürfnisse erfüllt. Plausibel ist weiterhin, daß Ärzte
danach drängen, für ihre Moral die künstlich gesetzten Stan-
desgrenzen zu sprengen.

Bereits 1972 hatte GÜNTHER ANDERS diese Grenzziehung
von der anderen Seite her in Frage gestellt: «Es ist unerträglich
und unentschuldbar, daß sich nur Mediziner (eben durch den
Hippokratischen Eid) dazu verpflichten, denen, die sie behan-
deln, keinen Schaden zuzufügen. Daß man dagegen von den
Millionen in anderen Berufen Tätigen: von den Naturwissenschaftlern, den Ingenieuren und den Legionen von Industriear-
beitern, von deren Tun und Lassen das Geschick der Menschheit ebenfalls abhängt, nicht verlangt, und daß diese es nicht
von sich selbst verlangen, sich durch eine dem Hippokratischen
Eide entsprechende Verpflichtung ebenfalls zu binden.»

Unlängst hat WALTER JENS, Professor für Rhetorik, in diesem Sinne eine Art von Hippokratischem Eid für *Wissenschaftler* vorgeschlagen. «Ich schwöre», so sollte dieser Eid lauten, «daß ich mich weder direkt noch indirekt mit meiner Forschung an der Kriegsvorbereitung beteiligen werde.» Da heute nach Ermittlungen von J. WEIZENBAUM fast sechzig Prozent aller Wissenschaftler auf der Welt direkt oder indirekt an der Vernichtungsforschung beteiligt sind, kann man sich leicht ausrechnen, welche unerhörten Konsequenzen die Befolgung eines solchen Eides haben würde.

«Moral», so lehrt G. ANDERS, «ist unteilbar. Eine ‹Moral›, die sich als Monopol einer kleinen Sondergruppe oder als Alleinpflicht innerhalb der Grenzen eines speziellen beruflichen Kompetenzbereiches verwirklicht; deren Anspruch außerhalb dieser Grenzen als unzuständig gilt; die also selbst bereits der Arbeitsteilung zum Opfer gefallen ist, die trägt ihren Namen zu Unrecht. Und dieser Name ist nur noch ein Pseudonym für Unmoral als Institution.»

Aber genügt es, eine solche Moral zu *predigen*? Genügt es, verbal der Mentalität des Machtwillens und der Egozentrizität, welche die Politik beherrscht, jene sanftere, soziale Verbundenheit stiftende Mentalität der Heilberufe entgegenzuhalten, um in das System der Militarisierung einzubrechen? An diesem Punkt scheiden sich nun in der neuen Ärztebewegung die Geister.

Die einen sagen: es ist das äußerste, wenn wir als Ärzte über die Hilflosigkeit der Medizin im Atomkriegsfall aufklären und wenn wir vielleicht zudem noch die uns gemäße Haltung der Verständigung und des Abbaus von Feindbildern empfehlen. Damit können wir vielleicht einen Anstoß geben, um die allgemeine Atmosphäre zu verbessern und den geistigen Rahmen für eine vernünftigere Politik zu schaffen.

Die anderen sagen: wir müssen über diese Grenze noch hinausgehen und ein praktisches Zeichen setzen, daß wir aus dem gesellschaftlichen Militarisierungsprozeß aussteigen. Erst dadurch können wir die von SCHELER so treffend analysierte «Krankheit der Innerlichkeit» überwinden und den politischen Druck ausüben, den wir ja übereinstimmend für unerläßlich halten. Denn die Abschreckungs-Psychologie – die stetige Bereitschaft zum Völkermord – können wir nur durchbrechen, indem wir an unserer Stelle bei der Vorbereitung auf den Kriegsfall nicht mehr mitspielen.

Was heißt das konkret für Mediziner? In manchen Ländern, vor allem in der Bundesrepublik, organisieren Aufsichtsbehörden bzw. Ärztekammern seit einiger Zeit Fortbildungskurse in Kriegsmedizin. Bis vor kurzem plante der Bund sogar ein «Gesundheitssicherstellungsgesetz», das spezielle Maßregeln für den «Verteidigungsfall» enthielt. Obwohl dieser Entwurf gefallen ist, laufen auf Länderebene und seitens der ärztlichen Standesorganisation nach wie vor Bestrebungen, die Ärzte nicht nur für den Fall von Natur- oder Industriekatastrophen (Überschwemmungen, Brände, Explosionen) zu schulen, sondern auch systematisch auf die Verhältnisse eines Atomkrieges vorzubereiten. Militärärzte werden dafür als Übungsleiter gewonnen. Eingeübt wird nicht nur – was alle für sinnvoll halten – eine Notfallmedizin für zivile Unglücksfälle, sondern eben auch Kriegsmedizin im eigentlichen Sinne (wenn auch unter dem täuschenden Etikett «Katastrophenmedizin»). Dazu sagen nun die widerstandsbereiten Ärzte aus den Initiativgruppen: Das wollen wir nicht mitmachen, und zwar aus drei Gründen:

1. Alle Vorkehrungen, die für den Kriegsfall getroffen werden, enthalten die Gefahr, daß die Menschen sich allmählich innerlich auf die Möglichkeit einstellen, die den Maßnahmen allein einen Sinn gibt. Es ist dies eine gesicherte sozialpsychologische Erfahrung: Die intensive praktische Vorbereitung auf ein gedachtes Ereignis kann dazu beitragen, die Erwartung dieses Ereignisses als realistisch zu bewerten und obendrein die Genugtuung vermitteln, daß man im Ernstfall nicht hilflos dastehen wird.

2. Alle Manöver der NATO und des Warschauer Paktes gehen in letzter Zeit davon aus, daß es in unserem Land, in dem die höchste Konzentration von Nuklearsprengköpfen überhaupt geschaffen worden ist, zum Einsatz von Atomwaffen kommen würde. Daß die Bundesrepublik mit konventionellen Mitteln nicht zu verteidigen wäre, wird ja sogar von vielen Experten öffentlich vertreten. Das bedeutet, daß weder die Menschen noch die Einrichtungen erhalten bleiben würden, die noch medizinische Hilfe anbieten könnten. Wir Ärzte müssen also ehrlicherweise den Menschen jetzt sagen: Wir werden euch nicht helfen können, so ernst jeder von uns die Pflicht des Hippokratischen Eides nimmt. Indem wir euch vor dieser möglichen Illusion bewahren, rufen wir euch dazu auf, mit uns zusammen für die Verhinderung des Krieges selbst zu kämpfen, weil dies die einzige sinnvolle und zugleich notwendige Vorbeugungsmaßnahme ist.

3. Wir glauben, daß solche praktischen Verweigerungen nötig sind, um hinreichenden politischen Druck zu erzeugen. Erst dadurch kommt die Aufrüstungspolitik in echte Schwierigkeiten, wenn überall Menschen, ihrem Gewissen folgend, aus Funktionen ausscheren, die im System der sozialen Militarisierung irgendeine Rolle spielen. Aus ähnlichen Gründen haben in Amerika neuerdings Gruppen von Ärzten und katholische Kirchenführer die Zusammenarbeit mit dem Pentagon verweigert, das für einen überraschenden Kriegsfall in Übersee 50 000 amerikanische Krankenhausbetten vorsorglich bereitstellen wollte. Eine Ärztegruppe aus Massachusetts sagte dazu, der Pentagon-Vorschlag «ist ein Weg, der die USA militärisch auf die Führung eines begrenzten Nuklearkrieges in Übersee vorbereiten soll.» Ärzte eines Krankenhauses in der Region von San Francisco erklärten, man wolle an dem zivilmilitärischen Vorsorgeplan nicht mitwirken, weil damit «die Führung eines Krieges von katastrophalen Ausmaßen ermutigt wird.» Der katholische Erzbischof von San Francisco, JOHN QUINN, forderte die katholischen Krankenhäuser auf,

die Aktion zu boykottieren und begründete dies ebenfalls damit, daß die Vorsorgeaktion einen atomaren Krieg denkbarer und dadurch wahrscheinlicher machen würde. Kürzlich wurde gemeldet, daß die «Britische Ärztevereinigung» sich gegen Zivilschutzübungen für den Fall eines Atomkrieges ausgesprochen hat. Weil zugleich zahlreiche Städte protestiert haben, mußte der britische Innenminister WHITELAW eine für den Herbst 82 geplante große Zivilschutz-Übung absagen.

Als sich in der Bundesrepublik im Februar 1982 eine «Sektion Bundesrepublik Deutschland der Internationalen Ärzte zur Verhütung eines Atomkrieges» formierte, war die überwältigende Mehrheit dafür, eine eindeutige Verweigerungshaltung zu beziehen. Ergebnis dieser Absicht war die «Frankfurter Erklärung», die am 6. 2. 82 verfaßt wurde. Sie lautet:

FRANKFURTER ERKLÄRUNG
Ich halte alle Maßnahmen und Vorkehrungen für gefährlich, die auf das Verhalten im Kriegsfall vorbereiten sollen. Ich lehne deshalb als Arzt jede Schulung oder Fortbildung in Kriegsmedizin ab und werde mich daran nicht beteiligen. Das ändert nichts an meiner Verpflichtung und Bereitschaft, in allen Notfällen medizinischer Art meine Hilfe zur Verfügung zu stellen und auch weiterhin meine Kenntnisse in der Notfallmedizin zu verbessern.

Da ein Krieg in Europa nach überwiegender Expertenmeinung unter Benutzung der modernen Massenvernichtungswaffen geführt werden würde, muß er absolut unmöglich gemacht werden. Jede Vorbereitungsmaßnahme indessen, die von seiner Möglichkeit ausgeht, fördert indirekt die Bereitschaft, sich auf etwas einzustellen, was um jeden Preis verhindert werden muß. Deshalb erkenne ich als Arzt nur eine einzige auf den Kriegsfall bezogene Form der Prävention an, nämlich die Verhütung des Krieges selbst mit allen Anstrengungen, zu denen ich mein Teil beizusteuern entschlossen bin.
Erstunterzeichner:
Dr. Regine Armbruster-Heyer, Hamburger Ärzteinitiative; Prof. Dr. Herbert Begemann, München; Dr. Barbara Hövener, Berliner Ärzteinitiative; Renate Jäckle, Münchener Ärzteinitiative; Dr. Hans-Joachim Kleist, Berliner Ärzteinitiative; Dr. Helmut Koch,

Gaggenau; Dr. Hedda Koch, Gaggenau; Wolfgang Kratzke, Hamburger Ärzteinitiative; Prof. Dr. Walfried Linden, Hamburg; Dr. Ingeborg Peters-Parow, Hamburger Ärzteinitiative; Prof. Dr. Dr. Horst-Eberhard Richter, Gießen; Roland Rübel, Mainz; Dr. Knut Sroka, Hamburger Ärzteinitiative; Priv. Doz. Dr. Harald Theml, München.

Ich unterzeichne die obige Erklärung und bin mit einer eventuellen Veröffentlichung meiner Unterschrift einverstanden:

Inzwischen haben bereits über 3000 Ärzte aus Westdeutschland und Westberlin diese Frankfurter Erklärung unterschrieben. Ärzte aus der Schweiz, Holland und den Vereinigten Staaten haben sich angeschlossen, darunter der amerikanische Nobelpreisträger Prof. SALK, dem die Welt die Gewinnung des Poliomyelitis-Schutzserums verdankt. Auf dem 2. Kongreß der IPPNW in Cambridge wurde eine englische Fassung der Erklärung erarbeitet. Ein führendes Mitglied der amerikanischen «Ärzte für soziale Verantwortung» (PSR) fand für diese Fassung die Überschrift: *A New Physician's Oath, ein neues ärztliches Gelöbnis.*

Bedenkt man die zitierte traditionelle Anpassungshaltung der Ärzteschaft, ist es erstaunlich, welches spontane Engagement unter den Medizinern um sich greift. Die Frankfurter Erklärung bzw. das Gelöbnis scheinen aber etwas auszudrücken, was immer mehr Ärzte spontan bewegt. Sie wollen nicht nur mit dem Wort, sondern auch durch Handeln, durch eine bewußt politische Entscheidung für ihre Haltung eintreten.

Aber dabei stoßen sie natürlich auch auf Widerspruch in der eigenen Berufsgruppe und vor allem seitens der Standesorganisation. Als die Frankfurter Erklärung noch gar nicht zur Debatte stand, erregte bereits ein in Hamburg abgehaltener «Medizinischer Kongreß zur Verhinderung eines Atomkrieges» («Ärzte warnen vor dem Atomtod») heftiges Mißfallen unter führenden westdeutschen Standesvertretern. Den Höhepunkt polemischer Reaktionen bildete ein Kommentar von

Prof. VOLRAD DENEKE, Geschäftsführer des Deutschen Ärztetages und der Bundesärztekammer. Dieser schrieb in dem offiziellen Standesorgan *Deutsches Ärzteblatt* unter der Überschrift «Ein Angriff auf die sittliche Substanz des Arzttums, Mediziner gegen die Fortbildung in der Katastrophenmedizin» u. a.:

«Nehmen wir eine kritische Wertung des Vorganges vorweg: Unter der Devise ‹Ärzte warnen vor dem Atomtod› wurde zulasten der Selbstverteidigungsbereitschaft in der NATO ganz offenkundig Propaganda zugunsten der vom sowjetischen Imperialismus militant gerüsteten sozialistischen Internationale betrieben. Ideologisch ambivalente Profilneurotiker und gewissenhafte Sektierer waren auch diesmal wieder bereit, an der ethischen Tarnkappe materialistischer Machtpolitik mitzustricken.»

«Die Entlarvung dieser linken Propagandisten könnte getrost der allgemeinen Publizistik überlassen bleiben, wenn nicht Mißbrauch und Verletzung ärztlicher Ethik einer deutlichen Zurückweisung gerade aus dem sozialen und ethischen Auftrag des Arzttums bedürften.»

«Zum Mißbrauch: Die Parole ‹Ärzte warnen vor dem Atomtod› unterstellt, daß es besondere ärztliche Gründe gäbe, gerade vor atomaren Energien zu warnen. Solche besonderen ärztlichen Gründe gibt es nicht. Die Schlagzeilen ‹Ärzte warnen vor dem Verkehrstod› oder ‹Ärzte warnen vor dem Knollenblätterpilz› haben keine geringere ethische Dimension. Die Zahl der Gefährdeten, Leidenden und Sterbenden ist für die Qualität des ärztlichen Auftrags ebenso irrelevant, wie die Ursachen der Gefährdung und Verletzung von Leib und Leben es sind.»

«Was heißt das denn, daß die ‹deutsche Zivilbevölkerung bei einem Atomkrieg ohnehin keine Überlebenschance› habe? Hat die deutsche Zivilbevölkerung denn ohne Atomkrieg eine Überlebenschance? Nimmt man ‹Bevölkerung› als Summe aller heute Lebenden, so hat davon mit oder ohne Atomkrieg in keinem Falle irgend jemand eine Überlebenschance. Aber es sterben nicht alle auf einmal! Schon griechische Philosophen haben angesichts der Perser-Kriege gefragt, ob es sich in Gemeinschaft schwerer sterben lasse als allein.»

«Die Angst vor dem Tod und vor dem Sterben ist menschlich.

Diese Angst hat sich zu verschiedenen Zeiten in besonderer Lebhaftigkeit verschiedenen Bedrohungen zugewandt. In der Antike war dies z. B. der Ruf ‹die Perser kommen›. Im Mittelalter war dies die Pest. Heute sind dies Krebs und Atomangst. Der propagandistische Mißbrauch der Todesangst, die dem Menschlichen zutiefst innewohnt, muß als ganz besonders verwerflich bezeichnet werden.»

«Und nun zur Verletzung ärztlicher Ethik durch die Beschlüsse der 1400 medizinischen Atom- und Kriegsgegner. Der Kongreß hat sich mit einer Resolution gegen Ausbildung und Fortbildung in der Katastrophenmedizin gewandt, da weder entsprechende Übungen noch das geplante Gesundheitssicherstellungsgesetz der Bevölkerung gegen atomare Gefährdung ‹irgendeinen Schutz› bieten könnten.»

«... muß der Hamburger Aufruf zur Sabotage ärztlicher Pflichten nicht nur als Propaganda ideologischer Fremdenlegionäre demaskiert, sondern als Aufforderung zu zutiefst unmoralischer, unärztlicher und unmenschlicher Verweigerung ärztlicher Hilfeleistung verurteilt werden.»

Daraufhin bat ich den Präsidenten der für mich zuständigen Landesärztekammer um eine Stellungnahme und schrieb ihm:

Sehr geehrter Herr Kollege . . .,
ähnlich wie viele andere Kollegen habe ich mit Entsetzen einige Argumente gelesen, die der Hauptgeschäftsführer der Bundesärztekammer, Herr Prof. Volrad Deneke, in einem Kommentar des *Deutschen Ärzteblattes* vorgetragen hat. Ich gehöre zu den Ärzten, welche die «Internationale Ärzteinitiative zur Verhütung eines Atomkrieges» unterstützen. Bei der nächsten Tagung dieser Initiative in Cambridge erwartet man die Beteiligung von Ärzten aus über 40 Nationen aus Ost und West. Die Grundidee ist die, daß die Medizin, der die Fürsorge für die allgemeine Gesundheit obliegt, schon präventiv alles in ihrer Kraft stehende tun sollte, um Bedrohungen für Leben und Gesundheit abzuwenden, deren Ausmaß unübersehbar wäre. Ich lege Ihnen das Manuskript meines Hamburger Vortrages bei, in dem ich begründe, warum ich gerade in der ärztlichen Ethik einen Auftrag sehe, über ein Freund-Feind-Denken hinweg das Wohl der Völker zu schützen.

Natürlich kann man über diese Angelegenheit auch politisch

ganz anders denken. Und ich fände es z. B. sehr sinnvoll, wenn man im *Ärzteblatt* eine kontroverse Diskussion zu dieser Problematik zulassen würde. Schließlich können die Bundesärztekammer und die Kassenärztliche Bundesvereinigung als Herausgeber dieses offiziellen Blattes unseres Standes ja nicht davon ausgehen, daß die deutsche Ärzteschaft politisch einer Meinung sei. Und man sollte auch den Anschein des Versuchs vermeiden, eine Vereinheitlichung der Meinung von oben her durchsetzen zu wollen.

Nach meiner Meinung müßten wir besonders dann, wenn es um Grundsatzfragen der Anwendung ärztlicher Ethik geht, einen Stil pflegen – das gilt für alle Seiten – der einen Grundkonsens im ärztlichen Selbstverständnis respektiert.

Und das ist nun der Punkt, der mich eigentlich zu diesem Brief an Sie veranlaßt. Herr Deneke sieht hinsichtlich der ethischen Dimension keine Differenz zwischen der Warnung vor dem Tod durch Atomkrieg und der Warnung vor dem Knollenblätterpilz. Und dann relativiert er die Sorge um die Überlebenschancen in einem Atomkrieg durch das wahrhaft zynische Argument, daß die deutsche Zivilbevölkerung ohne Atomkrieg auch keine Überlebenschance habe. Da Herr Deneke doch nicht ernstlich unterstellen dürfte, die Warner vor einem Atomkrieg glaubten an das ewige Leben, muß er sich gefallen lassen, daß man sein Argument als kraß der ärztlichen Ethik widersprechend versteht, die er zu verteidigen beansprucht.

Ich teile die Betroffenheit zahlreicher Kollegen über diese Äußerungen. Die Stellung von Herrn Deneke als Hauptgeschäftsführer der Bundesärztekammer legt allgemein die Annahme nahe, daß sein Text die Auffassung der Bundesärztekammer widerspiegelt, die ja Herausgeber des *Deutschen Ärzteblattes* ist. Ich darf Sie fragen, sehr geehrter Herr . . ., wie Sie selbst diesen Vorgang bewerten und ob Sie nicht auch eine distanzierende Stellungnahme der Bundesärztekammer für nötig halten. Ich gehe bislang immer noch von der Hoffnung aus, daß die zitierte Argumentation von Herrn Deneke bei Ihnen und anderen Repräsentanten meiner Standesorganisation ähnliches Mißfallen erweckt wie bei mir.

> Mit freundlichen Grüßen
> Ihr
> gez. H. E. R.

Nach einiger Zeit schickte mir der Präsident der Landesärztekammer eine Stellungnahme von Prof. DENEKE. Darin heißt es u. a., in meiner Zuschrift würden «überhaupt keine intellektuell greifbaren Argumente vorgetragen, sondern fast ausschließlich Emotionen». Weiter sagt V. DENEKE zu meinem Brief, daß «der feste Wille, sich der Wirklichkeit in Mitteleuropa nicht zu stellen, aus jeder Zeile spricht. Wahrscheinlich hätte es auch nichts genützt, wenn das atomar ausgerüstete U-Boot statt an der schwedischen Küste am Rheinufer in Mannheim gestrandet wäre». Der Landesärztekammerpräsident schloß sein Schreiben an mich mit der Feststellung, daß er der Stellungnahme des Geschäftsführers des Deutschen Ärztetages nichts hinzuzufügen hätte.

Es erübrigt sich wohl, diesen Vorgang zu kommentieren. Den Laien mag der rüde Ton der Abkanzelung, ganz abgesehen vom Inhalt der Argumentation des hohen Standesfunktionärs, verwundern. Da gehört man, ehe man es sich versieht, zu Leuten, die an der «ethischen Tarnkappe materialistischer Machtpolitik» mitstricken und die einen «besonders verwerflichen propagandistischen Mißbrauch der Todesangst» betreiben. Nun aber ist man endlich entlarvt als – «ideologischer Fremdenlegionär». Ob Herr DENEKE wohl die gleiche Meinung über amerikanische und britische Ärzte hat, die sich den Zivilschutzübungen in ihren Ländern verweigern? Und was müßte sich wohl Erzbischof QUINN von ihm sagen lassen?

Aber selbst unter den Kollegen, die als Mitglieder der neuen Ärztebewegung öffentlich vor dem Atomkrieg unter Hinweis auf die Hilflosigkeit der Medizin im Ernstfall warnen, haben manche Bedenken, jegliche medizinische Vorbereitung auf den Kriegsfall zu verweigern. Vier Motive werden offen geäußert oder klingen zumindest durch:

1. Es könnte ja in einem «Krieg in Mitteleuropa» – so unwahrscheinlich es auch ist – «Randzonen» geben, in denen noch ein Minimum an medizinischer Versorgung möglich wäre.

Sollte man sich nicht für diesen Fall doch präparieren? Gebietet dies nicht tatsächlich die Moral?

2. Die Verweigerung kriegsmedizinischer Schulung bedeute, daß man jeglicher Vorbereitung für den «Verteidigungsfall» skeptisch gegenüberstehe. Sei dies denn angesichts der Aggressivität der Russen und des Kommunismus realistisch?

3. Man dürfe unsere wohlmeinende Führung nicht in unnötige Schwierigkeiten bringen. Schließlich wolle auch diese zweifelsfrei den Frieden erhalten. Also müsse man sie loyal unterstützen.

4. Allenfalls mögen junge radikale Leute solche Formen des drastischen Widerstandes praktizieren. Aber für «gestandene», «seriöse» Ärzte gezieme sich eine Verweigerungsstrategie schon aus Stilgründen nicht.

Besonders ernstgenommen zu werden verdient das erste Argument. Die 3000 westdeutschen Verweigerer sind aber mit den vielen ausländischen Kollegen, die das «Neue ärztliche Gelöbnis» unterschrieben haben – und mit Erzbischof QUINN – darin einig, daß es z. Z. kein höheres moralisches Gebot gibt, als einen Atomkrieg zu verhindern. Dieser moralischen Forderung sind alle übrigen unterzuordnen. Selbstverständlich hat jeder Arzt in jedem Notfall Hilfe zu leisten, weswegen auch die Frankfurter Erklärung ausdrücklich ein Bekenntnis zur Notfallmedizin einschließt. Aber sollte der Arzt deshalb für den Atomkriegsfall speziell geschult werden? An sich könnte man meinen, daß es grundsätzlich nie schaden könne, die perfekteste Vorbildung für jeden Eventualfall zu vermitteln. In streng apolitischer Perspektive ist dies eine sinnvolle Überlegung. Aber nun zeigt sich eben, daß eine solche Maßnahme mit Folgen in der politischen Ebene verbunden sein kann, die sorgfältig in Betracht gezogen werden müssen. Diese Folgen wurden zuvor genannt: 1. Schwächung der Widerstandskraft durch schleichende Gewöhnung an etwas, was unmöglich bleiben bzw. unmöglich gemacht werden muß; 2. durch Förderung der Illusion, daß es in einem Atomkrieg – ein Krieg in Mitteleuropa wäre ein solcher – noch wirksame medizinische Hilfe geben könnte; 3. Entlastung der politischen Führung von einem Druck, der durch Verweigerung noch stärker in Richtung Verständigungs- und Abrüstungspolitik ausgeübt werden könnte.

Hält man diese drei «Nebenwirkungen» kriegsmedizinischen Trainings für realistisch, dann muß man diese Nachteile gegen den Vorteil einer Perfektionierung der beruflichen Qualifikation abwägen. Dabei erkennt man, daß die Pflicht zu dieser spezifischen Fortbildung mit der höheren Pflicht kollidiert, zur Prävention eines Atomkrieges beizutragen. Der psychologisch-politische Effekt bekommt damit zugleich moralische Priorität.

Das zweite Argument besagt: Vergrößern wir nicht gerade das Risiko, wenn wir uns nicht mehr auf den Krieg vorbereiten? Werden die Russen nicht gerade dann um so eher angreifen? Dem ist erstens die Feststellung von Ex-Verteidigungsminister MCNAMARA entgegenzuhalten: Ein größeres Kriegsrisiko, als mit der Abschreckungsstrategie fortzufahren, gibt es nicht! Zweitens belehrt uns einer der besten Rußlandkenner des Westens, der ehemalige Moskau-Botschafter der USA KENNAN: «Ich finde, das heutige Rußlandbild unserer Regierung und unseres journalistischen Establishments ist so extrem, so subjektiv und so weit von einer nüchternen Realitätsprüfung entfernt, daß es nicht nur falsch ist, sondern eine Gefahr bedeutet, wenn sich das politische Handeln danach richtet.» Die Russen haben das gleiche Interesse wie der Westen am Überleben und die gleiche Angst vor dem Schrecken eines neuen Krieges. Deshalb fordert der Bericht der PALME-Kommission (UN-Abrüstungskommission für gemeinsame Sicherheit): «Der Frieden in der Welt muß sich auf ein Engagement für das gemeinsame Überleben statt auf die Drohung gegenseitiger Auslöschung gründen.»

Für den einzelnen kann dies nichts anderes heißen, als daß

er sich an seinem Platz nach Möglichkeit Funktionen verweigert, welche in die Bedrohungsstrategie hineinpassen. Dazu gehören alle praktischen Vorbereitungen auf den Kriegsfall. Denn schon diese führen, so hat EINSTEIN wörtlich gesagt, eines Tages notwendigerweise zur Menschheitsvernichtung. Wenn sich die Menschen aus den verschiedenen Berufen dieser Vorbereitung widersetzen, dann ist dies eine ernste Mahnung an die Adresse der Politiker. Und zugleich ist es ein Signal für die Menschen auf der anderen Seite: Nicht aus Sympathie für das System, das bei euch herrscht, aber aus Verbundenheit mit euch wollen wir alles tun, um eure Angst, die sicher nicht geringer als die unsrige ist, zu beschwichtigen.

Aber ist dies nicht eine ganz einseitige Geste? Keinesfalls. Denn unter der Oberfläche, teilweise sogar sichtbar, entwickelt sich im Osten eine ähnliche Strömung. Tausende von Unterschriften hat in der DDR der Appell des Jugendpfarrers EPPELMANN gefunden, in dem es u. a. heißt: «Sollten wir nicht auf die Übungen zur sogenannten Zivilverteidigung verzichten? Da es im Atomkrieg keine Möglichkeit einer sinnvollen Zivilverteidigung gibt, wird durch diese Übungen nur der Atomkrieg verharmlost. Ist es nicht womöglich eine Art psychologischer Kriegsvorbereitung?»

Genau dies ist die Position der westdeutschen Ärzte, welche die Frankfurter Erklärung unterschrieben haben.

Pazifistischen zivilen Widerstand artikulieren christliche DDR-Jugendliche durch ihre immer drängendere Forderung nach einem sozialen Friedensdienst an Stelle des Militärdienstes. Auf dem Dresdner Friedensforum, an dem 5000 Jugendliche teilnahmen, wurde die Einführung eines obligaten Schulfaches «Friedenserziehung» unter langanhaltendem Beifall verlangt. Es gibt DDR-Schüler, die sich auf der Schule dem Wehrkundeunterricht entziehen und dafür Bestrafungen bis hin zur Verweisung von der Schule in Kauf nehmen. Ein eindrucksvolles Beispiel folgt am Schluß dieses Buches.

Gerade wegen der viel stärkeren Unterdrückung aller Basis-

Initiativen im Osten, wo bereits als ziviler Ungehorsam geahndet wird, was im Westen allenfalls diffamiert oder nur von den Medien totgeschwiegen wird, sind diese Zeichen von der anderen Seite um so wichtiger. Sie sind nur die Spitze eines Eisberges. Sie deuten an, daß sich auch dort Abneigung gegen die gesellschaftliche Militarisierung unaufhaltsam ausbreitet und daß es die Menschen, vor allem die Jugendlichen, immer schwerer aushalten, diesen Widerwillen zu verschweigen.

Äußerungen des Widerstandes gegen die psychische, medizinische, pädagogische Vorbereitung auf den Krieg sollten nicht nur danach bewertet werden, was sie jeweils innerhalb des eigenen Systems bewirken, sondern auch danach, was sie für den Dialog der Menschen über die Grenzen hinweg bedeuten. Wenn die Menschen drüben erfahren, daß sich hier z. B. Ärzte massenweise Übungen in Kriegsmedizin versagen, dann stärkt dies wiederum Menschen drüben in ihrem Mut zu Kritik am Wehrkundeunterricht und an Zivilschutz-Übungen. Und für viele aus dem Westen ist es eine enorm aufrüttelnde Erfahrung, wenn sie im Osten mit Menschen sprechen, die dort unter schwierigsten Bedingungen der Militarisierung Widerstand leisten.

Hier wie dort werden diejenigen, die sich irgendwo der Vorbereitung auf den Krieg verweigern, voreilig und zu Unrecht als verkappte Umstürzler, als Handlanger des Gegners usw. geächtet oder bestraft. Hier geschieht die Unterdrückung verdeckter und subtiler, und nur selten erfolgen Verdammungen so unverhüllt und drastisch, wie sie sich der zitierte hohe Ärztefunktionär geleistet hat. Auf der anderen Seite wird meist gleich vom Staat brutal und plump zugegriffen, wenn dieser – absurderweise – voreilig seine Sicherheit durch pazifistische Regungen bedroht sieht. Immerhin entwickelt sich durch die Parallelität solcher Basisinitiativen und ihrer Obrigkeitskonflikte eine wichtige untergründige Solidarität zwischen den Menschen, die hier und dort den Kampf für den Frieden von unten aufgenommen haben.

Aber genannt wurden auch Bedenken, die «Frankfurter Erklärung» und die damit bekundete Verweigerungsposition bedeuteten eine ungebührliche öffentliche Herausforderung der Administration, die doch auch das Beste wolle. Ärzten gezieme es, ihre medizinisch begründeten schweren Besorgnisse über die Gefahren eines Atomkrieges der Regierung, den Parteien, den Verbänden, vielleicht sogar den Gewerkschaften vorzutragen und dabei einschlägige wissenschaftliche Daten vorzulegen. Dies sollte aber in den angemessenen Formen fachlicher Beratung oder offizieller Hearings geschehen, keineswegs indessen unter Zurhilfenahme einer gezielt mobilisierten Öffentlichkeit.

Nun sagen ja auch die Vertreter der «Frankfurter Erklärung» gar nichts gegen das direkte Ansprechen von Politikern oder Organisationen und schon gar nichts gegen die Beteiligung an Hearings oder Enqueten – sofern diese überhaupt möglich gemacht werden. Aber sie bestehen darauf, ihre Verweigerungshaltung zugleich direkt der Öffentlichkeit mitzuteilen und auch dieser gegenüber zu begründen. Denn ohne Unterstützung durch die Bevölkerung, so glauben sie, werden sie beim Establishment kaum mit ihren Forderungen durchdringen.

Sie halten es im Gegenteil für wahrscheinlich, daß nicht nur ihre Bemühungen verpuffen würden, sondern daß man sie obendrein sogar in aller Stille disziplinieren würde. Schließlich machen sie sich ja nicht nur manche Politiker und Verwaltungsfunktionäre zum Gegner, sondern auch – wie geschildert – einflußreiche Standesobere, die ganz offen von Verletzung der «Humanität» und der «Berufspflicht» sprechen.

Richtig ist, daß dieser Weg über die Öffentlichkeit kraß von dem konventionellen Verhaltensmuster des Standes abweicht und als «unfein» Anstoß bei manchen konservativen Bürgern erregen kann. Aber gerade diese schockierende Wirkung ist vom politischen Standpunkt aus sinnvoll. Eben weil das große Publikum eine solche Preisgabe standesüblicher Zurückhaltung von Ärzten nicht gewöhnt ist, muß es merken, wie ernst die Mediziner die Gefahr bewerten und welche Not sie offenbar auf die Straße treibt.

Auf die Amerikaner hat der laute und ziemlich radikale Protest dortiger Ärztegruppen großen Eindruck gemacht. Zusammen mit der Kirche gehören die Ärzte zu den gesellschaftlichen Kräften, welche die amerikanische Friedensbewegung maßgeblich in Schwung gebracht haben. Und viele Beobachter sind sich darin einig, daß speziell der Widerstand der amerikanischen Mediziner gegen das Zivilschutzprogramm viele Menschen nachdenklich und für die Thesen der Friedensbewegung empfänglich gemacht hat. Der bekannte Soziologe NORMAN BIRNBAUM von der Georgetown-University in Washington sagt über den Wandel in der öffentlichen Meinung Amerikas:

«Der Beitrag der Ärzte ist ungeheuer wichtig gewesen, nicht zuletzt ihre organisierte Weigerung, sich an den Vorbereitungen für die Zivilverteidigung zu beteiligen.»

Noch unlängst hat JAY LIFTON, einer der bedeutendsten Psychiater der USA, in einem Hearing in Washington den Reagan-Plan, im Konfliktfall die Bevölkerung der größeren Städte zu evakuieren, öffentlich als glatten Wahnsinn verworfen. LIFTON ist einer der amerikanischen Ärzte, die unsere deutsche «Frankfurter Erklärung» mit großer Zustimmung aufgenommen haben und ihre Verbreitung in den USA in der Version des «Neuen ärztlichen Gelöbnisses» unterstützen.

Wenn Berufsgruppen wie Ärzte sich offen an dem Kampf für den Frieden beteiligen, so vermitteln sie damit für viele auch noch einen besonderen therapeutischen Effekt, der die Überwindung von überflüssigen oder schädlichen Schamgefühlen anbetrifft. Zahlreiche dem Jugendalter entwachsene Arbeiter, Angestellte, Freiberufler, Hausfrauen usw. würden sich gern eindeutig engagieren, wären sie nicht von dem Vorurteil geplagt, daß dies sich bei ihrem Alter und ihrem sozialen Status eigentlich nicht gehöre. Öffentlich aufzubegehren und den höchsten Verantwortlichen auf die Finger zu klopfen, das sei doch wohl nur etwas für Studenten, Lehrlinge, Schüler oder für Leute, die irgendwo politisch organisiert sind oder beruflich mit Politik zu tun haben. Wenn aber nun selbst eine so herausgehobene und überlicherweise konservative Berufsgruppe wie die Ärzte mit dieser Konvention bricht, so mögen darin viele ein Zeichen dafür erkennen, daß sie die Frage der Zulässigkeit oder sogar der Notwendigkeit bürgerlicher Einmischung in der repräsentativen Demokratie neu überdenken sollten.

Bei manchen Ärzten, die sich nur aus Anstandsgründen – wie sie sagen – von der Verweigerungsaktion fernhalten, lassen sich jedoch unschwer Befürchtungen ganz anderer Art erkennen. Das ist die ganz konkrete Besorgnis, sich von der Machtelite zu isolieren, in der man verankert ist. Das ist der eigentliche Konflikt mancher älterer, arrivierter Ärzte, die es innerlich an sich sehr danach drängt, irgend etwas zur Verhütung einer Katastrophe beizusteuern, deren medizinische Auswirkungen sie besser als alle anderen Bevölkerungsgruppen übersehen. Aber ihr Elan stockt, wenn sie durch die Art ihres Engagements in Kauf nehmen müßten, von den herrschenden konservativen Kreisen gemieden zu werden, die ihnen sozialen Halt geben. «Was sollen meine Freunde im Golfclub dazu sagen?»

Auch das Mißfallen von Behörden, Standesfunktionären oder Vorgesetzten zu provozieren, macht ihnen Unbehagen. Immer wieder zeigt sich, daß gerade professionelle Karriere häufig mit einer Fixierung von schülerhaften Abhängigkeiten verbunden ist, so daß Leute in absolut gesicherten höheren sozialen Stellungen immer noch von oben gute Zensuren brauchen, um sich wertvoll zu fühlen. Hinzu kommt die verinnerlichte soziale Abgrenzung nach unten. Auch wenn man insgeheim mit den Vorstellungen der radikaleren «jungen Leute» sympathisiert, erweist sich letztlich doch oft die psychosoziale Bindung an die Machtelite als ausschlaggebend.

Man hat gelernt, daß alles, was da von unten heraufbrodelt, doch irgendwie mit Anarchie, Extremismus und Umstürzlertum zusammenhänge. Die Drohung von oben, als Parteigänger «subversiver Linker» abgestempelt zu werden, wird dann leicht zu einer unüberwindlichen Hemmschranke.

Nun ist es eine – freilich nur auf den ersten Blick – kuriose Paradoxie, daß die eigentlichen politischen Machtträger sich häufig wesentlich flexibler erweisen als die ihr folgsame konservative Bürgerschicht, die den kritischen Basisinitiativen gegenüber getreulich und konsequent Distanz wahrt. Die verantwortlichen Politiker nehmen durchaus und ganz besonders einen eindeutigen Protest ernst, für den Gruppen mit praktischen Konsequenzen einstehen. So hat die westdeutsche Regierung den Entwurf des «Gesundheitssicherstellungsgesetzes», Ziel des massiven Basisprotestes, vorläufig begraben und die Funktionäre der Standesorganisation im Stich gelassen, die mit ihr im Bunde ein solches Gesetz, das u. a. Vorkehrungen für die Medizin im Kriegsfall vorsah, unbedingt haben wollte. Und man sieht Regierung und führende Mitglieder aller Parteien auf dem Wege, der «Friedensbewegung» noch rasch das Verständnis und die Sympathiebekundungen nachzuliefern, die man ihr unlängst noch kategorisch versagt hatte. Sicherlich steckt viel opportunistisches Taktieren hinter solchen Schwenkungen, und das Motiv der Wählerwerbung spielt fraglos eine große Rolle. Aber entscheidend ist, daß sich die «Stärkepolitiker» überall gezwungen sehen, mit ihren Drohreden und dem Säbelrasseln zurückzustecken. Sie müssen die Gegenmacht einkalkulieren, zu der die Friedensbewegung geworden ist. Es macht ihnen zu schaffen, wenn sich Bedenken, Sorgen und Empörung schließlich in praktischer Verweigerung artikulieren. Das ist die Sprache, die in den Zentren der Macht am besten verstanden wird und unmittelbar beeindruckt.

Die internationale Ärztebewegung zur Verhinderung eines Atomkrieges ist immer noch in raschem Anwachsen begriffen.

In allen Teilen der Bundesrepublik haben sich Ärzteinitiativen und auch gemeinsame Friedensinitiativen der verschiedenen Gesundheitsberufe entwickelt. Einzelne therapeutische Fachgruppen sind mit eigenen Forderungen an die Regierung und Appellen an die Öffentlichkeit hervorgetreten, so z. B. Psychoanalytiker, Gruppentherapeuten und Gruppendynamiker, Kinder- und Jugendlichen-Therapeuten. Der auf S. 200 genannte Appell der IPPNW-Ärzte im Sinne der Freeze-Forderung wird von den westdeutschen Initiativen auch ganz besonders als Stellungnahme gegen den Vollzug der NATO-Nachrüstung aufgefaßt und mit Nachdruck bekräftigt. Aber man ist sich weitgehend darüber im klaren, daß der Beitrag der Ärzte zu einer Überwindung der vorherrschenden Freund-Feind-Ideologie nur dann durchschlagen kann, wenn er jede Einäugigkeit vermeidet. Ausdruck dieser Haltung ist eine unmißverständliche Resolution der westdeutschen IPPNW-Sektion:

«In Übereinstimmung mit dem Appell der ‹International Physicians for the Prevention of Nuclear War› (IPPNW) erklären wir:

Niemand sollte der atomaren Drohung gleichgültig gegenüberstehen. Sie schwebt über Hunderten von Millionen Menschen. Als Ärzte, die sich dieser Gefahr bewußt sind, müssen wir die höchste Aufgabe präventiver Medizin ausführen – die Verhinderung der größten Katastrophe der Menschheitsgeschichte.

Für ein wesentliches Element der durch Mediziner zu leistenden Prävention eines Atomkrieges halten wir es, daß ein Umdenken in Richtung auf den Abbau von Feindbildern und auf eine gegenseitige Vertrauensbildung zwischen den Völkern in Ost und West einsetzt. Da die Konsequenzen eines Atomkrieges alle Völker treffen können, treten wir für die rückhaltlose Aufklärung der Bevölkerung über die Folgen von atomaren Waffen und atomaren Kriegen ein. Wir sind der Meinung, daß die Sicherheitskonzeptionen in Ost und West, die mit dem Mord an ganzen Völkern drohen, letztlich keine Sicherheit bringen. Wir fordern deshalb, keine Installation weiterer Atomwaffen in Ost und West, sondern ihre Abrüstung.»

20. Pädagogen

«Pädagogen gegen Rüstungswahnsinn»: Selbstver-
pflichtung zu aktiver Friedenserziehung in Bildungs- und
Ausbildungsinstitutionen. Bedeutung dieser kritischen Pädagogik für den Abbau der Generationenspaltung und Ein-
dämmung der Aussteigebewegung.

Es kann nicht verwundern, daß ähnlich wie unter den Ärzten
auch unter den Pädagogen Unbehagen über die soziale Militarisierung anwächst, die automatisch mit der offiziellen Abschreckungsdoktrin verbunden ist. Lehrer haben es mit einer
Jugend zu tun, die sich nicht nur immer mehr Sorgen um ihre
Ausbildungs- und Berufschancen macht, sondern untergrün-
dig zweifelt, ob es überhaupt noch eine Zukunft geben wird.
So schrieb eine Siebzehnjährige ihrem Vater einen Zettel:
«Papi, ich hoffe, es dauert noch zehn Jahre und nicht nur
zwei. Es wäre doch zu schade, wenn ich statt zu leben mein
ganzes Leben in der Schule gesessen hätte, um mich auf eine
Zukunft vorzubereiten, die vielleicht möglich, aber nicht
mehr wahrscheinlich ist.»
Bereits gegen Ende der siebziger Jahre erschreckte es viele
Pädagogen, wie in der Schuljugend rapide pessimistische
Phantasien zunahmen. Umweltvergiftung, Computerisierung
der Gesellschaft mit Zerstörung der menschlichen Beziehungen und ein möglicher dritter Weltkrieg begannen die Zu-
kunfstvorstellungen zu beherrschen. In einem 1979 ausgetra-
genen Wettbewerb «Jugend schreibt» kamen fast nur solche
schwarzen Visionen in den eingesandten Beiträgen zum Vor-
schein. Die Jury-Mitglieder und die anderen Personen, die den
Wettbewerb betreuten, stellten erschüttert fest: «Bis auf wenige Ausnahmen sind die Texte negativ, sehen die Jugendlichen die Zukunft düster.»
Besonders diejenigen Pädagogen, die noch intensiv zuhö-
ren können und sensibel dafür sind, was in der Jugend vor

sich geht, sind immer wieder betroffen, in welchem Maße schon 12-, 13-, 14jährige daran zweifeln, ob sie noch für ein längeres Leben planen können. Die Erwartung eines Atomkrieges überschattet immer mehr alle übrigen Gefahren. Dabei ist es allerdings charakteristisch, daß viele Schüler die Kriegsgefahr viel unmittelbarer als Erwachsene als logische Konsequenz einer falschen Lebenseinstellung begreifen, die sich sowohl in der Umweltzerstörung, in der Dehumanisierung der Technik und einer allgemeinen sozialen Militarisierung auswirkt.

Für empfindsame Lehrer wird der Auftrag zu einem schwer erträglichen Widerspruch, mit Kindern gerade solche gesellschaftlichen Denk- und Verhaltensweisen einzuüben, die zur Bewältigung der gemeinsamen Probleme immer weniger tauglich erscheinen. Ist es nicht vielmehr nötig, bereits in der Pädagogik jenes radikale Umdenken einzuleiten, das vor der Anpassung an eine bedrohlich unfriedliche und gewaltgeladene Welt schützt? Sollte nicht die Schule zu einem Ort umgestaltet werden, in dem die Erziehung zum Frieden zu einem Hauptthema gemacht wird?

Aber kritische Lehrer, in denen solche Wünsche hochkommen, sehen sich durch die Wirklichkeit unseres Schulsystems blockiert. Aus diesem Druck heraus haben sich erst einzelne, dann immer mehr Pädagogen zusammengetan, die «unabhängig von ihrer sonstigen politischen oder weltanschaulichen Position nicht weiter bereit sind, für eine Zukunft zu lehren und zu erziehen, die in so hohem Maße vom Grauen eines ‹machbar› gewordenen Atomkrieges überschattet ist.»

Ein Kern von ursprünglich zehn Lehrern hat in einem Dreivierteljahr in der Bundesrepublik 9000 Unterschriften für eine Aktion «Pädagogen gegen Rüstungswahnsinn» gesammelt. Das Echo ermutigte die Initiatoren, im Mai 1982 den «Ersten bundesweiten Pädagogen-Friedenskongreß» zu organisieren. 1300 Teilnehmer fanden sich ein. Man diskutierte in achtundzwanzig Arbeitsgruppen, veranstaltete ein großes

Friedensfest und beschloß eine «Öffentliche Verpflichtung». In dieser heißt es:

«Wir verpflichten uns

zum Widerstand gegen eine Rüstungspolitik, die mit dem Argument des ‹Gleichgewichts› des Schreckens begründet wird und gegen alle Pläne, dafür in den Bildungszentren zu werben und

für eine aktive Friedenserziehung in unseren Arbeitsfeldern Erziehung, Schule und Ausbildung.»

In der Einleitung des Kongresses gab der Hamburger Lehrer LUTZ VAN DICK, einer der Gründer der Initiative, Antwort auf die Frage, «wieso denn nun auch noch die Pädagogen einen eigenen Appell, jetzt sogar einen eigenen Kongreß machen müssen»:

«weil wir neue Wege des Zusammenlebens suchen wollen; weil wir zu Experten des Lebens, Lernens und des Friedens werden wollen. Das heißt gerade nicht, neue Feindbilder zu schaffen. Aber es heißt, Konsequenzen zu ziehen aus dem, was die herrschenden Politiker unter ‹Dialogbereitschaft› verstehen.»

Man sieht: der Aufbruch der Pädagogen erfolgt in ähnlichen Formen und mit ähnlichen Vorstellungen wie die Ärzte-Bewegung. Man organisiert sich aus dem Bedürfnis, die politische Mitverantwortung einer großen Berufsgruppe wahrzunehmen und sichtbar zu machen, die sich mit ihren pädagogischen Leitbildern im Widerspruch sieht zu einem bedrückenden Militarisierungsprozeß in der Gesellschaft.

Es ist bezeichnend, daß die Lehrer zunächst an die Notwendigkeit ihres eigenen Lernprozesses denken. Sie wollen selbst so etwas wie «Experten des Friedens» werden, um erfolgreich eine «aktive Friedenserziehung» leisten zu können. Dabei denken sie an «neue Wege des Zusammenlebens» und an eine Überwindung des «Feindbild-Denkens».

Paradox erscheint es nun, daß die Pädagogen sich für etwas kritisch engagieren müssen, was doch ohnehin ihr gesellschaftlicher Auftrag zu sein scheint. Was anderes als eine Erziehung zum Frieden sollen sie denn betreiben? Indessen sehen die Lehrer klar, daß die Schule sich immer mehr zu einer Stätte entwickelt, wo eine unaufhebbare Kluft zwischen unverbindlichen Idealen und einer gewaltträchtigen Wirklichkeit vermittelt wird. Soziale Sensibilität, Idealismus, Religiosität, ästhetisches Empfinden werden, sofern überhaupt, zur Entwicklung der privaten Innerlichkeit gepflegt, aber Zwang und Druck der Schulwirklichkeit führen zur Einübung eines egozentrischen Rivalitätsverhaltens in der Gruppe und zu ängstlicher, opportunistischer Anpassung nach oben. Aus dieser Widersprüchlichkeit heraus sehen sich die Lehrer dazu herausgefordert, ihre positive Motivation für Friedenserziehung kämpferisch verteidigen zu müssen.

«Widerstand bedeutet für uns Pädagogen», so heißt es in einem offiziellen Text der Initiative, «wir erteilen keinen ‹Wehrkundeunterricht› mit Propaganda für die Bundeswehr, sondern bemühen uns um den Abbau von alten Feindbildern und Bedrohungsängsten. Wir üben Solidarität mit denen, die wegen ihres Friedensengagements diszipliniert werden.»

Natürlich begegnen die engagierten Lehrer in der eigenen Berufsgruppe und seitens der aufsichtsführenden Verwaltung Bedenken und Einwänden, wie sie zum Teil bereits am Beispiel der Mediziner erörtert wurden: «Politik gehört nicht in die Schule!» – «Schützt unsere Kinder vor Indoktrination durch linke Lehrer!» – «Lehrer, denkt an euren Beamteneid und an euren Auftrag, den Schülern eine positive Bindung an unseren freiheitlich demokratischen Staat zu vermitteln!»

Die kritisierten Lehrer rechtfertigen sich: Es gehe ihnen wahrhaftig nicht darum, Parteipolitik in die Schule zu tragen. Und erst recht wollten sie die Schüler nicht indoktrinieren. Aber in den Köpfen der Schuljugend stecken ohnehin viele kritische Gedanken zu Themen wie Ökologie, Arbeitslosigkeit und speziell Atomrüstung. Indoktrination könne also nur heißen, diese Probleme zu unterdrücken und eine «Bindung an

den Staat» zu vermitteln, die auf unkritische Autoritätsergebenheit hinauslaufe. Warum sollten die Schüler nicht lernen,
selbst die politische Führung an den durch die Verfassung
gesetzten Normen zu messen? Warum sollten die Schüler sich
nicht darüber verwundern dürfen, wenn sie in den Zeitungen
z. B. von Militärexperten lesen, daß diese die neuen für die
Bundesrepublik vorgesehenen NATO-Raketen als «Erst-
schlag-Waffen», also als Angriffswaffen bezeichnen? Dies fordere schließlich eine Diskussion darüber heraus, ob damit
nicht ein Verstoß gegen Artikel 26 Absatz 1 des Grundgeset-
zes drohe.

Aber eigentlich sind die moralisch und juristisch fundierten
Argumente gegen die aufmüpfigen Lehrer nur ein Vorwand.
Das hauptsächliche nur ungern eingestandene Ärgernis liegt
in ihrem Ungehorsam gegenüber den Autoritäten, die sich mit
dem Staat zu verwechseln belieben. Der Ausbruch aus der
Disziplin in der Hierarchie ist das wahre Übel, das nur durch
vorgeschobene Scheinargumente verdeckt wird. Im Grunde
erwartet man von den Pädagogen, daß sie die Schüler auf eine
angepaßte Gefügigkeit abrichten. Wie können sie das aber,
wenn sie selbst nicht mehr gehorsam mitfunktionieren? Aber
eben diese eigentliche Begründung wird verschwiegen. Und
so sehen sich die «Pädagogen gegen Rüstungswahnsinn» offiziell als verkappte Staatsfeinde abgestempelt und müssen gegen den Vorwurf ankämpfen, daß aktive Friedenserziehung, ja
vielleicht schon eine genaue Belehrung über die Tatsachen der
Rüstung und über die medizinischen Wirkungen der Massenvernichtungswaffen, eine unzulässige «Politisierung der
Schule» bedeute. Als ob eine unkritische Anpassung-Pädago-
gik etwa einen geringeren politischen Gehalt hätte. Und als ob
eine Erziehung zum mündigen demokratischen Bürger darauf
verzichten könnte, den Widerspruch zwischen der Feindbildperspektive des (von vielen Verantwortlichen selbst so genannten) Rüstungswahns und den humanitären sozialen Werten zu
benennen, denen doch alle Pädagogik letztlich dienen soll.

Im übrigen wünscht die Gesellschaft von den Lehrern doch, daß diese mithelfen sollen, der allseits beklagten Aussteigebewegung und der Staatsverdrossenheit der Jugend entgegenzuarbeiten. Was nützt aber eine Anpassungs-Pädagogik, welche umgekehrt gerade große Teile der sensiblen Jugend aus der Gesellschaft forttreibt? Die eben, *weil* sie die kritische Diskussion aus der Schule fernhält, ein fundamentales Unbehagen nicht nur gegenüber der Schule, sondern gegenüber den demokratischen Institutionen überhaupt immer weiter anwachsen läßt? Genau dies ist ja doch die von den konservativen Mahnern geflissentlich übersehene Paradoxie: Die Verstärkung autoritären Anpassungsdrucks in der Schule bewirkt letztlich genau das, was diejenigen am meisten beklagen, die gegen die kritisch engagierten Lehrer am schärfsten argumentieren. Der Riß zwischen den etablierten Älteren und der von ihnen organisierten Gesellschaft einerseits und einer von Zukunftsängsten geplagten und obendrein eingeschüchterten Jugend andererseits wird noch tiefer.

In Wahrheit schaffen Gruppen wie die «Pädagogen gegen Rüstungswahnsinn» Ansatzpunkte, um die Spaltung zwischen den Generationen wieder zu überbrücken. Denn dies ist ja auch explizit ihre Botschaft: nämlich ein friedliches, auf Dialog und Verständigung gegründetes Zusammenleben zu fördern. Dagegen bildet sich in der Intoleranz, die den engagierten Lehrern und ihren Appellen entgegenschlägt, genau ein Stück von der latenten Gewalt ab, welche die gesellschaftliche Krankheit der Unfriedlichkeit charakterisiert. Unter dem Motto der Verteidigung von Recht und Ordnung geht es der Obrigkeit in Wahrheit um Durchsetzung von Macht. Und so liefert die Verteufelung der protestierenden Lehrer im kleinen ein Modellbeispiel für die Fixierung eines Konfliktes auf sadomasochistischem Niveau und für die Unfähigkeit, durch beharrlich fortgeführtes Gespräch einen gemeinsamen Lernprozeß möglich zu machen. Anstatt zu fragen, ob nicht die Bildung immer neuer kritischer Basisgruppen einen Vertrauensschwund der Menschen gegenüber den Machtträgern anzeigt, welcher durch eine höchst kritische Lage der Gesellschaft gerechtfertigt ist, wird blindlings das Symptom bekämpft, anstatt daß man dieses als Warnsignal zur Klärung und kooperativen Überwindung der eigentlichen Krankheit begreift. In dieser Zwangssituation werden die diversen Initiativen der neuen Basisbewegung, hier also die aktiven «Friedenspädagogen», dazu gedrängt, ihren Widerstand immer noch fühlbarer zu machen.

21. Kirche und Seelsorger

Der Konflikt um die Auslegung der Bergpredigt. DDR-Kirche schützt Friedensinitiativen junger Christen. Engagierter «Berliner Appell» von DDR-Pfarrer Eppelmann; dagegen zaghafte EKD-Denkschrift in Deutschland-West. Konflikte der Kirchenleitungen mit der sensibilisierten Jugend. Katholische Kirchenführer in den USA unter den Pionieren der Friedensbewegung und z. T. auf Verweigerungskurs.

Noch sehr viel deutlicher als bei Ärzten und Lehrern erlebt die Öffentlichkeit bei den Pfarrern die Schwierigkeit, wenn Teile einer Berufsgruppe aus der unsichtbaren Umzäunung eines gesellschaftlichen Reservats ausbrechen und sich offen politisch einmischen. Plötzlich wird die von SCHELER beschriebene und attackierte Schranke deutlich erkennbar, durch die sich Politik und Wirtschaft traditionellerweise gegen die angeblich nur private Wertwelt der psychosozialen Berufe abzuschirmen versuchen. Stiftet es schon Verwirrung, wenn Ärzte und Lehrer, die nur für Gesundheit und Bildung zuständig sein sollen, für den Frieden auf die Straße gehen, so macht es noch mehr Unruhe, wenn ähnliche Proteste aus dem Raum der Kirche erschallen.

Nun hat Jesus von Nazareth, wie Untersuchungen der Bibel zeigen, seine Lehre durchgängig durch entsprechendes praktisches Tun belegt. Sein Leben war gewaltfreier Widerstand gegen Unterdrückung, Unrecht und Heuchelei. Als das Schwert für ihn gezogen wurde, hat er es zurückgewiesen und sein Leben geopfert. So hat er unmißverständlich ausgedrückt, was er mit Frieden meinte, einem der häufigsten Worte im Evangelium und dem Zentralthema der Bergpredigt. Sollte nun etwa die Verkündigung der Bergpredigt – so heißt es in einem Text der *Jungen Kirche* – «gar nicht als Gesetz der Völker gemeint sein, sondern nur für seelische Innenräume gelten oder für das Jenseits oder auf das Häuflein frommer Christen beschränkt sein?»

Lange haben sich die Amtskirchen darum bemüht, die Bergpredigt in diesem eingeschränkten Sinn zu interpretieren, um sich die Gunst staatlicher Macht zu erhalten. In einem Papier, herausgegeben vom Bund der evangelischen Kirchen in der DDR, heißt es dementsprechend:

«Eine lange Periode eines aus politischer Staatsräson bedingten ‹unpolitischen Protestantismus› hat uns vor allem in Europa um die Fähigkeit gebracht, die Ursachen von Ungerechtigkeit und Unfrieden als Sünde gegen den Schalom Gottes zu erkennen und unter dem Wissen des Evangeliums zu bekämpfen. Die Einbindung in Machtstrukturen und die Funktion der Kirche in der Gesellschaft haben uns jahrhundertelang gelähmt, den Auftrag der Christen nach Matthäus 5,9 zu leben. Der Friede Gottes wurde notgedrungen spiritualisiert und individualistisch interpretiert. Damit wurde er als Anspruch und Herausforderung für die Christenheit bis zur Unkenntlichkeit verzerrt.»

In der DDR, wo einer unabhängigen Friedensbewegung eine spontane Entfaltung verwehrt wird, geriet die evangelische Amtskirche unter den starken Einfluß junger Christen, die sich offen für den Frieden engagieren. Sie hat sich unter Bischof ALBRECHT SCHÖNHERR in einer Deutlichkeit zu ihrem politischen Auftrag bekannt, die im westlichen Teil Deutschlands ihresgleichen sucht. Bischof SCHÖNHERR sagte in einem Vortrag:

«Lange Zeit galt es als unpassend und unfromm, wenn Christen sich um politische Fragen kümmerten. Politik verdirbt, so meinte man, nicht nur den Charakter, sondern zerstört den Frieden der Gemeinde. Aber was ist das für ein Frieden, der nur dadurch am Leben bleibt, daß große und lebenswichtige Gebiete ausgeklammert werden!

Die Älteren unter uns haben es erfahren: Hitler konnte seine Erfolge nicht zum Wenigsten darum erringen, weil wir Protestanten politisch viel zu gutgläubig, zu autoritätsabhängig, zu unerfahren waren. Gerade dieses Beispiel zeigt überdeutlich die Gefahr: Wenn wir meinen, uns scheinbar ‹unpolitisch› auf eine ‹reine› Frömmigkeit zurückziehen zu können, haben wir bereits politisch Stellung genommen und helfen denen, die diese Passivität nur allzugut für ihre Absichten gebrauchen können. Darum ist der ‹unpolitische Christ› eine gefährliche Illusion.»

Für Millionen junger Christen in aller Welt bedarf es keiner weiteren theologischen Begründung, daß christliche Moral nur glaubwürdig vertreten werden kann, wenn man mit ihr der laufend verstärkten Bedrohung der Menschheit durch die Overkill-Rüstung widerspricht. Da das politische Abschreckungsdogma nach wie vor den Rüstungswettlauf bestimmt, ist es für diese Massen junger Christen kein Zweifel, daß sie diese Doktrin und ihre Konsequenzen mit allen Kräften bekämpfen müssen.

Die protestantische Amtskirche in der DDR erlebt z. Z., daß in der dortigen Jugend nicht nur die Religiosität wieder zunimmt, sondern daß Scharen von Jugendlichen ihr Christentum in Form eines Bekenntnisses zu einer entschiedenen Friedenspolitik ausdrücken wollen. Mit dem Appell «Schwerter zu Pflugscharen» beunruhigen sie die staatlichen Organe und nötigen die Kirchenleitung, sich schützend vor sie zu stellen. So hat unlängst Oberkirchenrat von FROMMANNS-HAUSEN vor 10 000 evangelischen Jugendlichen in Eisenach versichert: Wer das Zeichen «Schwerter zu Pflugscharen» angreife, greife die Kirche selbst an. Und er forderte bei der gleichen Veranstaltung dazu auf, der Verherrlichung des Krieges seine «Entherrlichung» entgegenzusetzen und Militärparaden und Orden abzuschaffen. Noch weiter geht der Ostberliner Jugendpfarrer RAINER EPPELMANN, der im Januar 1982 einen «Berliner Appell» mit dem Titel «Frieden schaffen ohne Waffen» herausgegeben hat. In diesem Appell, der inzwischen mehrere Tausend Unterschriften gefunden hat, heißt es u. a.:

«Wir schlagen vor, in einer Atmosphäre der Toleranz und der Anerkennung des Rechts auf freie Meinungsäußerung die große Aussprache über die Fragen des Friedens zu führen, und jede spontane Bekundung des Friedenswillens in der Öffentlichkeit zu billigen und zu fördern. Wir wenden uns an die Öffentlichkeit und an unsere Regierung, über die folgenden Fragen zu beraten und zu entscheiden:

a) Sollten wir nicht auf die Produktion, den Verkauf und die Einfuhr von sogenanntem Kriegsspielzeug verzichten?
b) Sollten wir nicht an Stelle des Wehrkundeunterrichts an unseren Schulen einen Unterricht über Fragen des Friedens einführen?
c) Sollten wir nicht an Stelle des jetzigen Wehrersatzdienstes für Kriegsdienstverweigerer auch einen sozialen Friedensdienst zulassen?
d) Sollten wir nicht auf alle Demonstrationen militärischer Machtmittel in der Öffentlichkeit verzichten und unsere staatlichen Feiern statt dessen dazu benutzen, den Friedenswillen des Volkes kundzutun?
e) Sollten wir nicht auf die Übungen zur sogenannten Zivilverteidigung verzichten? Da es im Atomkrieg keine Möglichkeit einer sinnvollen Zivilverteidigung gibt, wird durch diese Übungen nur der Atomkrieg verharmlost. Ist es nicht womöglich eine Art psychologischer Kriegsvorbereitung?
   Frieden schaffen ohne Waffen – das bedeutet nicht nur: Sicherheit zu schaffen für unser eigenes Überleben. Es bedeutet auch das Ende der sinnlosen Verschwendung von Arbeitskraft und Reichtum unseres Volkes für die Produktion von Kriegswerkzeug und die Ausrüstung riesiger Armeen junger Menschen, die dadurch der produktiven Arbeit entzogen werden. Sollten wir nicht lieber den Hungernden in aller Welt helfen, statt fortzufahren, unseren Tod vorzubereiten?»

Wie in der DDR Teile der Kirche das wachsende Friedensengagement der Menschen aufnehmen, was sie daraus lernen und wie sie versuchen, es sinnvoll zu unterstützen, das schildert ein Gemeindepfarrer in einem instruktiven Brief:

«Täglich erlebe ich, daß es immer mehr Menschen gibt – kirchliche Mitarbeiter, Christen und Nichtchristen –, die aus ihrer Sattheit und Resignation und Gleichgültigkeit aufwachen, sich von unseren Sicherheitsorganen oder ihren Maßnahmen nicht mehr völlig einschüchtern lassen. Es werden immer mehr Menschen, die begreifen, daß die Gefährdungen, wenn sie nichts tun, größer sind als diejenigen, die sie evtl. für ihr eigenständiges und verantwortliches Nachdenken und Handeln in Kauf nehmen müssen.»

«Einige hoffnungsvolle Beispiele: In Betrieben fangen Menschen an zu fragen und vorsichtig zu reden, sie schweigen nicht mehr nur, wenn sie eine andere als die offizielle Meinung haben. – Immer wieder kommen völlig fremde Menschen zu mir. Sie wollen sich engagieren, einen Rat oder suchen Anschluß an eine Friedensgruppe. – Zwei Jahre lang, 1980 und 81, mußte ein Pastoralkolleg zum Thema ‹Frieden› wegen Mangel an Beteiligung ausfallen, in diesem Jahr soll das Kolleg zum gleichen Thema überfüllt sein. – Bei uns in der Gemeinde gibt es seit einigen Wochen einen Arbeitskreis ‹Frieden›, in dem sich bisher fünfzig Menschen in verschiedenen Sachuntergruppen (Erziehung, Wehrfragen, Informationen und Kontakte, Vorbereitung: Friedensdekade '82 in der Gemeinde) regelmäßig treffen.»

«Viel stärker als noch vor wenigen Monaten suchen Mitglieder unserer Kirchenleitung das regelmäßige Gespräch mit Basismitarbeitern; eine Tendenz zum öffentlichen, glaubwürdigeren und engagierteren Reden ist – gewiß auch darum – unverkennbar. Ich bin der Überzeugung, daß wir jetzt, nach einigen ‹Klingelzeichen›, viel stärker und intensiver als in den vergangenen Jahren dazu übergehen müssen, unser Anliegen auf viel breitere und informiertere Fundamente zu stellen.»

«Wir wollen keine Macht haben, keine Partei (oder Gewerkschaft) gründen, keine grundsätzliche Opposition sein. Wir sind einfach aufgewacht und wollen nicht tatenlos zusehen, wie unsere Erde und damit auch wir kaputtgemacht werden. Wir wollen dazu beitragen, daß neue Wege in Politik und Weltwirtschaft, im Umgang der Völker und Menschen und Klassen miteinander beschritten werden. Und wir (nur die Christen?) meinen, auch die grundsätzliche Alternative schon zu kennen! Sie ist schon fast 2000 Jahre alt, die ‹Regierungserklärung› Bergpredigt.»

«Je mehr ich mir Fakten und Wissen in Sachen ‹Frieden› aneignen kann, stelle ich fest, daß – abgesehen von nacktem Zahlenmaterial und wenigen anderen Gedankengängen – eigentlich alles Notwendige schon mehrmals gesagt ist. Es geht eigentlich ‹nur› noch darum, die Laborerkenntnisse in die Massenfertigung wirkungsvoll umzusetzen. Hier sehe ich eine spezielle Herausforderung für alle Christen, glaubwürdig, überzeugend, mutig und Hoffnung verbreitend vorbildhaft tätig zu sein. Gelingen kann diese große Aufgabe aber nur, wenn alle eigenständig und alternativ Bewegten im gründlichen, vertrauensvollen und offenen Gespräch ihre unterschiedlichen Auffassungen im Detail feststellen, trotzdem aber handlungsfähig zusammenbleiben und ihre Vielfalt als Chance und Reichtum begreifen und nutzen. Ich neige dazu, lieber kleinere Schritte gemeinsam zu gehen – kleine selbständige ‹Abstecher› müssen selbstverständlich erlaubt sein –, als in anfänglicher Begeisterung zu große Schritte zu tun und dann auf dem Weg so ins Streiten zu kommen, daß ein gemeinsames Handeln überhaupt nicht mehr möglich erscheint. Ich habe den Eindruck, daß der Umgang der einzelnen Gruppen und Personen in der Friedensbewegung ein echter Prüfstein für die Sache ist! Wie sollen verfeindete Regierungen und Militärblöcke, eingepfercht in ihre sog. Sachzwänge, friedlicher als bisher miteinander umgehen können, wenn das nicht einmal den Friedensbewegten gelingt!?»

Während sich die protestantische Amtskirche in der DDR unter staatlichem Druck sehr schwertut, die pazifistischen Aktivitäten der Jugend abzuschirmen, steht der Bruderkirche im Westen ein viel größerer Spielraum zur Verfügung. Aber ausgerechnet in der Bundesrepublik scheuen sich die Spitzengremien beider großen Kirchen, eindeutig Stellung zu beziehen. In der katholischen Kirche überwiegt sogar eindeutig eine kritische Haltung gegenüber der Friedensbewegung.

Eine als großartiger Beitrag zur «Versachlichung der Diskussion» gelobte und mit einem hohen Preis ausgezeichnete Denkschrift der Evangelischen Kirche Deutschlands von 1981 «Frieden wahren, fördern und erneuern» verrät vor allem angestrengte Bemühungen um taktische Behutsamkeit. Selbst dort, wo man von den Autoren einen klaren und unmißverständlichen Protest erwartet hätte, wagen sie nur, die Politik artig zu befragen. Etwa: «Die Kirche hat die Pflicht, die Politiker nachdrücklich zu fragen, wie die Kette von Rüstungsmaßnahmen, die jeweils als Nachrüstung zur Stabilisierung eines vorangegangenen Gleichgewichtes empfunden oder dafür ausgegeben werden, durchbrochen werden kann.»

An anderer Stelle heißt es ähnlich zaghaft: Es wäre «. . . ganz unzureichend, wenn die politische Friedensaufgabe zwischen den Völkern allein in Kategorien der gegenseitigen Bedrohung mit militärischer Gewalt konzipiert wird».

Die Denkschrift erkennt ausdrücklich nach wie vor als eine «für Christen noch mögliche Handlungsweise» an, «einen Frieden in Freiheit durch Atomwaffen zu sichern». Allerdings heißt es dann weiter, daß diese Handlungsweise nur in einem Rahmen ethisch vertretbar sei, «in welchem alle politischen Anstrengungen darauf gerichtet sind, Kriegsursachen zu verringern, Möglichkeiten gewaltfreier Konfliktbewältigung auszubauen und wirksame Schritte zur Senkung des Rüstungsniveaus zu unternehmen». Unter diesen Bedingungen habe die Kirche Achtung und Verständnis für diejenigen, die in der Bundeswehr Dienst leisteten.

Nun ist diese Rahmenvoraussetzung indessen offenbar zur Zeit keineswegs erfüllt. Die Führungsmacht in der NATO zwingt allen Bündnispartnern, also auch uns, gegenwärtig eine Strategie auf, die an die Stelle von Entspannung verstärkte Bedrohung setzt. Nicht einmal die Begriffe «Entspannung» und «Dialog» dürfen, so will es der amerikanische Präsident, ohne einschränkende Beiworte mehr verwendet werden. Ein Handelskrieg mit scharfen Wirtschaftssanktionen liegt auf der gleichen Linie einer feindseligen Einschüchterung. Das heißt, die offizielle Politik bewegt sich genau in der Gegenrichtung zu der von der EKD-Denkschrift geforderten Bemühung, «Möglichkeiten gewaltfreier Konfliktbewältigung auszubauen». Und wo gibt es die außerdem zur Bedingung gemachten Schritte, das Rüstungsniveau zu senken? Wird nicht parallel zu allen aufgenommenen Verhandlungskontakten in steigendem Tempo, zum Teil unter Einführung neuartiger Massenvernichtungswaffen, weitergerüstet? Warum sagt die EKD-Denkschrift also nicht konkret und direkt: «Unter *diesen* Umständen ist Dienst an Atomwaffen für einen Christen ethisch nicht mehr vertretbar!»? Denn genau dies müßte doch die logische Konsequenz sein, wenn man die konkrete politische Situation an den in der Denkschrift abstrakt formulierten Rahmenvoraussetzungen mißt.

Mit sehr gemischten Gefühlen, zum Teil mit ausdrücklicher Mißbilligung, haben die Führungen beider westdeutscher Kirchen erlebt, daß der Evangelische Kirchentag 1981 und der Deutsche Katholikentag 1982 jeweils von großen Scharen Gläubiger als Chance begriffen worden sind, ein leidenschaftliches Bekenntnis für die Ziele der internationalen Friedensbewegung abzulegen. Bei diesen Anlässen hat sich herausgestellt: Große Teile der christlichen Jugend, Scharen von Jugend- und Gemeindepfarrern, bedeutende theologische Gelehrte, auch einzelne noch amtierende oder bereits entpflichtete Kirchenobere stimmen in der Überzeugung überein, daß Christentum nur noch glaubwürdig in aktivem politischem Engagement gelebt werden könne. Gerade in den westlichen Demokratien müßte die Kirche Christi ihren bedeutenden Freiraum ausnützen, um der Bedrohungspolitik entschlossen Einhalt zu gebieten, anstatt diese nur sanft zu beanstanden.

Die katholischen Bischöfe Westdeutschlands lassen bekanntlich in ihren Hirtenbriefen vor Bundestagswahlen ohnehin regelmäßig ihre Sympathie für die «christliche» Parteienunion durchblicken, die bislang der REAGANschen Stärkepolitik unbeirrbar die Stange hält. Aber auch die Dachorganisation der katholischen Laien, das Zentralkomitee der deutschen Katholiken (ZdK) ist eng mit CDU und CSU verbunden. Führende Personen im ZdK haben zum Teil hohe Ämter in einer der beiden Unionsparteien inne. Es ist schwer vorstellbar, wie sie als katholische Verbandspolitiker etwas anderes sagen könnten, als was sie in ihrer anderen Rolle als Parteifunktionäre vertreten. Jedenfalls stößt beim institutionalisierten westdeutschen Laienkatholizismus das Friedensengagement der jungen Katholiken, organisiert im Bund der deutschen katholischen Jugend (DBkJ) auf erhebliches Mißtrauen und auf wenig verhüllten Widerstand. Eindeutige Ablehnung schlägt der «Initiative der Kirche von unten» entgegen, die dreiundvierzig Mitgliedergruppen hat und die eindeutig für eine Rücknahme des NATO-Doppelbeschlusses eintritt.

Ein «Friedenspapier» des ZdK enthält so deutliche antikommunistische Züge, daß ihm von vielen Kritikern der Vorwurf der Einäugigkeit gemacht wurde. Gegen den Vorwurf der Feindbildperspektive argumentierte der Präsident des ZdK, gleichzeitig Kultusminister von Bayern, ganz unverblümt: Nicht ein Feindbild, sondern die nüchterne Wahrnehmung der Wirklichkeit, die «eben auch das Böse, die Feindschaft und den Haß kennt», sei für das ZdK maßgeblich gewesen.

Anders als in Westdeutschland steht die katholische Kirche der USA nicht einseitig einer Partei nahe, sondern hält zu beiden großen Parteien etwa gleich große Distanz. Diese Unabhängigkeit dürfte einer der Gründe dafür sein, daß sich der Katholizismus in den USA zu einem maßgeblichen Motor und Stützpfeiler der Friedensbewegung entwickelt hat.

Einen wichtigen Anstoß gab der Jesuitenpater RICHARD McSORLEY mit seiner Schrift «Es ist Sünde, eine Atomwaffe zu bauen», die er 1976 herausgab. Darin schrieb der Pater: «Der Gipfel der Gewalttätigkeit unserer heutigen Gesellschaft ist die Bereitschaft, Atomwaffen einzusetzen. Verglichen mit dieser Bereitschaft sind alle anderen Übel gering. Wenn wir uns der Frage unserer Zustimmung zur Benutzung nuklearer Waffen nicht ehrlich stellen, ist jegliche Hoffnung auf eine durchgreifende Besserung der allgemeinen Moral zum Scheitern verurteilt.»

1979 erklärte Kardinal KROL von Philadelphia, einer der ranghöchsten amerikanischen Erzbischöfe, die atomare Abschreckung sei moralisch unzulässig. Seitdem haben sich zahlreiche weitere Bischöfe, aber auch katholische Laienorganisationen zu öffentlichem Protest gegen die Atomrüstung entschlossen und teilweise sogar zum zivilen Widerstand aufgerufen.

Zu einer der bekanntesten Figuren in der amerikanischen Friedensbewegung ist der Erzbischof von Seattle, RAYMOND G. HUNTHAUSEN, geworden. Bischof HUNTHAUSEN war bereits durch die Schrift von Pater MCSORLEY sensibilisiert, als er durch den Bau einer Basis für die neuen Trident-U-Boote in der unmittelbaren Nachbarschaft aufgeschreckt wurde. Was er über die militärische Bestimmung dieses neuen Waffensystems hörte, bewog ihn, zum offenen Kampf überzugehen. In einer berühmt gewordenen Rede über «Glaube und Abrüstung» sagte er im Juni 1981: «Ein einziges Trident-U-Boot kann mit seinen Atomsprengköpfen vierhundertacht verschiedene Ziele zerstören, jedes davon mit einer Bombe, die fünfmal stärker ist als die Hiroshima-Bombe. Trident und andere neue Waffensysteme wie MX und Marschflugkörper haben eine so ungeheure Zielgenauigkeit und Explosionskraft, daß man sie nur als Vorbereitung zum ersten Schlag auffassen kann. Erstschlags-Atomwaffen sind unmoralisch und verbrecherisch. Von ihnen profitieren nur die Rüstungsindustrie und die Wahnsinnsträume jener, die einen nuklearen Holocaust ‹gewinnen› wollen. Ich spreche auch darum gegen Trident, weil die Basis sich hier bei uns befindet. Wir tragen ganz besondere Verantwortung für das, was in unserem eigenen Hinterhof geschieht. Und wenn Verbrechen vorbereitet werden in unserem Namen, müssen wir offen darüber reden.»

Erzbischof HUNTHAUSEN plädiert für eine bilaterale Abrüstung. Aber er verlangt, daß sein Land damit anfange. «Jesus nahm das Kreuz und nicht das Schwert, das zu seiner Verteidigung gezogen wurde. Das ist das Bekenntnis zur einseitigen Abrüstung.»

«Einige sagen mir, einseitige Abrüstung sei Wahnsinn angesichts des atheistischen Kommunismus. Ich finde, Atomrüstung, ganz gleich von welcher Seite, ist atheistisch und erst recht ein Wahnsinn.»

«Ich bin betroffen, wie viel mehr wir Amerikaner erschrecken bei dem Gedanken an Abrüstung als über den Marsch in den Atomkrieg. Wir, deren Atomwaffen Millionen Menschen auf der Erde in Schrecken versetzen, erschrecken bei dem Gedanken, keine zu haben. Stellen wir uns unsere Nation ohne dieses Machtwerkzeug vor, so fühlen wir uns ganz entblößt. Die Propaganda und unsere Lebensweise haben uns in ein Totengewand gehüllt. Auf die Macht zur globalen Zerstörung zu verzichten, wird so empfunden, als ob wir damit alles riskierten. Und wir riskieren wirklich alles, aber in einer anderen Richtung, als wir es jetzt tun. Atomwaffen schützen Privilegien und Ausbeutung. Sie aufzugeben, würde bedeuten, die Wirtschaftsmacht über andere Völker aufzugeben. Friede und Gerechtigkeit gehören zusammen. Auf dem Weg, auf dem wir uns jetzt befinden, braucht unsere Wirtschaftspolitik gegenüber anderen Völkern Atomwaffen.»

«Die Lage ist klar. Etwas muß getan werden. Irgendeine Form gewaltfreien Widerstands.»

«Einige schreiben vielleicht an ihre gewählten Volksvertreter auf Staats- und Landesebene; andere nehmen lieber an Märschen, Demonstrationen oder ähnlichen Protestaktionen teil. Es gibt ja viele Möglichkeiten, etwas zu tun. Ich möchte auf eine weitere Möglichkeit hinweisen: Ganz einfach – eine beträchtliche Anzahl von Bürgern im Staate Washington – 5000, 10 000 oder eine halbe Million – behalten fünfzig Prozent ihrer Steuern ein und leisten so gewaltfreien Widerstand gegen den atomaren Massenmord und Selbstmord. Ich glaube, das wäre ein entscheidender Schritt zur Abrüstung. Unsere gelähmte Demokratie braucht eine solche Schocktherapie von gewaltfreien Aktionen aus dem Glauben heraus. Wir müssen uns weigern, unserem nuklearen Abgott Weihrauch – in diesem Fall Steuergelder – zu opfern.»

Erzbischof HUNTHAUSEN praktiziert diese Form des zivilen Widerstandes inzwischen selbst. Er zahlt nur noch fünfzig Prozent seiner Steuern. Eine Reihe Geistlicher verschiedener Konfessionen ist ihm darin gefolgt. In einem *Spiegel*-Interview wurde er gefragt, ob die kirchliche Lehre nicht fordere, die staatlichen Gesetze zu achten. Seine Antwort entspricht dem Sinne nach exakt der Position EINSTEINS:

«. . . das Gesetz ist nicht absolut. Unter bestimmten, ernsten Umständen dürfen wir in gewaltlosem Widerstand das Gesetz brechen.

In den ersten drei Jahrhunderten unseres Zeitalters haben die Christen im Römischen Reich Gesetze gebrochen, sie waren bereit, dafür zu sterben. Menschen wie der Bürgerrechtler Martin Luther King haben Gesetze gebrochen, um auf Mißstände aufmerksam zu machen. Ich habe mich nach langem Nachdenken entschlossen, das Gesetz zu brechen, weil ich glaube, daß ein so schreckliches Übel wie die Atomrüstung radikale Gegenmaßnahmen erfordert.»

Erzbischof HUNTHAUSEN erhielt auf seine Rede vom Juni 1981 viel Zustimmung, aber auch heftigste Kritik. Er solle gefälligst geistlicher Berater bleiben und sich aus der Politik heraushalten. Unterstützung fand er bei seinem bischöflichen Amtsbruder LEROY MATTHIESEN aus Amarillo (Texas). Nachdem Präsident REAGAN im August 1981 den Beschluß bekanntgegeben hatte, die Neutronenbombe zu bauen, riet Bischof MATTHIESEN den Arbeitern der dort heimischen Pantex-Werke, wo die Bombe gebaut werden sollte, ihren Job aufzugeben und sich eine friedlichere Beschäftigung zu suchen.

Inzwischen sind fünfundvierzig amerikanische Bischöfe in die katholische Friedensorganisation Pax Christi eingetreten. Siebzig von dreihundert katholischen Bischöfen haben während des letzten Jahres Erklärungen gegen das Wettrüsten abgegeben. Die Ordensoberinnen (Leadership of Women Religious) und die Ordensoberen (The Conference of Major Superiors of Men Religious) sowie der Nationale Bund der

Priesterräte haben die Neutronenbombe verurteilt. Auf der Jahrestagung der katholischen Frauen, die im National Council of Catholic Women organisiert sind (eine Organisation, der 8000 Untergruppen angehören), wurde der Beschluß gefaßt, «unermüdlich für die Abrüstung und Abschaffung aller Atomwaffen» zu arbeiten.

Bereits erwähnt wurde der Widerstand von Erzbischof QINN aus San Francisco gegen den zivil-militärischen Vorsorgeplan des Pentagon, nämlich seine Aufforderung, die katholischen Krankenhäuser sollten keine Reservebetten für den Kriegsfall bereitstellen.

Nicht nur in den USA, auch in einer Reihe von europäischen Ländern gibt es halbkirchliche oder von den Kirchen nur finanziell geförderte, aber sonst unabhängige christliche Organisationen, die sich gezielt politischer Friedensarbeit widmen. Sie sind vielfach beweglicher und mutiger als die Kirchen selbst, die mehr oder weniger Rücksicht nehmen auf die Interessen der Regierungen, der herrschenden Sozialschichten und auf die Meinungsvielfalt ihrer Anhänger. Teilweise fällt solchen Organisationen eine wichtige Integrationsfunktion für die Friedensbewegung zu, so wie in Holland dem «Interkirchlichen Friedensrat» oder in Deutschland der «Aktion Sühnezeichen/Friedensdienste».

Vierter Teil
Beispiele

22. Deutschland-Ost:
Friedenswerkstatt 1982 in Ostberlin

Hier im Westen neigen viele von uns infolge laufender entsprechender Beeinflussung zu pauschalierenden Vorurteilen über die Menschen der anderen Seite. Das äußere Bild einer zentralistisch überkontrollierten Gesellschaft verführt zu dem Glauben, stetiger staatlicher Druck mache die Menschen notwendigerweise mürbe und verwandle sie schließlich in das, was die offizielle Propaganda ihnen unablässig vorsetzt. So sagt hier manch einer: Ich würde vielleicht in einer Friedensinitiative mitmachen, wenn ich wüßte, daß sich drüben auch etwas täte. Fragt man nach, ob der Betreffende sich denn schon einmal bemüht habe, sich drüben umzuhören, bekommt man vielleicht die Antwort: Das sei doch gar nicht nötig. Schließlich könne man sich jeden Morgen per Radio aus den Zitaten Ostberliner Zeitungen informieren. Da erfahre man zur Genüge, was drüben los sei.

Erfährt man das wirklich? Oder will man vielleicht gar nichts mehr hören, was die stereotype Vorstellung von dem «Feind im Osten» irritieren könnte? Ist es also vielleicht nicht nur Gleichgültigkeit, sondern sogar geheime Absicht, wenn viele im Westen inzwischen nur noch wenig Interesse zeigen, sich genauer nach dem, was die Menschen im Osten fühlen und wie sie z. B. den Prozeß der gesellschaftlichen Militarisierung und die Atomkriegsdrohung verarbeiten, zu erkundigen?

Verblüfft stellen die Leute dann hier eines Tages fest, daß manche östliche Schriftsteller auf den internationalen Schriftstellertreffen zum Friedensthema fast das gleiche sagen wie ihre westlichen Kollegen. Westliche Ärzte aus der Ärztebewegung treffen auf Kollegen aus dem Osten, deren Engagement für die Kriegsverhütung sich nicht im mindesten von ihrem eigenen unterscheidet. Und überrascht hört man, daß sich drüben im Rahmen der Kirchen und der Gemeinden – der

Brief des DDR-Gemeindepfarrers läßt es erkennen – Tausende sammeln, die es drängt, ihre Kriegsangst offen auszusprechen und ihren Willen, für den Frieden in jeder nur erdenklichen Form zu arbeiten, kundzutun.

Dann kommt der Einwand: «Aber die Leute können doch drüben *nichts machen*!» Haben *wir* denn bisher im Westen REAGAN gehindert, Neutronenbomben und neue chemische Kampfstoffe produzieren zu lassen, mit der offiziellen Militarisierung des Weltraums zu beginnen und die «Freeze-Forderung» abzulehnen? Wenn man aber mit «nichts machen» meint, daß die Menschen auf der anderen Seite es nicht einmal fertig brächten, ihre Bedrängnis zu formulieren und kritische Ideen zu äußern, so sollte man sich eines Besseren belehren lassen. Ich möchte hier zwei Beispiele folgen lassen. In dem einen schildere ich meine Erlebnisse auf einer «Friedens-Werkstatt» 1982 in der Ostberliner Erlöserkirche vom Juni 1982. Im anderen stellt eine sechzehnjährige Schülerin aus der DDR dar, welche inneren Konflikte ihr die Teilnahme an Wehrkundeübungen in der Schule bereitet hat, wie in ihr die Entscheidung gereift ist, die weitere Teilnahme zu verweigern, und wie sie diesen Entschluß vollzogen hat.

Indem wir uns gegenseitig über die Grenzen hinweg besser informieren über das, was in uns vorgeht und wie wir uns unter den unterschiedlichen gesellschaftlichen Bedingungen rühren, um unser Verlangen nach einer Umkehr der Rüstungs- und Bedrohungspolitik vorzubringen, tun wir etwas sehr Wichtiges. Schon dieser Dialog als solcher, von dessen Möglichkeit wir hier im Westen noch weit mehr Gebrauch machen könnten und sollten, ist bereits ein nicht unwichtiges Stück Friedensarbeit. Und zwar nicht als Mittel zur Einflußnahme – vielmehr als genutzte Chance, sich die Erfahrung von der geschwisterlichen Nähe zu verschaffen, die EINSTEIN als Ziel des notwendigen Umdenkprozesses genannt hat.

Am 27. 6. 82 fahre ich als Besucher aus dem Westen nach Ostberlin-Rummelsburg. In der dortigen Erlöserkirche und dem umliegenden Gelände findet die «Friedenswerkstatt Berlin 82» statt. Veranstalter ist das Ostberliner Stadtjugendpfarramt zusammen mit der Kirchenleitung. Der Zukunftsforscher ROBERT JUNGK, der ebenfalls anreist, wird von der DDR-Grenzpolizei zurückgewiesen. Den Grund erfährt er nicht.

Die Kirche ist bald überfüllt. Es überwiegen junge Leute. Aber auch ältere, etwa aus meiner Generation, bilden einen unübersehbaren Anteil. Und es wimmelt von Kindern, die Mühe haben, zwischen den in den Gängen überall auf dem Boden dicht gedrängt sitzenden Leuten ein bißchen herumzulaufen. Verschiedentlich sieht man Mütter, die Säuglinge auf den Armen halten. Neben mir sitzen zwei Jugendliche. Die eine, eine fünfzehnjährige Schülerin, kommt gerade aus der St.-Bartholomäus-Kirche in der Nähe, wo sie zusammen mit einer Gruppe, die sich spontan zusammengefunden hatte, eine Woche gebetet und gefastet hat. Es ist ein schmächtiges, sehr zart wirkendes Mädchen. Etwas besorgt frage ich sie, wie sie denn das Fasten ausgehalten habe. Sie lächelt: «Das hat mir wenig ausgemacht.» – Aus ihrer Erzählung erfahre ich, daß die Gruppe jeweils vormittags die Kirche geschlossen gehalten, gebetet und meditiert hat. Jeden Nachmittag und Abend haben sie die Kirche geöffnet und einen stetig wachsenden Kreis von interessierten Besuchern einbezogen. Da gab es Gebetsandachten und Gespräche über die UN-Abrüstungskonferenz, über den Krieg im Libanon, über den Ost-West-Konflikt in Berlin und Deutschland, auch über Polen. Auch hat man sich Gedanken gemacht über die Aufgabe der Friedenserziehung und über die Bedeutung des Friedens in den Familien. Dann wurde immer wieder auf die heutige Veranstaltung aufmerksam gemacht. Das Mädchen fügt hinzu, daß diese Woche für sie sehr, sehr wichtig gewesen sei.

«Hände für den Frieden» ist das Geleitwort der «Friedenswerkstatt». Große, in Pappe ausgeschnittene Hände sind in der Kirche aufgehängt: schwörende, bittend gewölbte, krampfhaft geballte, hinweisende und schützend bedeckende Hände . . .

Jugendpfarrer DOMRÖS stellt sich mit Gitarre vorn hin und wird gleich von neugierigen Kindern umlagert. Er stimmt das erste Lied an, das wir zusammen mit ihm verschiedentlich in wechselnden Tempi wiederholen:

Ein jeder braucht sein Brot, sein'n Wein
und Frieden ohne Furcht soll sein.
Pflugscharen schmelzt aus Gewehren und Kanonen,
daß wir in Frieden beisammen wohnen.

Ein weiteres gemeinsames Lied handelt von den Händen, die einen wichtigen Sinn darin haben, sich gegenseitig zu helfen. Aber man kann sich mit den Händen auch Augen und Ohren zuhalten und sie grimmig in der Tasche ballen. Wir sind aufgefordert, diese Gesten beim Singen mitzuvollziehen.

Wieder und wieder wird gesungen, fünfzehn Lieder insgesamt, mehr traditionelle, aber auch neue, die auf die aktuellen Bedrängnisse anspielen:

Weil es noch zu wenig sind, die die Zeit sich nehmen,
leben Menschen ohne Träume in dieser Zeit. Träumen
wollen alle Menschen, Brot allein ist nicht genug.

Weil es noch zu wenig sind, die die Angst vertreiben,
leben Menschen ohne Hoffnung in dieser Welt. Hoffen
wollen alle Menschen, Brot allein ist nicht genug.

Weil es noch zu wenig sind, die die Fesseln lösen,
leben Menschen ohne Freiheit in dieser Stadt. Frei sein
wollen alle Menschen, Brot allein ist nicht genug.

Weil es noch zu wenig sind, die den Haß besiegen,
leben Menschen ohne Liebe in diesem Land. Lieben
wollen alle Menschen, Brot allein ist nicht genug.

Während der Predigt und einer kurzen Ansprache laufen Scharen kleiner Kinder verwundert und plappernd umher. Ein kleines Mädchen rüttelt am Mikrofon des Predigenden, der dies lächelnd im Zusammenhang der Anfechtungen kommentiert, von denen er gerade spricht. Er warnt, vor den großen Anfechtungen zu flüchten, die heute den Glauben ersticken könnten . . .

Die Pfarrer stehen in schlichtem Anzug vor der Gemeinde, sie reden sehr einfach, klar und eindringlich, aber ohne die Dehnungen und das bekannte gravitätische Prediger-Pathos. Unter lautem Beifall erwähnt ein Pfarrer zwei ermutigende aktuelle Ereignisse: Aus dem *Neuen Deutschland* habe man entnehmen können, daß beim diesjährigen Pressefest darauf verzichtet worden sei, Schaufahrten für Kinder in einem Panzer anzubieten. Außerdem habe «Radio Moskau» vor kurzem das Motto «Schwerter zu Pflugscharen» im Hinblick auf die Skulptur vor dem New Yorker UN-Gebäude ausdrücklich in seinem Sinn bekräftigt.

Am Ende des Gottesdienstes werden wir aufgefordert, die Blume, die jeder von uns angesteckt hat, mit einem anderen Teilnehmer zu tauschen und mit diesem irgendwann heute noch einmal zu reden.

Anschließend verteilen sich die 3000, die sich inzwischen angesammelt haben, im umliegenden Gelände. Es bilden sich kleine Diskussionsgruppen. Viele ziehen aber auch umher und studieren die Texte auf Anschlägen und Spruchbändern, die an den Bäumen angebracht sind. Man liest von THOMAS MANN: «Krieg ist nichts anderes als Drückebergerei vor den Aufgaben des Friedens.» Ein anderer Text erinnert daran, was die DDR-Schriftstellerin CHRISTA WOLF auf dem Ostberliner Schriftstellertreffen gesagt hatte:

«Was fehlt uns? Uns fehlt das Unmeßbare, Unsichtbare . . . Uns fehlen Freundlichkeit, Anmut, Luft, Klang, Würde und Poesie, Vertrauen und Spontaneität. Uns fehlt all das, was zuerst verfliegt, wenn sich eine derartige Atmosphäre breitmacht, wie sie uns alle in dieser Vorkriegszeit jetzt so bedrückt.»

Viele Jugendliche sehe ich vor einem Transparent, dessen Text sie sorgfältig in Heftchen oder auf Zetteln notieren. «Frei nach Wolfgang Borchert» heißt es da:

«Wir BITTEN: SAG NEIN!
Du Mensch, wenn Dir befohlen wird: Dort steht der
Feind, Du sollst töten – SAG NEIN!
Du Mutter, wenn Dir befohlen wird: Gebäre Kinder
und ziehe sie auf für den Krieg – SAG NEIN!
Du Pfarrer, wenn Dir befohlen wird: Predige Krieg
oder schweig wenigstens – SAG NEIN!
Du Lehrer, wenn Dir befohlen wird: Bereite die
Jugend zu für den Krieg – SAG NEIN!
Du Soldat, wenn Dir befohlen wird: Diene dem
Krieg – SAG NEIN!
Du Arzt, wenn Dir befohlen wird: Schreibe die
Männer kriegstauglich – SAG NEIN!
Du Journalist, wenn dir befohlen wird: Verherrliche
den Krieg und diene ihm mit dem Wort – SAG NEIN!
Du Arbeiter, wenn Dir befohlen wird: Baue
Waffen – SAG NEIN!
DENN WENN IHR NICHT NEIN SAGT; BEDINGUNGSLOS NEIN,
DANN WIRD KRIEG SEIN SCHON BALD!»

Ich denke bei mir: Heißt man das bei uns im Westen nicht kommunistisch beeinflußte Aufhetzung zur Obstruktion? Oder bestenfalls verantwortungsblinde Gesinnungsethik?

Stände sind aufgebaut, wo man «Friedensschmuck» basteln oder zu dem Thema malen kann. In einer Töpferwerkstatt kann man frei mit Ton modellieren oder mit Hilfe von Ton Friedenstauben formen, die später gebrannt und bei einer künftigen Veranstaltung verteilt werden sollen. Dicht umlagert ist ein Stand, wo das Symbol «Schwerter zu Pflugscharen» mit einem Holzstempel auf Stoffstreifen gestempelt wird. Viele Spielgelegenheiten gibt es für Kinder. Sie können u. a. in einem größeren Gelände Häuser aus Kartons basteln, bemalen und daraus eine Stadt zusammensetzen.

Man lagert sich, teilt die mitgebrachte Verpflegung. Eine

Gruppe musiziert. Gesellschaftskritische Liedermacher und Theater-Laiengruppen finden eine aufmerksame Zuhörerschaft. Manche warten in einer Schlange geduldig, um eine Ausstellung in der Sakristei zu besichtigen. Rostige, kaputte Stahlhelme, zertrümmerte Gewehre, verrottete Gasmasken liegen auf einem Tisch. Bilder aus dem Anti-Kriegsmuseum, das der Anarchist ERNST FRIEDRICH in den zwanziger Jahren in Berlin gegründet hatte, hängen neben Lyrik- und Prosatexten an den Wänden. – Immer wieder begegnet man im Gelände dem offiziellen Plakat der Veranstaltung: Unter dem Geleitwort «Hände für den Frieden» steht breitbeinig eine Gestalt, die mit ihren Händen ein Gewehr zerbricht.

Am Nachmittag lesen die beiden Schriftsteller LUTZ RATHENOW und UWE KOLBE aus neueren Arbeiten. Nebenher findet auf einer Wiese ein Diskussionsforum nach Hyde-Park-Muster statt. Man sitzt dicht gedrängt umeinander, umgeben von einem mehrreihigen Ring. Von einem leicht erhöhten Brett aus kann jeder reden, wer will. Aber bald wird es so eng, daß niemand sich mehr von seinem Platz rühren kann und von dort aus sprechen muß, wo er gerade ist. Es gibt kein Mikrofon. Immer wieder sorgen dröhnend vorbeifahrende S-Bahn-Züge für Unterbrechungen. Aber alle Unbequemlichkeiten verhindern nicht, daß man in dem großen Kreis rasch und in erstaunlicher Bezogenheit aufeinander zu den erregendsten Fragen Stellung nimmt.

Bald zeigt sich, daß der Kreis sehr unterschiedlich zusammengesetzt ist. Ein junger Mann, unterstützt durch ein junges Mädchen, offenbart sich als Kommunist und wehrt sich gegen die Auffassung mancher, daß die Christen glaubwürdiger für den Frieden engagiert seien als z. B. die vielen tausend der FDJ, die sich kürzlich zu der großen Friedensveranstaltung versammelt hätten. Ein anderer junger Mann antwortet: «Ich habe mir das neulich genau angesehen, wie das gelaufen ist. Die haben da ihre Transparente hochgehalten, solange das kommandiert war. In dem Augenblick, als das Programm zu

Ende war, haben sie die Transparente vollkommen gleichgültig weggetan und achtlos liegenlassen. Da hat man ganz deutlich gespürt, daß das alles nur auf Befehl lief. Wir kommen aber alle freiwillig hierher und machen die ganze Arbeit, weil wir das wollen.»

Der Kommunist wehrt sich: Jetzt habe man doch gerade wieder gesehen, daß die Kirche im Falklandkrieg in Argentinien und in England die Waffen gesegnet habe. Und das sei schließlich nichts Neues. Im Namen Gottes und der Kirche sei schon viel Blut vergossen worden. Hier, im DDR-Staat, sei die Kirche sogar besonders gut dran, weil sie von der Macht entbunden sei. Dadurch habe sie viel Freiheit und könne das besser tun, wozu sie da sei.

Man gesteht ihm zu, daß die Kirche schon sehr vieles falsch gemacht habe. Aber mehrere halten ihm vor, daß der Staat ihnen als Christen kaum Spielraum gebe, gemäß einer pazifistischen Anschauung zu leben. Ein Jugendlicher steht auf und zeigt auf noch sichtbare Fadenreste auf der Brust seiner abgetragenen Jeans-Jacke: «Hier hatte ich den Aufnäher ‹Schwerter zu Pflugscharen› drauf. Als ich eben auf dem Bahnhof angekommen bin, kamen ein paar Uniformierte mit dem Rasiermesser und haben mir das abgemacht. Ich habe gefragt, warum sie das tun. Gesagt haben sie: ‹Ihr habt euren Pazifismus, wir haben die Macht!›»

Eine Holländerin, die als Gast anwesend ist, schildert die Initiative «Frauen für den Frieden». Die Frauen seien bisher immer nur Opfer gewesen oder hätten ihre Söhne den Kriege anzettelnden Männern opfern müssen. So hätten sie jetzt ihre eigenständige Arbeit für den Frieden zu übernehmen. Die anwesenden Frauen sollten überlegen, ob sie nicht Frauengruppen bilden wollten, um in ähnlicher Weise zu arbeiten. Nach einer Weile erläutert man der Holländerin, wie die hiesige Lage der Frauen aussieht. Sie erfährt von einer Anordnung in der DDR, daß Frauen künftig militärisch zwangsverpflichtet werden sollen. Ein paar junge Frauen bekunden, daß sie sich widersetzen wollen. Eine Mutter sagt: Sie habe es schon furchtbar gefunden, daß in Israel Frauen zu militärischen Diensten rekrutiert würden. Es widerspreche zutiefst ihrem Empfinden, als Frau eine solche Rolle zu übernehmen. Sie habe ihren Protest mit ausführlicher Begründung als Eingabe an die offiziellen Stellen gerichtet. Weil sie nie eine Antwort erhalten habe, wolle sie jetzt ihr Schreiben hier vorlesen. Sie tut das und erhält viel Beifall.

Einige Argumente erinnern an Diskussionsveranstaltungen der westlichen Friedensbewegung. Auf einzelne, die ihre pazifistische Haltung erläutern, melden sich andere, die auf die komplizierten Mechanismen verweisen, von denen die gesellschaftlichen Prozesse letztlich bestimmt würden. Zumal der junge Kommunist und seine Bundesgenossin verweisen auf solche Zusammenhänge, die man erst begreifen müsse, um dann auch die Formel «Der Frieden muß bewaffnet sein» gutheißen zu können. Ohne diese Schlußfolgerung zu übernehmen, warnen auch manche ältere Teilnehmer davor, die Dinge zu einfach zu sehen. In der Gesellschaft könne es nicht so schlicht zugehen, wie der einzelne Mensch denke und fühle. Da kämen in Gruppen und Organisationen neue Prinzipien und Regeln hinzu, über welche die Forschung inzwischen viel herausgebracht habe. Und ohne alle diese Erkenntnisse einzubeziehen, gerate man rasch zu kurzschlüssigen und falschen Urteilen. Es dauert nicht lange, da melden sich Gegenstimmen: Seit eh und je hätten sich die Menschen einschüchtern lassen, zum Thema der Friedenssicherung dürfe nur mitreden, wer alle Mechanismen der Gesellschaft, der Ökonomie usw. kapiert habe. In Wahrheit gebe es doch aber ein paar ganz schlichte Tatsachen, auf die man seine Position stützen könne. Etwa die Tatsache, daß der Osten und der Westen sich jetzt schon mehr als zwanzigmal gegenseitig umbringen könnten mit dem Überfluß an Waffen, die sie gestapelt hätten. Schon das reiche völlig aus, um sofortige Abrüstung zu verlangen und die konstruktive Utopie «Schwerter zu Pflugscharen» zu vertreten. Mehrere schließen sich an. Sie finden es unberechtigt und gefährlich, den einzelnen mit seinem Denken und Wollen für unzuständig zu erklären. Es sei eben an der Zeit, daß die Menschen mit ihrem Willen zum Frieden gegen jene Mechanismen angehen würden, welche die Überrüstung möglich gemacht hätten und weiter in Gang hielten.

Was den Sozialismus anbetreffe, mischt sich der bekannte Schriftsteller STEFAN HEYM ein, so stelle der sicherlich keinen Gegensatz zum Pazifismus dar, sondern sei mit diesem ohne weiteres vereinbar. Aber die Zeit dränge, daß endlich von beiden Seiten praktische Zeichen gesetzt würden. Warum entschlössen sich Amerikaner und Russen nicht, vor der Fernseh-Öffentlichkeit jeweils einen Haufen ihrer Raketen zusammenzutragen und in einer großen Aktion sichtbar zu zerstören? Das wäre doch ein ganz einfacher und leicht zu vollziehender Entschluß, um dem Rüstungswettlauf ein Ende zu machen.

Mich beeindruckt an der Diskussion, wie immer wieder junge Leute, denen das öffentliche Reden offenkundig schwerfällt, im Wechselgespräch ihren Standpunkt ganz unverhüllt kundgeben. Es fehlen die selbstgefälligen Narzißten, die Neunmalklugen, die Routiniers mit Funktionärsjargon, wie sie auf der anderen Seite vergleichbare Veranstaltungen oft zu einer psychischen Tortur werden lassen. Kontroversen geraten nicht zu erbitterten Machtkämpfen. Man ist bemüht, in den Auseinandersetzungen persönliche Verletzungen zu vermeiden. Als der junge Verteidiger der FDJ z. B. erklärt, er fühle sich als Kommunist durch einen bestimmten Text in der Antikriegs-Ausstellung gekränkt, geht man sofort auf ihn ein und bittet ihn, den betreffenden Wortlaut, an den er sich im Augenblick nicht mehr genau erinnern kann, noch einmal ausfindig zu machen, um ihn anschließend in die Diskussion einzubringen. Er tut dies, und man läßt sich auf seine Bedenken ein. Das ermutigt ihn dann wiederum, etwas persönlicher von sich zu sprechen und anzudeuten, daß auch er sich manche kritischen Gedanken zu dem mache, was zur Zeit so alles passiere.

Ich frage mich bei der Diskussion, bei der ich mich mehrmals zu beteiligen Gelegenheit habe, was denn wohl zu der Ehrlichkeit und Offenheit ermutige, die mich ebenso überraschen wie erfreuen. Erwartet hatte ich, daß der Außendruck («Ihr seid die Pazifisten, und wir haben die Macht!») viel mehr vorsichtige Umschreibungen, Verschleierungen oder sonstige Hemmungen zutage fördern würde. Aber offensichtlich sind hierher solche gekommen, die gerade daraus Kraft zu schöpfen gelernt haben, sich nicht zu verstellen. Und unter denen gilt auch nur noch eine klare, direkte Sprache.

Die jungen Leute sind Realisten. Sie machen sich keine Illusionen über ihren Spielraum. Sie phantasieren gewiß in der großen Mehrheit nicht von revolutionären Umwälzungen. Aber sie sind sich darin sicher, daß sie in ihrer wachsenden Zahl eine Kraft bilden, die durchaus einen gewissen Einfluß ausüben könnte. Sie spüren die Unsicherheit, die sie mit ihrem Festhalten an dem Symbol «Schwerter zu Pflugscharen» hervorrufen. Und deshalb ist dieser Spruch mit einem Bild der bekannten Skulptur wieder in das offizielle Plakat aufgenommen worden, mit welchem die Kirche die «Friedensdekade DDR–Berlin» vom 7.–11. November 1982 ankündigt.

Manches entgeht mir von den vielfältigen, zum Teil spontanen Aktivitäten, die im Verlauf der siebenstündigen Tagung ablaufen. Dafür erfahre ich auch wiederum manches Wichtige von Menschen, die mich nebenher ansprechen, weil ich ihnen von Geschriebenem her vertraut bin. Ich bin erstaunt, was man von mir weiß und darüber, wie wenig ich davon wußte, wer diese Menschen sind, die ich heute hier antreffe. Es fällt mir schwer, mich zu verabschieden. Ich fühle, daß ich hier noch viel zu lernen hätte. Sollte ich meine Erfahrung benennen, so würde ich – das geht mir durch den Kopf – wahrscheinlich etwas Ähnliches sagen wie das junge Mädchen neben mir in der Kirche.

Als ich das Gelände verlasse, macht mich ein Begleiter auf ein paar «Stasis» aufmerksam, die sich vor der Kirche tummeln. «Wir kennen die schon», sagt er. «Wir sind schon ein bißchen aneinander gewöhnt. Da tun manche auch nur, was sie müssen!»

Damit bagatellisiert er die Realität genausowenig wie viele andere, denen ich heute zugehört habe. Abstumpfung für die Mißstände und für die Unfreiheit, die ihnen zugemutet werden, habe ich bei diesen Menschen kaum gespürt. Aber gerade aus Sensibilität und den vielen einschlägigen schmerzhaften Erfahrungen können offenbar eine bestimmte Gelassenheit und Selbstsicherheit erwachsen. Diejenigen Leute im Westen, die das, was sich hier in der DDR abspielt, für einen Ableger oder einen Fortsatz der westlichen Friedensbewegung halten und sich vielleicht sogar vorstellen, hier sei eine Art Entwicklungshilfe zu leisten, täuschen sich gewiß gründlich. Dort entsteht etwas völlig Eigenes, sehr Wichtiges. Was da wächst und auch schon gewachsen ist, findet seinen eigenen Weg und benötigt von außen keine Rezepte, noch weniger etwa heuchlerischen Beifall von der falschen Seite. Peinlich ist es, wenn neben den Springer-Blättern auch diejenigen konservativen bürgerlichen Zeitungen der Bundesrepublik, die viele wichtige Veranstaltungen der westlichen Friedensbewegung totschweigen, plötzlich den Friedensaktivitäten im Rahmen der DDR-Kirche betont sympathische Aufmerksamkeit widmen. In dieser Hinsicht freilich kann sich die westdeutsche Friedensbewegung den christlichen Friedensinitiativen in der DDR nahe verwandt fühlen: Beiderseits macht man sich als subversiv verdächtig. So wie das Motto des «Berliner Appells» (von DDR-Jugendpfarrer EPPELMANN): «Frieden schaffen ohne Waffen» dort als antikommunistisch verunglimpft wird, gilt hier, wer den gleichen Aufkleber benutzt, als halber oder verkappter ganzer Kommunist.

23. Deutschland-Ost:
Eine Schülerin erklärt, warum sie die
Wehrerziehung verweigert

Die folgenden beiden Briefe stammen von einer sechzehnjährigen Schülerin in der DDR. Sie hat es mir anheimgestellt, ihren Namen zu nennen. Aber ich möchte dies nicht tun. Sie führt ihre Auseinandersetzung *drüben*; und es geht ihr nicht um Beifall von der anderen Seite. Ich habe ihre Zustimmung mit der Begründung erbeten, daß wir hier im Westen für uns einiges daraus lernen könnten, wie sich Menschen drüben verhalten. Solche Beispiele könnten uns, so meine ich, die Augen für eigene Halbherzigkeiten und Fluchtmechanismen öffnen, die viele noch hindern, sich entschlossener zu engagieren.

«An die . . . Schule (EOS)
z. Hd. Frau Direktor . . .

Betr.: Tage der Wehrbereitschaft

Wehrerziehung ist, wie ich weiß, ein obligatorisches Schulfach und ‹Nichtteilnahme› gilt als unentschuldigtes Fehlen. Trotzdem habe ich mich nach reiflicher Überlegung dazu entschlossen, an diesem Unterricht und den Übungen in diesem Fach nicht teilzunehmen. Ich habe versucht, die Gründe für meine Entscheidung zu formulieren und bitte um eine offene Aussprache hierüber im Klassenkollektiv.

Ich meine, daß der Frieden heutzutage nicht mehr mit Waffen zu sichern ist. Er ist mit zunehmender Rüstung sogar immer gefährdeter. Es wird augenblicklich viel mehr aufgerüstet als jemals durch die kleinen Abrüstungsschritte wieder gutgemacht werden könnte. Die Abrüstung geht deswegen so langsam, weil durch eine dauernde Aufrüstung auch das Mißtrauen und die Angst vor dem Gegner wächst. Aus dieser Angst entspringen wiederum der Drang nach neuer Aufrüstung und ein noch höheres Sicherheitsbedürfnis. (Wirkliche Sicherheit kann dadurch allerdings nicht erreicht werden.) Das ist eine Eskalation. Sie führt die Menschheit mit jedem Tag sicherer ihrem Untergang entgegen, wenn nicht einer wagt auszubrechen und seine wirkliche Stärke darin zeigt, den ersten Schritt zu einer einschneidenden Abrüstung zu tun. Es kann, wie zu erwarten ist, wohl keine einseitige totale Abrüstung auf einen Schlag sein, sondern eine Abrüstung in dem Maße, daß sie als vertrauensbildende Maßnahme wirkt und damit zur Zweiseitigkeit der Rüstungsbegrenzung führt. Diese Einsicht könnte man auch daraus gewinnen, daß das bis heute geschaffene Militärpotential dazu ausreicht, das Leben auf der Erde fünf- bis zehnmal zu vernichten. Ein neuer Weltkrieg würde darum keinen Sieger hinterlassen (selbst wenn sich einige Leute der Regierungen atomsichere Tiefbunker haben bauen lassen). – Die Zivilbevölkerung kann sich im ‹Ernstfall› nicht vor Strahlen, Atombombenstaub, Druckwellen und chemisch-biologischer Verseuchung ausreichend schützen (z. B. etwa die Empfehlung, sich hinter einen Baum zu stellen/zu legen, oder Strumpf- und Filzhutmasken aufzusetzen, Bettlaken vor die Fenster zu hängen u. ä.). Solche Ratschläge sind unvereinbar mit dem Stand der Wissenschaft bzw. der Militärtechnik und eine Verharmlosung der Kriegsgefahr, somit in meinen Augen Kriegsverherrlichung. In einem Atomkrieg gibt es keinen Schutz für die Masse der Bevölkerung, erst recht nicht für die Armeeangehörigen.

Ich finde, man muß alles gegen eine solche Kriegsvorbereitung einsetzen, denn es geht um unser Leben. Die Menschheit soll überleben, nicht die Regierungen. Die Völker müssen durch passiven, gewaltlosen Widerstand ihre Regierungen zu Verhandlungen und Abrüstungen zwingen. Das militärische Profil des Wehrunterrichts ist für mich mit der Erziehung zum

Frieden nicht vereinbar. Eine solche Ausbildung enthält unvermeidlich die Weckung eines Freund-Feind-Denkens und damit des Hasses gegen Menschen. Das hat nichts mehr mit friedlichen Absichten zu tun. Deshalb halte ich die Wehrerziehung nicht für ein friedensdienliches Fach. Statt die uns verbleibende Zeit durch das Üben von Marschieren und Geben von Kommandos zu vergeuden, sollten wir uns besser damit beschäftigen, was uns zu tun möglich ist, einen Krieg zu verhindern: so z. B. ein Fach «Friedenserziehung» in der Schule einzurichten und die Bevölkerung aus dem Schlaf der Sicherheit wecken. Aufgabe von Schülern der Erweiterten Oberschule sollte es sein, ihre geistigen Fähigkeiten für die Aufklärung der anderen einzusetzen. Wir sind in der Lage, Werke von W. Borchert, B. Apitz, D. Bonhoeffer, B. v. Suttner, Th. Mann, C. v. Ossietzky, E. Kästner, den Geschwistern Scholl u. v. a. m. zu lesen und zu verstehen. Wir tun es aber nicht. Haben sie denn umsonst gelebt, angeklagt und gelitten?

Wir sollten Zeichen setzen. Darum trage ich auch den Aufnäher ‹Schwerter zu Pflugscharen›. Es ist ein Spruch aus der Bibel. Und zu seiner Gestaltung hat die Sowjetunion dem UNO-Gebäude ein Denkmal geschenkt, mit dem sie den Friedenswillen der Völker zum Ausdruck bringen wollte.
. . . .»

Das gleiche Mädchen schreibt wenige Tage später an einen Freund:

«Lieber . . .!
Sicherlich wunderst Du Dich, warum ich Dir so einfach schreibe. Das hat mehrere Gründe. Wir haben im Moment Ferien, und heute hätten für mich eigentlich die ‹drei tollen Tage› (wie sie von der Schule zur Verblendung der Schüler genannt werden, von Rosenmontag bis Aschermittwoch) begonnen. Tage der Wehrbereitschaft. Ich habe lange überlegt,

was ich tun soll. Wir hatten im Sommer doch schon einmal eine solche Ausbildung in der Schule (zwei Wochen). Sechs Unterrichtsstunden am Tag, u. a. Schutzausbildung, Geländeübungen, Zivilverteidigung, DRK, Sport. Ich kam zu dem Entschluß, daß ich an den Stunden rein informativ teilnehme und die paramilitärischen Übungen verweigere. Es stellte sich aber heraus, daß es ein unsinnig fauler Kompromiß war. Beim Hindernislauf wurde gesagt: ‹Aber das brauchen Sie doch, um Verschüttete und Verletzte zu bergen, das hat gar nichts mit militärischen Übungen zu tun.› Dann ging es weiter: ‹Na, Keulenwurf müssen Sie schon seit der 4. Klasse im Sportunterricht machen, auf einmal wollen Sie verweigern?› – ‹Die Eierhandgranate soll sogar in die Prüfung mit aufgenommen werden, da müssen Sie es auch als sportliches Gerät betrachten.› Und so lief meine Verweigerung nur auf das Werfen von Granaten hinaus. Das war alles recht unbefriedigend. Außerdem verliert man so schnell den Mut zu widersprechen und hält lieber die Klappe, vor allen Dingen auf solch einer ‹Kaderschmiede›.

Das letzte Wochenende in Dresden hat nun den Ausschlag dafür gegeben, daß ich mich wieder trauen muß. (13. 2. 82 Friedens-Forum.)

Da nun diese Tage total militärischen Charakter haben, finde ich Kompromisse für unangebracht. Morgen findet ein ‹Marsch der Bewährung› statt, der der NVA untersteht. Das hat doch nichts mehr mit purem Schutz und der Ersten Hilfe zu tun? Für mich nicht. Es wird mir immer mehr bewußt, wie nötig es ist, daß wirklich jeder sich darüber eigene Gedanken macht und zum Thema ‹Frieden› nicht nur das zu sagen hat, was im *Neuen Deutschland* oder in der *BZ* steht. Doch dieses Wort ‹Shalom› ist schon so zerredet und mißbraucht worden, daß, wenn das Gespräch in der Klasse dahin gelenkt wird, gleich alle stöhnen und ihnen die Platte von der Aggressivität des Imperialismus schon zum Hals heraushängt.

Sollte nun doch jemand auf den dämlichen Einfall kommen und eine andere Meinung haben (wie ich es zu Beginn der 9. Klasse manchmal noch wagte), fühlt sich das Kollektiv angegriffen, und sie bringen vorgefertigte Antworten (bzw. die ihrer Eltern). Einsicht oder Veränderung ihres Standpunktes gehen nicht nur gegen ihre Bequemlichkeit, auch gegen ihr Weiterkommen, von wegen ‹Unannehmlichkeiten› usw., obwohl das natürlich niemand zugeben würde, da es ja sozusagen ihre eigene überzeugte Meinung ist. Aber was rede ich nur, nun bin ich wieder in die alten Schulsorgen verfallen, Du kennst das ja alles selber . . .

Nun, nachdem ich mich durch diesen Brief an unsere Direktorin auch selbst befreit habe (von dem unendlich großen Gefühl der Feigheit, so lange geschwiegen zu haben und auch den bequemeren Weg zu gehen), da habe ich auch etwas Selbstachtung zurückgewonnen. Jetzt suchte ich mir einige Bücher zum Thema Frieden heraus, auch ältere Notizen von mir. Dabei fiel mir u. a. auch das Buch ‹Zuviel Pazifismus?› in die Hände. Ich habe noch längst nicht alles gelesen, aber meine Antwort ist: Nein . . .

Ich bin auch ganz der Meinung, daß dieser Schauspieler und Cowboy-Held Reagan seinem Land in der ganzen Welt das letzte bißchen Ansehen restlos zerstört. Am meisten stört mich die Militärhilfe an El Salvador und deren Militärregierung, dieselben Leute regen sich über Polen auf! . . .

Ich habe es nun einmal richtig ausgesprochen, dieses ‹Nein›. Vor den Folgen habe ich nur ein Bauchkribbeln, vielleicht in den nun kommenden Gesprächen womöglich zu versagen. Das ist meine einzige Sorge, irgendwo keine Argumente mehr zu haben. Ich möchte als Sieger aus dem Wortgefecht hervorgehen, um vielleicht auch einige Mitschüler zu wecken und anzustecken. Dein Brief macht mir Mut und gibt mir Zuversicht. Danke! Ich habe so viele liebe Leute, die mir helfen werden . . .

So, nun habe ich soviel Zeug rumgeschwafelt, hoffentlich

langweilt es Dich nicht zu sehr, ich hoffe, die Rechtschreibfehler sind nicht zu *zahlreich* (ein sehr schwacher Punkt bei mir!).

Ich grüße Euch alle ganz herzlich.
Tschüs . . . .»

Das Mädchen hat inzwischen die Benachrichtigung erhalten, daß sie die Schule wegen ihrer Haltung zum Ende des Schuljahres verlassen müsse. Sie hatte diese Reaktion erwartet. Es war für sie kein Schreck mehr. Sie ist deshalb nicht etwa niedergedrückt. Sie fühlt sich innerlich eher wie befreit, daß sie es geschafft hat, ihre Feigheit zu überwinden.

Es macht nachdenklich, mit welcher Klarheit und Eindeutigkeit dieses Mädchen und viele andere Menschen, vor allem junge Christen, drüben für einen Abbau der Feindbildstrategie und der Militarisierung eintreten. Sie stehen zu ihrem Staat. Aber sie verlangen, daß er das Wettrüsten aufgibt. Und sie verweigern, wie dieses Mädchen, ihre Mitwirkung an militärischen Vorbereitungen. Der ideologische Druck, unter dem die jungen Menschen leben, hat ihre innere Freiheit nicht gebrochen. Vielmehr kann, wie man sieht, äußerer Zwang einen besonderen Stimulus bedeuten, die innere Freiheit besonders sorgsam zu hüten. So fürchtet sich schließlich dieses Mädchen nicht mehr vor äußeren Sanktionen, sondern davor, die eigenen Überzeugungen zu verraten.

Hier im Westen reden wir statt dessen täglich von Freiheit als von jedermanns selbstverständlichem Besitz, den wir nur gegen den Osten schützen müßten. Aber wird nicht hier dafür massenhaft preisgegeben, worauf wir angeblich so stolz sein können? Werden nicht durch die hiesigen sanfteren, vor allem wirtschaftlich funktionierenden Zwänge Scharen von Leuten herangezüchtet, die vor sich selbst oder ihrer Umwelt nur eine Freiheit schauspielern, die sie sich innerlich gar nicht angeeignet oder längst wieder preisgegeben haben? Erlaubt ist uns hier fraglos viel mehr Meinungsfreiheit als denen drüben.

Aber wie weit nutzen wir das Erlaubte? Wie weit denken und handeln wir wirklich selbständig? Folgen wir nicht selbst da, wo wir nicht in unmittelbaren Abhängigkeiten stecken, einer allgegenwärtigen Werbung, die überall schon vorausdenkt, in welchem Trend wir Sicherheit, Geborgenheit, Karriere, Prestige finden können?

Da ist drüben das Mädchen, das mehr Angst vor innerer Korruption als davor hat, aus der Schule zu fliegen. Und da ist hier der Arzt, der sich um die Beliebtheit bei seinen Freunden im Golfclub sorgt, wenn er seinem Wunsch folgen würde, sich noch eindeutiger gegen die Militarisierung zu stellen. Drüben weiß jeder genau, welche Autorität von ihm bei Androhung welcher Strafen von ihm Unterordnung verlangt. Hier gibt es Hunderte von unsichtbaren und uneingestandenen Hörigkeiten, in denen man sich schleichend verfangen kann. Die Selbstaufgabe, die damit verbunden ist, schmerzt gar nicht, weil sie gar nicht bewußt wird. Die Wirksamkeit der vielfältigen Abhängigkeiten tritt erst dann zutage, wenn eine der äußeren Stützen der Selbstsicherheit plötzlich wegfällt. Ein kleiner wirtschaftlicher Verlust, eine winzige Blamage, ein bißchen Isolation können dann schon zu einem gewaltigen Schock werden. Um diesen zu überwinden oder in Zukunft zu vermeiden, wird ein opportunistisches politisches Verhalten oft genug als ein vergleichsweise harmloses Opfer betrachtet.

Ein engagierter Pfarrer aus der DDR sagte mir: «Ich bin sicher, daß die ‹da oben› mehr Angst vor uns haben als wir vor ihnen.» Wie kann man auch Menschen auf die Dauer stumm machen, die gegen den Druck der Macht innerlich immun sind?

24. Deutschland-West: Der Fall Hattenbach.

Bewohner reagieren auf einen US-Film, der in einem strategischen Planspiel ihre Wohngegend als «Ground Zero» ausersehen hat.

Am 15. Juni 1981 strahlte die amerikanische Fernsehgesellschaft CBS einen Bericht über einen Atomschlag in Westdeutschland aus. Die Sendung hieß: «Das nukleare Schlachtfeld». Geschildert wird ein Manöver der US-Truppen in Hessen. Simuliert wird eine Schlacht mit den Russen, die in die Fulda-Senke einfallen wollen. Im Sandkasten ist ein Gelände nachgebaut, das im Film auch in natura abgebildet wird. Es ist der Ort Hattenbach. In der Militärkarte der amerikanischen Armee ist Hattenbach «Ground Zero». Hier würde laut Manöver die erste 10-kt-Atomgranate in einem neuen Krieg explodieren und den Ort total zerstören. Während der Kommentator dies schildert, erblickt der Fernsehzuschauer eine Gruppe von Hattenbacher Konfirmanden vor ihrer Kirche. – Auf abenteuerlichen Umwegen ist eine Kassette dieses Films zu den Bewohnern gelangt, deren Vernichtung das Planspiel vorführt.

Das meiste von dem, was in diesem Buch über die Reaktionsmuster im Zusammenhang der Atomkriegsdrohung ausgeführt worden ist, kommt auf anschauliche Weise in den sozialpsychologischen Prozessen zum Ausdruck, die sich um diesen Film herum abgespielt haben. Unfreiwillig ist dieser Film somit zu einem Testfall geworden, an dem sich ablesen läßt, wie weit wir in der Mehrzahl davon entfernt sind, die Bedeutung der aktuellen militärischen Strategien zu begreifen, wie schwer wir es haben, mit dem fragmentarisch Erkannten ohne Verleugnung oder wahnhafte Verzerrung umzugehen und wie die Unterdrückung der Wahrheit obendrein von den Medien gefördert wird, von denen wir uns in unserem Gesellschaftssystem jederzeit voll und unverfälscht informiert glauben. Aber der Testfall führt uns auch Menschen vor, die nicht vor der Wahrheit flüchten und die ihre Angst in konstruktiver Weise verarbeiten. Da demonstrieren Menschen, daß es nicht lähmen und auch nicht in Panik versetzen muß, in den Abgrund zu blicken. Und daß es nicht nur der Selbststärkung dienlich sei, sondern auch einen politischen Sinn haben kann, sich unbeirrt zu engagieren und darauf zu bestehen, daß wir dies, was dieser Film zu Ende denkt, nicht wehrlos hinnehmen müssen.

Hier zunächst eine Probe aus dem Film. Es sind die Schlußworte des Kommentators:

«In der politischen Debatte wird der Atomkrieg ein Abstraktum. Dieses Sandkastenspiel sieht unschuldig genug aus. Bis man sich klar ist, daß es sich um das Modell einer echten Ortschaft handelt und daß diese Ortschaft im Verlauf des Kriegsspiels zerstört wird. Wir haben diese Ortschaft gesucht. Sie heißt Hattenbach und liegt ungefähr 30 km von der ostdeutschen Grenze entfernt. Sie überlebte schon zwei Weltkriege, würde aber im nächsten untergehen. Vom Osten haben sie die Sowjets mit ihren taktischen Atomwaffen im Visier und im Westen steht die Atomartillerie der USA. Auf der Armeekarte liegt Hattenbach bei Punkt Null (Ground Zero).

Genau auf Punkt Null kann man bei einer 10-Kilotonnen-Waffe Temperaturen über 7000° Fahrenheit erwarten. Im Umkreis von Punkt Null wird nichts mehr da sein. Was da ist, würde buchstäblich weggeblasen. Keine Ortschaft mehr, nur ein Trümmerhaufen aus flachen Trümmern.»

Dieser amerikanische Film, zweiter einer Reihe über die «Verteidigung der Vereinigten Staaten», lief also in Amerika am 15. Juni 1981. Die Amerikaner boten die Filmreihe verschiedenen europäischen Fernsehgesellschaften an. Gekauft wurde sie in Westdeutschland vom Bayerischen Rundfunk. Aber dieser entschloß sich, speziell den Hattenbach-Film nicht zu senden. Dagegen übernahm ihn ORF in Österreich prompt in sein Programm. Über Bekannte erfuhren Mitglieder einer Bad Hersfelder Friedensgruppe von der Vorführung, die in Österreich Aufsehen erregt hatte. Ein kirchlicher Mitarbeiter aus der Hattenbacher Region erbat vom ORF eine Kopie und erhielt prompt Ende September eine Kassette. – Wo überall der Film seitdem in der Bundesrepublik vorgeführt wurde, wurde diese private Kassette benutzt. Alle Bemühungen bei den deutschen Fernsehanstalten, den im Besitz des Bayerischen Rundfunks befindlichen Film in voller Länge der Öffentlichkeit zugänglich zu machen, sind bislang gescheitert.

Herr F., in der kirchlichen Jugendarbeit beschäftigt, und Gemeindepfarrer B. waren zunächst im Zweifel, ob man den Film in der Hattenbach-Gegend öffentlich vorführen sollte. Pfarrer B. sorgte sich, wie seine Konfirmanden mit dem Schock fertigwerden könnten: «Ich hatte Bedenken, daß so junge Leute in diesem labilen Stadium der Pubertät irgendwie durchdrehen könnten. Daß sie sagen würden: Mensch, wenn das meine Zukunft ist, was soll dann noch der ganze Quatsch, was soll ich noch zur Schule gehen . . .» – «Ich selbst habe, als ich den Film zum erstenmal gesehen habe, vor Wut geheult. Und zwar an der Stelle eben, wo da meine Konfirmanden so ins Bild liefen . . .»

So präsentierten Pfarrer B. und Herr F. den Film erst einmal probeweise den Mitgliedern des Kirchenvorstandes und Gemeindeparlamentariern. Pfarrer B. fand die Reaktionen überraschend: Manche der Eingeladenen meinten spontan, man sollte den Film ruhig öffentlich laufen lassen. Dann sähen die drüben im Osten mal, was sie hier erwarten würde, wenn sie sich auf Krieg einlassen würden. Andere sagten, der Film bringe doch gar nichts Neues, das wisse man doch schon alles. Ob man ihn nun öffentlich vorführe oder nicht – das sei eigentlich egal. Eine Frau und ein Mann vom Kirchenvorstand überlegten, ob der Film Jugendlichen nicht doch zuviel zumute. Aber dann nahm die Diskussion – so Pfarrer B. – eine unerwartete Wendung: «Die Leute redeten sich in ganz schlimme Vorwürfe gegen die Friedensbewegung hinein. Da ging es gegen die Berufsdemonstranten, gegen die Leute, die BAföG kriegen und nichts tun, die heute in Gorleben und morgen in Bonn sind. ‹. . . und das Ganze wird vom Osten finanziert. Und wir zahlen das BAföG, wir arbeiten dafür.›» Mehrmals wurde der Film dann im Rahmen der Bad Hersfelder «Friedenswoche» vorgeführt. Die Lokalzeitung kündigte andere Veranstaltungen dieser Friedenswoche an, nicht aber den Film. Ironisch leitete die Redaktion die Ankündigung ein: «Staats- und Parteichef Leonid Breschnew, der in wenigen Tagen in Bonn erwartet wird, dürfte sich stark beeindruckt zeigen und hoffentlich umgehend die vollständige Abrüstung der Sowjetunion verkünden. Anlaß für diesen Kurswechsel wird die ‹Zweite Hersfelder Friedenswoche› sein . . .»

Auch nach der mehrmaligen Vorführung des Films in der «Friedenswoche» brachte die Zeitung keine Silbe darüber. Noch blieb die Resonanz begrenzt. Die Diskussion des Films beschränkte sich auf den bereits mehr oder weniger engagierten Zuschauerkreis, der gezielt die Veranstaltungen der «Friedenswoche» besuchte. Aber eine Filmbesucherin, von der es die Umgebung nicht ohne weiteres erwartet hätte, reagierte außergewöhnlich:

Frau M., Lehrerin aus einer Nachbargemeinde Hattenbachs, der bislang niemand besondere politische Interessen oder gar eine Hinneigung zur Friedensbewegung angemerkt hatte, fühlte sich nach dem Film innerlich verändert. «Der Film bestätigte, was ich immer nur vermutet hatte. Die Ängste, die man so hat, waren auf einmal ganz konkret.» Sie war gerade dabei, ein Buch zu überarbeiten, das sie in den letzten drei, vier Jahren über heimatliches Brauchtum zusammengestellt hatte. «Das war jetzt gerade so, als wenn ich es nicht selber geschrieben hätte. Das war alles so fremd, als wenn es gar nicht von mir war. Es stand nur noch diese Sache, dieser Film, im Vordergrund.» – «Ich habe dann also, weil ich allein lebe im Haus und selten jemand habe, mit dem ich mich darüber unterhalten kann, einiges gegen den Krieg geschrieben, um das aus mir rauszukriegen. Ich konnte gar nichts anderes machen.» – «Mit diesen Antikriegssachen, die ich geschrieben habe, habe ich mich abreagiert.» – «Es geht um ein achtjähriges Kind, das im Zweiten Weltkrieg die Kriegsnöte miterlebt und immer wieder die Frage stellt: Warum gibt es Krieg?»

Bei einer Beerdigung wurde Pfarrer B., der bis dahin keinen näheren Kontakt mit Frau M. gehabt hatte, von dieser angesprochen. «Sie hat sich auch beschwert. Sie war ein bißchen vorwurfsvoll: Ihr habt den Film und geht damit nicht an die Öffentlichkeit!»

Pfarrer B. versuchte ihr zu erklären, warum er Hemmungen hatte. Da war erstens das Bedenken wegen der möglichen psychischen Überforderung der Jugendlichen. Vor allem aber teilte er mit Herrn F., der die Kassette besorgt hatte, die Befürchtung, daß sie beide als bekannte Aktive in der Friedensbewegung nur neue Vorurteile wecken würden, falls sie als Veranstalter für öffentliche Vorführungen des Films auftreten würden.

In der Tat galten Pfarrer B. und Herr F. schon seit langem als politisch suspekt. Herr F. sagte von Pfarrer B.: «Der ist eben jemand, der sich lange schon für Politik interessiert hat, der sich auch um die Gräber von russischen Gefangenen gekümmert hat. Und der seinen Gemeindemitgliedern eindringlich die Judenfrage in Erinnerung gerufen hat. Und so etwas hier auf dem Land – immer wieder die Finger in die Wunde legen . . . da wird jemand schnell unbegründet des Kommunismus verdächtigt.» Von Herrn F. war bekannt, daß er einst als Asta-Mitglied in Berlin aktiv in der Studentenrevolte gewesen war. Also erschien die Annahme dieser beiden Männer gut begründet, daß ihre Namen abschreckend wirken würden, wenn sie als Initiatoren öffentlicher Darbietungen des Films in Hattenbach und Umgebung aufträten.

So kam Frau M. zu dem Entschluß, die Sache selbst in die Hand zu nehmen. Als indirekte Propaganda für die nun rasch organisierten Vorführungen im Hattenbach-Gebiet kam Frau M. noch ein unerwarteter Umstand zu Hilfe:

Am 6. 1. 1982 berichtete die Hersfelder Zeitung in großer Aufmachung über einen Besuch von CDU-Politikern an der DDR-Grenze. Ein Foto zeigte aufgefahrene Haubitzen. Unter dem Titel «Deutsch-amerikanischer Salut» an der DDR-Grenze las Frau M., wie die Politiker Dregger und Klepsch die anschaulich demonstrierte Macht der Amerikaner lobten und «wie gut wir doch bewacht und beschützt sind». Daraufhin schrieb sie sofort einen kritischen Leserbrief an die Zeitung, in dem u. a. stand:

«Offensichtlich glauben die Amerikaner selbst nicht an eine friedliche Lösung der Konflikte und an das propagierte System der Abschreckung. Vielmehr wird mit großer Vehemenz von der derzeitigen Regierung das ‹integrierte Schlachtfeld› geprobt, d. h. daß man im Falle einer kriegerischen Auseinandersetzung neben konventionellen Waffen auch chemische und atomare Waffen einsetzt.

Laut Planung wird sich dieses ‹integrierte Schlachtfeld› mit dem Brennpunkt in unserer Heimat ‹abspielen›. U. a. wurde diese Verteidigungsstrategie als Dokumentarfilm im amerikanischen Fernsehen gezeigt. Unter dem Titel: ‹The Defense of the U.S.› – Verteidigung der U.S. – zeigt dieser Film, der im letzten Winter von der amerikanischen Filmgesellschaft CBS in unserer Heimat gedreht wurde, daß von den Amerikanern auf Hattenbach die erste Atombombe geworfen wird, falls die US-Army die Sowjetarmee beim Überschreiten der DDR-Grenze mit konventionellen Waffen nicht aufhalten kann.»

«Was der Film und die amerikanische Strategie für uns bedeuten, wage ich nicht in Worte zu fassen!!! Kann das ‹integrierte Schlachtfeld› für uns einen Schutz und eine Verteidigung unserer Interessen bringen? Warum darf dieser Film nicht im Deutschen Fernsehen gezeigt werden? Könnte er uns eventuell beunruhigen oder aufregen?»

«Ich halte es für bedenklich, wenn man in unserem demokratischen Staat den Menschen die Information – u. a. über die Verteidigungsstrategie – so schwer macht und dies von unseren Politikern noch unterstützt wird. Eine offene Information könnte eine eigene Meinungsbildung nicht zuletzt auch zum Wohle unserer deutschen Interessen fördern. Ob dann jemand Angst und Zweifel bekommt – auch vor seinen eigenen Verteidigern – möge eine persönliche Entscheidung sein! Ich halte nichts von einer ‹Panikmache›, aber ich plädiere für eine ehrliche und umfassende Information, die man als Politiker seinen anvertrauten Bürgern schuldig ist, wenn man nicht unglaubwürdig werden will.

Der Film ‹The Defense of the US› wird in dieser Woche in mehreren Gemeinden des Kreises gezeigt.»

Zu ihrem Erstaunen erlebte Frau M., daß ihr Leserbrief tatsächlich veröffentlicht wurde: «Na ja, und dann stand das Telefon nicht mehr still. Alle Leute wollten wissen, wo gibt es den Film? Wann läuft er?»

Damit war der Bann gebrochen. Nun plötzlich war die Sache «heiß». Engagierte Journalisten und Fernsehleute waren zur Stelle. Die Leute strömten zu den Filmvorführungen.

Herr F. gesteht zu: «Wenn Pfarrer B. eingeladen hätte, wäre keiner hingekommen. Wenn ich das gemacht hätte, wäre keiner hingekommen. Wenn die ‹Friedensgruppe Hersfeld› das gemacht hätte, wäre keiner hingekommen. Die SPD war damals gar nicht bereit, die CDU eh nicht. Niemand wollte sich da anlegen. Es war wirklich so, daß wir die Frau M. brauchten, der niemand etwas Böses zutraute.»

Wie nahmen die Menschen nun den Film auf?

Frau M.: «Das Telefon ging bis in die späten Abende. Bis nach 23.00 Uhr kamen noch welche und wollten noch was wissen. Zu mir kam nur ein einziger negativer Anruf. Eine forsche Männerstimme sagte: ‹Wissen Sie, was Sie sind? Sie sind eine Anarchistin. Ich habe den Sicherheitsdienst auf Sie aufmerksam gemacht!› Ansonsten gab es nur Anfragen und Anteilnahme. Leute, die mich sonst nie ansprechen, die kamen auf mich zu, beim Einkaufen oder so. Gerade jetzt wieder eine ältere Frau, die sagte: ‹Gut, gut, daß mal einer irgendwie den Mund aufmacht.› Die Leute fühlen sich alle so ohnmächtig. Und sie begrüßen es, wenn einer was tut . . .»

«Vor ein paar Wochen hatten wir hier in Kirchheim beim Pfarrer eine Veranstaltung. Da habe ich wieder gesagt, daß es schlimm ist, daß man doppelt soviel Geld für die Vernichtung der Menschheit ausgibt wie für ihre Erhaltung. Es gab kein Widerwort. Auch die rechtesten Leute, die da waren, haben aufgehorcht. Die haben das irgendwie akzeptiert. Als wir rausgingen, da haben mich auch noch mehrere Frauen angesprochen: ‹Sehr gut, daß Sie das gesagt haben. Ich könnte das ja so nicht sagen.› Ich glaube, daß jetzt viele ermuntert werden, Stellung zu beziehen.»

Aber es gab auch ganz andere Äußerungen. Bekannt durch Fernsehen und *Spiegel* wurde die Bemerkung des SPD-Bürgermeisters: Wenn er beschließe, ein Schwein zu schlachten, so habe es wenig Zweck, zu dem Schwein zu gehen und ihm zu sagen, daß es nun bald getötet werde. Das Schwein könne daran nichts ändern.

Nachträglich bedauerte er diese Formulierung. In einem Leserbrief an die *Hersfelder Zeitung* erläuterte er:

«Das Vorführen des Films vor jedermann, ob jung oder alt, in dem ich den Namen Hattenbach mit jedem anderen Ortsnamen, zumindest in unserem Lande, für willkürlich austauschbar halte, betrachte ich vor wie nach für gefährlich.

Die Gefährdung sehe ich darin, daß dieser Film bei Kindern, bei jetzt schon verzweifelten, kranken oder schwachen Menschen in unserem Raum, die ein Planspiel vielleicht als Tatsache betrachten, Psychosen und Kurzschlußreaktionen auslösen kann.»

Im übrigen versicherte er seine volle Übereinstimmung mit der Politik der Regierung und mit der Abschreckungsstrategie.

Manche Bürger regten sich auf, durch den Bürgermeister mit Schweinen verglichen worden zu sein: «Der Mensch ist kein Schwein, und der mündige Staatsbürger hat ein Recht auf sachliche Information.» Ein anderer wies darauf hin, «daß jedes Hausschwein vor dem Schlachtvorgang betäubt

wird . . .» – «Als Menschen sind wir da im Falle X absolut
ausgeliefert und müssen alle schrecklichen Folgen ohne Betäu-
bung ertragen . . .» (aus zwei Leserbriefen). Aber auffallend
schwach fiel der öffentliche Protest gegen die fatalistische
Prognose selbst aus. Traf er etwa zu genau die vorherrschende
pessimistische Stimmung?

Aber der Bürgermeister deutete eine Richtung an, in der
sich Verbitterung abreagieren könnte. So meinte er: hinter der
Verbreitung des Films ständen überwiegend linke Gruppie-
rungen. Dies war für viele ein erwünschtes Stichwort. Ein
Leser der Regionalzeitung, der zugab, den Film weder zu
kennen oder ihn sehen zu wollen, redete von «den dubiosen
Zusammenhängen seiner angeblichen Einschleusung aus
Österreich» und nahm die «Initiatoren» aufs Korn:

«Der Fall Hattenbach zeigt einmal mehr die Taktik der Initiatoren
– diesmal der ‹Friedensbewegung› – und deshalb ist er wichtig:
Man rechnet mit dem Schweigen der Mehrheit, die, kopfschüt-
telnd zwar, aber mit hängenden Armen und geschlossenem
Mund, hilflos dasteht – so wie auch diesmal offenbar in dem
Gershausener Gasthaus (wo Frau M. den Film vorgeführt hatte,
der Verf.).

Und in dieses Vakuum hinein stößt – sehr bewußt – die Aufweichung jeder Bereitschaft zur Verteidigung. Die dafür eingesetzten
Kräfte werden angegriffen – selbstverständlich immer die Amerikaner, nicht etwa unsere Bundeswehr, bei der vielleicht gerade
Söhne aus Hattenbach oder Gershausen dienen könnten – und
das ganze heißt dann ‹notwendige Aufklärung des mündigen
Bürgers› oder ‹Verteidigung demokratischer Freiheiten›.»

Stellen also die eigentliche Gefahr, über die man sich aufregen
müßte, nicht vielleicht die «Initiatoren» dar?

Tatsächlich machte bald das gezielte Gerücht die Runde, der
Film sei überhaupt nur zu Propagandazwecken aus dem Osten
eingeschleust worden. Die Familie F. sei erst vor drei Wochen
aus der DDR gekommen, offenbar extra mit dem Auftrag, mit
diesem Film in der Bundesrepublik Obstruktion zu betreiben.

Frau F.: «So etwas Dummes, wir wohnen seit acht Jahren hier.» Nach Informationen von Herrn F. ist die «Einschleusungstheorie» sogar von Hattenbacher Bewohnern gegenüber einem schwedischen Fernseh-Team offen vertreten worden. Besonders absurd dazu sei, daß von ihm sowie von Pfarrer B. bekannt sei, daß sie sich eindeutig mit der Aktion «Schwerter zu Pflugscharen» der jungen DDR-Christen solidarisierten. Man wisse von ihnen beiden, daß sie dem «real existierenden Sozialismus» drüben kritisch gegenüberständen. Aber es sei hoffnungslos, die Gerüchte zu dementieren. Erfahrungsgemäß werde es dadurch nur noch schlimmer.

Herr F.: «Daß die Leute nun selber die Opfer sein sollen, das können sie gar nicht ertragen. Und deshalb darf das nicht wahr sein. Der Film muß ein kommunistisches Machwerk sein. Davon sind viele hier überzeugt...» – «Bei der Fernsehdiskussion in Kassel haben wir ein Interview mit dem Produktionschef von CBS gesehen. Der wurde gefragt, ob der Film direkt im Auftrag des Pentagon gedreht worden sei. Er antwortete: ‹Nein, das Pentagon hat uns einfach nur erlaubt, daß wir uns umgucken und filmen, was wir wollen.› Darauf hat hier eine Frau, die zur örtlichen Prominenz gehört, gesagt: ‹Sehen Sie, es sind also doch kommunistische Agenten.› Da nämlich das Pentagon nicht der offizielle Auftraggeber gewesen sei, müsse man doch vermuten, daß der Film ein rein typisches kommunistisches Machwerk sei.»

So hat die Verschwörungstheorie immer weitere Kreise gezogen: Zunächst zweifelte man nur an den lauteren Aufklärungsabsichten der Personen, die den Film zusammen mit Frau M. in die Öffentlichkeit brachten. Dann machte man sie zu Agenten, entwickelte die Theorie der «Einschleusung aus der DDR». Und am Ende entlarvte man den Film selbst als Erzeugnis von Kommunisten.

Aber die «Initiatoren» fanden auch Unterstützung. Herrn F. fällt eine ältere Journalistin ein – «so um die 70» –, die in einer Fernsehsendung zum Thema des Hattenbach-Films dabeigewesen sei und öffentlich gesagt habe: Sie hätte nicht nur vor den Russen Angst, sondern auch vor den Amerikanern, nämlich daß die vielleicht mal zu früh aufs Knöpfchen drücken würden. Diese Frau sei dann gleich in ihrem Dorf mit Fragen bestürmt worden, wie sie denn zu dieser kritischen politischen Auffassung komme. Sie habe sich gar nicht gewunden und irritieren lassen, sondern zu ihrer Äußerung gestanden. Und sie habe in ihrem Heimatort auch gleich zwei Vorführungen des Films organisiert. Sie habe nicht gewußt, wie man einen Video-Recorder bediene und habe sich von ihrem Enkel helfen lassen müssen. – So gebe es manche, die auch Risiko auf sich genommen hätten, um ihre Umgebung aufzurütteln. «Die haben da mit dem Film ihre ersten politischen Gehversuche gemacht.»

Deutlich abhängig erscheinen die unterschiedlichen Reaktionen der Bevölkerung von soziologischen Bedingungen. Herr St., gebürtiger Hattenbacher, schildert die sozialen Strukturen und Verhaltenstraditionen in seiner Heimatgemeinde:

«Hattenbach – dies ist ein Dorf mit ca. 650 Einwohnern, hier kennt noch jeder jeden . . . Außer vier bis fünf Zugezogenen sind alle anderen Familien ‹Einheimische› . . . Dies ist ein Dorf, in dem noch die Landwirtschaft lebt. Mindestens jede zweite Familie sind Voll- oder Nebenerwerbslandwirte. Es existiert noch die in sich geschlossene Dorfgemeinschaft mit all ihren Widersprüchen, dem Hang zum Konservativen, auch wenn bei Wahlen die Sozialdemokraten die meisten Stimmen bekommen. Hierarchie und Autorität der Honoratioren sind noch intakt, und so haben Pfarrer, Bürgermeister, Lehrer und Großbauern das Sagen.» – «Hattenbach – dies ist ein Dorf, das sich durch die staatliche Obrigkeit schon öfters in ein Korsett zwingen ließ und die dadurch bewirkte Ohnmacht für unabwendbar hielt.

Dies begann sich zu manifestieren mit dem Ausbau der Autobahn, die heute das Dorf von drei Seiten umschließt. Durch die enorme Verkehrsbelastung auf dieser Nord-Süd- bzw. Süd-Ost-Strecke wird das Dorf durch Lärm, Abgas- und Abwasserbelastung stark in Mitleidenschaft gezogen.

Seit einigen Jahren ist bekannt, daß die Bundesbahn ihre neue Nord-Süd-Hochgeschwindigkeitstrasse von Hannover nach Würzburg auf der vierten, von der Autobahn noch offengelassenen Seite des Dorfes bauen will. Auch diese akzeptierte die Bevölkerung, zwar mit Murren, aber ohne Widerstand, so daß ein Baubeginn direkt bevorsteht.

Vor einem Jahr erfuhr man von Plänen der US-Streitkräfte, am Langenberg, direkt über dem Dorf, ein Übungsgelände für eine in Fulda stationierte Hubschrauberstaffel einzurichten.»

Vermutet werde, daß bereits eine große Gelände-Transaktion stattgefunden habe, um den benötigten Grund zur Verfügung zu stellen. Ein anderer genauer Kenner der Verhältnisse ergänzt: «Tonangebend in Hattenbach sind einige große Bauern, das ist die ‹Schloßfraktion›. Aus deren Familien sind einige auf verschiedenen Ebenen der CDU aktiv. Unter den ärmeren Nebenerwerbsbauern überwiegt hingegen die Sympathie für die SPD. Aber diese Gruppe fühlt sich ohnehin ohnmächtig gegenüber allen Eingriffen von oben, die dem Ort in der letzten Zeit zugemutet worden sind. Von diesen Leuten hat sich nach dem Film niemand gerührt. Da teilt man mehrheitlich die passive Anpassungshaltung des Bürgermeisters. Dagegen sind die Mitglieder der ‹Schloßfraktion› prompt auf die Agententheorie eingestiegen.» – «Ich galt gleich als Agent», erinnert sich Herr F., «und Pfarrer B. war natürlich von mir verführt.»

Man hat mich belehrt, daß in Hattenbach und in den Nachbargemeinden alles noch «sehr sippenhaft» zugehe. Wenn in einer Familie jemand aktiv mit der CDU oder der SPD verbunden sei, dann sei in der Regel die ganze Sippe streng nach dieser Partei ausgerichtet. Und je stärker man mit einer Partei identifiziert sei, um so mehr lasse man diese «für sich denken». Da beide großen Parteien zum NATO-Beschluß ständen, bedeute dies, daß alle diese Familien sich gegen das verschlössen, was sie aus dem Film lernen könnten. Nur hier und da tauche in einer Sippe mal ein Rebell auf.

Schließlich gibt es in Hattenbach noch eine Reihe von protestantischen Familien, die der evangelikalen Richtung angehören. Die betreiben eine sehr intensive Jugendarbeit in dem «Jugendbund für entschiedenes Christentum». Etwa die Hälfte der Hattenbacher Jugend gehört diesem Bund an. Pfarrer B. erläutert: «Die billigen apokalyptische Vorstellungen. Das steht ja auch in der Bibel. Wenn Gott beschließt, uns ein Ende zu machen, so haben wir es hinzunehmen. Die sehen in mir nicht nur einen Kommunisten, sondern auch einen Ungläubigen, einen Gottlosen. Die finden es ganz unbotmäßig, daß ich als Pfarrer nicht auch meine, daß nun eben mit Hilfe der Russen oder auch der Amerikaner irgendwann das Weltende kommen kann.»

Pfarrer B. erzählt ein Beispiel: «Nach der Politik-live-Sendung über den Hattenbach-Film, wo ich mitdiskutiert habe, kommt da ein Jugendlicher auf mich zu, der auch in diesem Jugendbund ist. Er kommt mit seinem Fahrrad zu mir in die Garage gebraust. Ich habe da gerade ‹was gewerkelt›: ‹Ich muß Sie mal sprechen.› Ja, sage ich, bitte. Und dann: ‹Also, ich habe das gesehen gestern, die Diskussion im Fernsehen. Ich mache mich da nicht so verrückt mit dieser ganzen Geschichte.› Ich sage, das bleibt jedem überlassen, wir reagieren da alle verschieden. ‹Ja, ich finde das also ganz falsch, wie das läuft.› Ich sage, wie meinst Du das? ‹Ja, was Sie da machen, das finde ich also völlig falsch, Sie als Pfarrer und so, haben Sie nicht andere Aufgaben?› Ja, sage ich, Du, ich glaube schon, daß das eine ganz spezifisch christliche Aufgabe ist, für den Frieden zu arbeiten. ‹Ne, ne›, sagt er, ‹wichtig ist, daß die Leute zu Jesus kommen und mit dem ganzen Friedenskram, da habe ich nichts vor, die Leute müssen an Jesus glauben, und dann kann kommen was will.› Also, das gibt ganz präzise wieder, wie die meisten Jugendlichen denken, die in dieser Richtung beeinflußt werden.»

So summieren sich verschiedene soziale Bedingungen, die besser verständlich machen, warum die örtliche Bewohnerschaft auf den Film teils mit auffallender Passivität, teils mit Ablehnung reagiert hat. Die sozial Mächtigeren sehen sich in ihrem Antikommunismus herausgefordert. Die sozial Schwächeren mögen insgeheim das Ohnmachtsgefühl teilen, das der Bürgermeister angesprochen hat. Gehorsam gegenüber der Sippe – und gegenüber einem allein entscheidenden Gott wirken mit. So muß sich dann am Ende selbst der Pfarrer des Glaubensverrates zeihen lassen.

Herr F., der den Hattenbach-Film, zum Teil zusammen mit dem «War Game»-Film*, viele Male vorgeführt hat, erzählt noch von einer interessanten Beobachtung. Der Film löse im nachhinein um so mehr Diskussionen und zum Teil auch Aktivitäten aus, je weiter die Menschen von Hattenbach selbst, also von «Ground Zero» entfernt wohnen. Er könne das fast mit dem Zirkel genau bestimmen. Hier, unmittelbar an der DDR-Grenze bei «Punkt Null», sei die Betroffenheit offenbar zu groß. Da verdränge man am stärksten, weil es sonst nicht auszuhalten wäre. Erst in einem gewissen geographischen Abstand seien die Menschen fähig, sich aktiv mit dem Schrecken auseinanderzusetzen.

Frau F. meint dazu: «Das ist wie ein Stein, den man so ins Wasser wirft und der nach außen hin immer größere Wellen aufwirft. Da habe ich mich gefragt, ob ich das aus einem anderen Zusammenhang kenne, wo man auch Angst haben kann. Und da ist mir etwas durch den Kopf gegangen – vielleicht ist es ein schlechter Vergleich? Ich bin in Berlin aufgewachsen. Oft, wenn ich nach Westdeutschland kam, wurde ich gefragt: Ja, Mensch, du lebst in Berlin. Hast du keine Angst, daß die Russen kommen? Auch noch, als wir hierher gezogen waren, vor acht Jahren, haben die Leute hier, wenn sie mit einem Verein oder sonstwie nach Berlin gefahren sind, gesagt: Hoffentlich kommen die Russen nicht ausgerechnet in den drei Tagen, in denen wir dort sind. Die

* «War Game» ist ein Film, der sehr realistisch die Wirkungen eines gedachten Atombombenangriffes auf England schildert.

hatten eine hysterische Angst. Und ich hatte diese Angst gar nicht.»

Mit anderen Worten: Gerade dort, wo die reale Bedrohung am stärksten empfunden werden müßte, kann oder muß die Verdrängung perfekt funktionieren, weil man es sonst nicht aushalten könnte. Also bedeutet die manifeste emotionale Reaktion der Entfernteren, daß diese sich die offene Angst eher leisten können, ohne zusammenzubrechen? In der Tat hat die Hypothese viel für sich, daß der psychische Druck im Zentrum der Gefahr, die der Film demonstriert, eine besonders massive Abwehr fördert.

Jedenfalls meint Herr F., daß er anhand vieler Telefonanrufe und Briefe, auch anhand der örtlichen Pressereaktionen belegen könne, daß die Menschen mit wachsender Entfernung von Hattenbach bzw. von der DDR-Grenze ein desto stärkeres Bedürfnis hätten, sich mit Hilfe des Films zu informieren und irgendwie aktiv zu werden, um etwas für den Frieden zu tun. Oft riefen Pfarrer an und verlangten dringend nach der Kassette. Aber dann stelle sich vielfach heraus, daß sie von irgendwelchen Gruppen in ihrer Gemeinde dazu angespornt worden seien. Es kämen immer noch Dutzende von Nachfragen, denen man kaum nachkommen könne. Das sei in gewisser Weise ermutigend.

Aber wie fühlen sich, was denken und was tun jetzt Frau M., Pfarrer B. und Herr und Frau F., nachdem sie immer wieder den Film gezeigt, mit vielen Gruppen darüber debattiert und obendrein den Medienrummel überstanden haben? Empfinden sie Genugtuung über die Effekte ihrer Bemühungen? Sind sie erschlafft oder weiterhin aktiv? Sind sie noch hoffnungsvoll oder am Resignieren? Und wie sieht Frau F. die Zukunft?

Alle gehen davon aus, daß sehr wohl Wirklichkeit werden könne, was das gefilmte Manöver vorwegnehme. Dabei sind sie sich darüber klar, daß sie um Hattenbach herum wahrscheinlich nicht viel mehr gefährdet sind als Millionen andere diesseits und jenseits der Grenze. Der Film hätte genauso in

Franken, in Niedersachsen, in Thüringen oder sonstwo gedreht werden können, wo die übrigen Tausende von Kurzstrecken-Raketen mit nuklearen Sprengköpfen darauf warten, auf deutsches Gebiet abgefeuert zu werden. Sie teilen miteinander auch die Besorgnis, daß die Lage durch einen Kurswechsel in der Bundesrepublik zugunsten der REAGANschen Rollback-Politik noch gefährlicher werden könnte. Aber was tun?

In einem Gespräch mit dem Ehepaar F. taucht die Frage auf, ob es sinnvoll wäre, auszuwandern. *Herr F.* vergleicht die Lage mit derjenigen, die seinerzeit Antifaschisten in die Emigration trieb. Er denkt etwa an WILLY BRANDT, mit dessen Biographie er sich genau beschäftigt hat. Aber da findet er einen ganz wesentlichen Unterschied: «Da geht der Sozialist Willy Brandt aus Lübeck nach Norwegen, weil er glaubt, von Norwegen aus dieses System hier besser bekämpfen zu können. Und das war ja auch so. Es war seine Rettung und zugleich die einzige Möglichkeit, etwas zu tun, etwas zu verändern. Aber wenn ich hier weglaufe vor dem Atomschlag, den die Amerikaner uns hier so in Aussicht stellen, dann verändere ich gar nichts. Ich mache ihn nur wahrscheinlicher, weil dann noch weniger Leute da wären, die sich dagegen wehren.» – «Ich kann hier nicht abhauen. Dazu bin ich zu politisch. Ich will hier so lange was tun, so lange das geht. Ich weiß nur nicht – wie lange geht es?»

Frau F. sorgt sich, wie bereits eine drastische innenpolitische Veränderung die Lage der Familie und erst recht ihre politischen Wirkungsmöglichkeiten massiv erschweren könnte. Sie denkt daran, unter welchem Druck sie bereits als Linke gestanden hätten. Was wäre, wenn es mit den Kontrollen, den Berufsverboten usw. wieder ganz schlimm würde? «Da will ich eigentlich lieber weit weg. Aber vor der atomaren Bedrohung würde ich nicht weglaufen, die ja das ganze Volk und mich als Teil davon betrifft . . .»

«Es mag sein, daß der Atomkrieg mit jedem Tag ein Stückchen wahrscheinlicher wird. Aber wenn du irgendwo in Gießen oder in Marburg sitzt und über die Straße gehst und wirst vom Auto überfahren – das ist statistisch auch möglich. Oder daß du an Krebs erkrankst – jetzt der Horror aller Leute –, das ist auch möglich. Und ich habe mir gesagt, wenn da die Atombomben fliegen, da will ich sowieso nicht mehr leben. Also wenn um mich herum alles kaputtgeht – also meine Freunde, mein ganzes soziales Umfeld –, da würde ich mich gar nicht retten wollen.» – «Man müßte schon nach Australien gehen – wo die einen aber wahrscheinlich gar nicht haben wollen. Aber was zieht mich nach Australien? Nichts, außer dem Gedanken, du könntest einen möglichen Atomangriff überleben. Aber dann könntest du dort vielleicht hocken, und hier fiele alles in Schutt und Asche, alles, was du als Europäer so mit dir rumträgst und was dich ausmacht. Das ist eine Vorstellung, daß ich auch in Australien nicht mehr weiterleben könnte.»

«Aber dann gibt es noch was. Ich sage mir, wenn ich aus solch einem Grund – also wegen der Möglichkeit eines Atomkrieges – hier weggehe, dann heißt das ja eigentlich, daß ich einen Atomangriff hier haben muß, um bestätigt zu bekommen, daß es einen Sinn hatte, hier weggegangen zu sein. Es könnte sein, daß ich in dreißig Jahren immer noch in Australien sitze, wo es mir eigentlich nicht gefällt, und warte auf den Atomschlag. Und ich denke, verdammte Scheiße, warum bist du nicht zu Hause geblieben, wo es dir ja gefallen hat?»

Pfarrer B. tut sich ein fundamentales theologisches Problem auf. Er versteht den Begriff Inkarnation so, daß Gott in die Materie eingegangen ist. «Wenn wir aber jetzt die Materie zertrümmern und die Atome spalten, zertrümmern wir da nicht letzten Endes Gott?» Er glaube, daß diese Frage permanent in der theologischen Diskussion ausgeklammert werde.

Die Kirche müsse ganz entschieden dafür kämpfen, daß auch die letzten Atomanlagen und alle nuklearen Waffen verschrottet oder sonstwie zerstört würden. Solange das nicht erreicht sei, «müßten wir aus Fürsorge für die Menschen, die auf uns Vertrauen setzen, den Tag X durchdenken und fragen: Was passiert dann mit den Kontaminierten, was passiert mit uns selber? Was passiert mit allen, die wir leiden sehen? Wir wissen ja durch Hiroshima und Nagasaki, was dann auf uns zukommt. Und da müßten m. E. die Suizidfrage und die Sterbehilfefrage neu diskutiert werden.»

Er hat diese Gedanken Kollegen in dem «Komitee Freiheit für Wort und Dienst in der Kirche, Regionalkomitee Kurhessen-Waldeck» vorgetragen. Nach langen Diskussionen entstand, vom Komitee verfaßt, folgender Rundbrief an die Gemeindepfarrer in Kurhessen-Waldeck:

«Liebe Schwestern und Brüder!

Uns ist in letzter Zeit erschreckend deutlich geworden, daß durch die Veränderung des strategischen Konzeptes der NATO der nordhessische Raum und das Gebiet unserer Landeskirche sowohl in einem konventionell wie in einem atomar geführten Krieg erstes Gefechtsfeld sein wird.

Zum anderen beunruhigt uns der Bericht in der Sonderausgabe von ‹Blick in die Kirche› über einen Ärztekongreß im September 1981. Dort ist eindeutig klargelegt worden, daß es im Falle eines atomaren Krieges für die Zivilbevölkerung keine ärztliche Versorgung geben wird. Dann wird es auch keine seelsorgerische Betreuung der Bevölkerung im Kriegsgebiet geben können. Das dürfte klar sein.

Offen aber ist die Frage, was dann mit den noch Überlebenden geschieht. Auf diese Problematik ist unseres Wissens bisher noch in keiner kirchlichen Publikation zum Thema Frieden aufmerksam gemacht worden. Das ist um so unbegreiflicher, als es in der Geschichte der Menschheit Entsprechendes noch nicht gegeben hat. Jetzt taucht die Frage nach dem Suizid als letzte menschliche Möglichkeit auf – Sterbehilfe könnte letzte diakonische Tat werden.

Nach unseren Beobachtungen wird dies bereits in den Gemeinden besprochen. Viele verdrängen diese Perspektive zwar noch und stecken den Kopf in den Sand, um sie nicht zu sehen. Manche hoffen, bei der ersten Bombe gleich zu sterben. Wir wissen auch, daß einige bereits Mittel zur Selbsttötung bereithalten.

Was sollen wir tun, falls wir überleben, was den Überlebenden raten?

Eine lange christliche Tradition, der wir uns verpflichtet wissen, verurteilt den Suizid. Gilt dies angesichts eines nuklearen Krieges?

Diese Fragen verlangen Antwort und müssen also diskutiert werden.

Auf jeden Fall verlangen sie von uns eine eindeutige Stellungnahme gegen die heutige Rüstung. Wir wollen erreichen, daß das Sowohl–Als auch kirchlicher Stellungnahmen in unserem Land beendet wird.

Liebe Schwestern und Brüder, bedenken Sie unsere Lage mit uns und beteiligen Sie Ihre Gemeinde daran. Lassen Sie uns Ihre Ansichten wissen. Wir bitten Sie darum!

Für das Komitee   Unterschrift»

Pfarrer B. wurde zum Propst eingeladen. Dieser habe ihm gesagt: «Ich kann mir meinen Tod nicht vorstellen und darf das auch gar nicht.» – «Wenn eine atomare Katastrophe über uns kommen sollte – dann wissen wir nicht, was dann ist, und wir dürfen es nicht vorwegnehmen, und so.» – «Ich habe entgegnet: ‹Durch Hiroshima wissen wir doch, was kommt. Und dann ist Schluß, danach gibt es nichts mehr.›» – «Ich habe auch sehr drastisch geredet: ‹Nach allen bisherigen kriegerischen Auseinandersetzungen konnten Männer, hatte man ihnen nicht die Keimdrüsen weggeschossen, nach Hause gehen und neues Leben zeugen. Und dann konnte es irgendwie weitergehen. Diesmal ist es das absolute Ende.›»

Nach dem Brief, der heftige Reaktionen ausgelöst habe, habe der Propst das Komitee und einige andere Interessierte eingeladen. Zwei von ihm eingeladene Kollegen hätten über die Selbstmordfrage referiert. Man wolle sich wieder treffen und weiterdiskutieren. – Pfarrer B. beharrt jedenfalls mit seinen Kollegen vom Komitee darauf, daß man das Problem um einer verantwortlichen Seelsorge willen klären müsse, selbst wenn dabei die Empfehlung resultieren würde: «Leute, legt euch einen Vorrat an, daß ihr euch im Falle einer Atomkatastrophe selbst töten könnt.»

Man habe ihnen, also den Leuten vom Komitee, vorgeworfen, sie würden praktisch die furchtbare Möglichkeit herbeireden. Sie fühlten sich dadurch mißverstanden.

Übrigens unterscheide er sich von anderen in der Friedensbewegung dadurch, daß für ihn – zugespitzt formuliert – die Ökologie das Oberthema sei, von dem sich die Friedensfrage ableite. Da gingen die Mächte – im kapitalistischen wie im realsozialistischen System – mit entsetzlichen Vernichtungsenergien achtlos um, die ihrer Kontrolle zum Teil schon entlaufen seien. Man müsse sich also in einem umfassenderen Sinne wehren, als es diejenigen täten, die nur gegen die Rüstung zielten. Das könne er aber manchen in dem «Arbeitskreis Hersfelder Friedenswochen» schwer klarmachen.

Andererseits wird sich Pfarrer B. damit abfinden müssen, daß er mit seiner Idee der Gotteszerstörung durch die moderne Atomphysik und durch die Mächte, die sich dieser wissenschaftlichen Entdeckungen bedienten, überwiegend auf Widerspruch und Unverständnis stößt – sieht man einmal von Teilen der «Grünen» und «Alternativen» ab. Mir ist diese Resonanz vertraut, die ich in ähnlicher Weise durch die im «Gotteskomplex» geäußerten Gedanken ausgelöst habe. Allerdings stellt er sich und seine Umgebung auf die härteste Probe, wenn er obendrein auch noch die Selbstmordvorsorge anrät. Damit nähert er sich indirekt jenem Zeitungsleser, der seinem Bürgermeister den Hinweis entgegengehalten hatte, daß Schweine vor der Schlachtung wenigstens noch betäubt würden. Also ginge es darum, daß die Menschen wenigstens diese Benachteiligung noch wettmachen sollten? – Ist das aber nicht wirklich zuviel der «*paradoxen* Intervention», konkrete Suizidplanung zu betreiben, wenn man noch die Hoffnung wachhalten will, daß sich das Verhängnis abwenden läßt? Kann man, soll man sich bewußt praktisch darauf einrichten, was man mit aller Kraft unmöglich machen sollte?

Pfarrer B. beweist durch sein Engagement, daß er für seine Person diese Besorgnis zu entkräften vermag. Aber für andere, die sich überfordert fühlen, bleibt er offensichtlich ein unheimlicher Kassandrarufer.

Nahezu das genaue Gegenstück von ihm ist seine Verbündete in der Filmaktion, die Lehrerin Frau M. Ihre Umgebung war überrascht, daß ausgerechnet sie es war, die schließlich den Film unter die Leute brachte und zu einer Hauptfigur in der Diskussion um ihn wurde. War es – so sieht es Herr F. – die Presse, die quasi eine Heldengestalt brauchte, um durch sie die Hattenbach-Story attraktiv aufmachen zu können? Oder war es nicht doch einfach die Person, die diese Rolle prägte?

Frau M. ist auf einem Bauernhof aufgewachsen – vormittags Schule, nachmittags auf dem Feld. Nur abends Zeit für Schularbeiten. Aber die harte Feldarbeit verdroß sie nicht. Immer frohgemut sang sie gern laut vor sich hin. Die Leute freuten sich, wenn sie ihr begegneten. Und viele nannten sie «Schatz». Mehr als die Mittlere Reife war bei der Doppelbeanspruchung nicht zu schaffen. Aber sie konnte eine Sonderausbildung als Fachlehrerin absolvieren: Kunsterziehung, Religion und Musik. Ein Lehrer, Theologe und Heimatkundler, der obendrein viele musische Elemente in den Unterricht brachte, wurde ihr großes Vorbild. Sobald sie ihr erstes Geld verdiente, machte sie zahlreiche Studienfahrten in europäische Länder, Afrika und Asien. Schon damals begeisterte sie sich für Volkstänze und organisierte daheim eine Volkstanzgruppe. Bald hatte sie vierzig, sechzig Jugendliche beisammen, mit denen sie nun seit fünfzehn Jahren arbeitet und in vielen Ländern herumgereist ist, so wie sie umgekehrt Folklore-Gruppen in ihren Heimatkreis einlädt: u. a. Rumänen, Finnen, Senegalesen, selbst Nepalesen. Wie da über den Tanz, über den körperlichen Ausdruck, Beziehungen zwischen Menschen zustande kommen, die sich über die Sprache nicht verstehen können, das beglückt sie immer wieder. «Nach einer Woche, da hängen hier die Gastgeber oft so an diesen fremden Jungen und Mädchen, daß sie beim Abschied heulen.»

Unermüdlich ist Frau M. dabei, diesen Austausch weiter zu

pflegen. Und die vielen internationalen Freundschaften mit anderen Gruppen, die sie geknüpft hat, haben sie nur immer weiter in dem Glauben gestärkt, daß es sich überall lohne, vertrauensvoll und bejahend auf andere, selbst auf scheinbar ganz Fremde, zuzugehen.

Wie sie, in ihrem Fachwerkhäuschen von Musikinstrumenten aller Art umgeben, strahlend von diesen glücklichen Erfahrungen erzählt, verwundert man sich zunächst darüber, wie tief der Hattenbach-Filmschock in die heile Welt einbrechen konnte. Schließlich hatte sie sich zuvor nie näher auf Politik eingelassen. Sie wollte und will sich noch immer nicht politisch organisieren und damit irgendeine Polarisierung auf sich nehmen. Nach wie vor glaubt sie, mit allen gut auskommen zu können. Von der Empörung über die atomare Bedrohung, die in ihr durch den Film durchgeschlagen ist, müßten – davon ist sie überzeugt – eigentlich alle, über sämtliche Parteigrenzen hinweg – ergriffen werden. Es geht ihr nicht in den Kopf, daß es Menschen geben sollte, denen der verbrecherische Charakter der Atomkriegsplanung nicht einsichtig zu machen sei. Sie ergreift jetzt Partei, nachdem sie durch den Film zu einem eifrigen Studium der politischen und militärischen Fakten angeregt worden ist. Aber sie versteht das als Parteinahme für alle Bedrohten, die sich gemeinsam wehren müßten:

«Ich habe keinen ‹Feind›, den ich vernichten oder gegen den ich mich schützen müßte. Schutz und Lebensmöglichkeit kann es auf Grund der Rüstungseskalation nicht mehr gegeneinander geben, sondern nur noch miteinander. Atomare Kriegsführung ist im Ernstfall – im Angriffs- und Verteidigungsfall – Nonsens, da immer alles zerstört wird, was man besetzen oder verteidigen möchte . . .»

«Bis vor wenigen Monaten dachte ich, daß mir zum Durchschauen der Verteidigungsproblematik das Sachwissen fehlt und daß ich dazu also auch nicht fundiert ‹Partei› ergreifen könne, obwohl ich immer die Gedanken der ‹Friedensbewegung› innerlich vertrat. Dann kam ich jedoch zu der Überzeugung, daß es nicht ausschlaggebend ist, fachlich beurteilen zu können, welche Qualität und Quantität die Waffen haben, sondern daß nach meiner Meinung der ‹Ansatz› nicht stimmt.»

Klargeworden ist ihr, daß es «für uns eigentlich keine Verteidigung im Ernstfall gibt» und daß der Film die für uns hierzulande besondere Gefahr eines begrenzbaren Atomkrieges beweist, den die Supermächte ohne das Risiko ihrer eigenen totalen Zerstörung führen könnten.

Aber was kann sie machen? Zunächst: mit vielen Leuten reden. Sie redet auch mit solchen, denen Pfarrer B. und Herr F. ganz und gar nicht geheuer sind. Da ist eine der einflußreichen Kritikerinnen des Films, die auf der CDU-Seite steht und daran festhält, daß die Atomwaffen zur Verteidigung nötig seien. Auch dieser glaubt Frau M. ihre Gedanken nahebringen zu können. Es ermutigt sie, daß diese Frau immer gern dabei sei, Gäste von ausländischen Folkloregruppen bei sich zu beherbergen, und daß sie an sich auch die Völkerverständigung fördern möchte ... aber da sei eben die Angst vor dem Kommunismus.

Sie wendet sich, obzwar erfolglos, an den Rundfunkrat und verlangt, daß der CBS-Film endlich in voller Länge im offiziellen Fernsehprogramm ausgestrahlt werden solle.

Eindringlich erläutert sie in einem weiteren Brief der Staatsministerin Dr. HAMM-BRÜCHER, daß die Beziehungen zwischen Amerikanern und Westdeutschen dringend verbessert werden müßten, damit den Menschen in den USA die Genugtuung vergehe, wenn sie die dem CBS-Film zugrundeliegenden militärischen Pläne vorgeführt bekämen. Sie erinnert die Ministerin an die grausige Sprache in dem Film, in welchem es u. a. heißt, daß die deutschen Städte vielfach «nur zwei Kilotonnen voneinander entfernt» lägen. – Bezeichnend ist, daß Frau M. wieder ihre Hoffnung vor allem auf das Verhältnis zwischen den Menschen setzt. Um dieses zu fördern, sollte das Steuergeld besser eingesetzt werden, das für die Stationierung neuer Atombomben vorgesehen sei ...

Der persönliche Referent der Ministerin antwortet ihr in höflichem Amtsdeutsch u. a.: «Frau Dr. H.-B. ist mit Ihnen der Ansicht, daß die geistige und politische Dimension unseres Bündnisses mit den USA zu sehr in den Schatten der militärischen Auseinandersetzung geraten ist . . .» – «. . . gilt es auch, das Verständnis der Amerikaner für die besonders exponierte Position der Bundesrepublik Deutschland an der Grenzlinie von NATO und Warschauer Pakt zu wecken.»

Auch an den örtlichen amerikanischen Regimentskommandeur tritt Frau M. heran. Sie schreibt ihm, daß sie ihre Kampagne mit dem Film nicht als persönlichen Angriff auf ihn und seine Soldaten ansehe. Aber sie könne das in diesem Film geschilderte amerikanische Verteidigungsprogramm nicht gutheißen. Sie und viele andere Bewohner wollten hier nicht auf diese Weise verteidigt werden.

«Sie sind doch gewiß nicht nur Militärperson, Sie haben, wie ich glaube, auch Frau und Kinder. Meine Frage: Was können wir tun, daß viele Amerikaner mit Deutschland besser vertraut werden und sich klarmachen, daß hier menschliche Wesen wohnen . . .?» Sie glaube, daß die menschliche Entfremdung unbedingt überwunden werden müsse, um bei den Amerikanern Bedenken gegen die herrschenden strategischen Vorstellungen zu entfachen.

Daraufhin hat ihr der Kommandeur angekündigt, sie einzuladen und mit ihr über das Problem zu sprechen.

Man merkt den Briefen an, daß es die Dorflehrerin einige Überwindung kostet, Rundfunkintendant, Ministerin und Kommandeur kritisch zu mahnen. Sie bemüht sich in der Form stets um eine – zwar eindringliche – Sanftheit. Aber das ist nicht nur Zaghaftigkeit, sondern auch zu einem guten Teil urprüngliche Freundlichkeit. Es geht ihr ja überhaupt darum, daß positive menschliche Beziehungen nicht nur *neben* der Politik gehütet werden sollten. Sondern ihr schwebt irgendwie vor, daß Politik selbst durch menschliche Nähe und Verbundenheit, die sie im Kleinen zu verwirklichen sucht, gewandelt werden könnte.

Ist das nun nur naiv? Ist Frau M. ein total unpolitischer Mensch, indem sie sich in keine Organisation integriert hat und nur als Einzelkämpferin wirken will? Überträgt sie nicht in einfältiger Weise ihre heile Folklore-Welt auf die gesellschaftliche Wirklichkeit? Verleugnet sie nicht mit ihrer harmonisierenden Weltsicht alle in der Realität wirksamen Kräfte der Aggression?

Aber gerade sie hat im Gegensatz zu den meisten um sie herum die durch den Film enthüllte Wahrheit nicht verleugnet. Wie ein Blitz hat es sie getroffen. Und ihre liebenswürdige, völkerverbindende Folklore-Welt hat einen tiefen Riß bekommen. Politisch kaum geschult, war sie nahezu schutzlos dem Schock ausgeliefert. Sie hatte nicht, etwa wie der politisch erfahrene Herr F., die Kategorien bei der Hand, um das Furchtbare einzuordnen. Und natürlich wurde sie deshalb doppelt verwirrt, weil sie es von Kindheit auf so oft erreicht hatte, ihre soziale Umwelt so freundlich zu stimmen, wie sie sie sehen und besingen wollte. Gewiß ist sie versucht, die Gewalt, die da über sie hereinzubrechen droht, vereinfachend mit dem Rezept auflösen zu wollen, mit dem sie persönlich ihre Kommunikationen über Grenzen und Gegensätze hinweg zu entwickeln vermochte. Aber sie lernt und wird in kreativer Weise aktiv.

Sie beschwört den Rundfunkrat, den Film für die öffentliche Diskussion freizugeben. Und sie ist es, die das Problem am Ort in das Gespräch zwischen den parteiischen Gruppen bringt. Was man ihre Einfalt heißen kann, hilft ihr, das paranoide Klima um einiges aufzulockern. Mit ihrer Hilfe können die Leute aus der Friedensinitiative aus der Isolierung ausbrechen, die sich durch einen schleichenden Spaltungsprozeß bereits abgezeichnet hat. Andererseits macht sie der «Schloß-fraktion» keine Angst. Wie sie schildert, horchen bei ihr auch die «rechtesten» Leute auf, wenn sie auf Veranstaltungen den Irrsinn der Rüstungsausgaben anprangert. Dafür nimmt sie auch ernst, wenn man ihr von der Russenfurcht erzählt, die in manchen alles Weiterdenken stocken läßt.

Dennoch ist sie als Vermittlerin unversehens in das Schuß-feld zwischen den polarisierten Gruppierungen geraten. Leute aus der Friedensbewegung verübeln ihr inzwischen, daß sie immer noch nicht Mitglied der Hersfelder Initiative geworden ist. Und von rechts sieht man sie umgekehrt ins Schlepptau der vermeintlichen Kommunismus-Freunde geraten. Aber sie hält dem Tauziehen stand. Bestärkt findet sie sich durch diese oder jene einzelne, die – plötzlich aus politischer Ahnungslosigkeit aufgewacht – in ihr eine Partnerin suchen, mit der sie erstmalig über ihre Unruhe sprechen können.

Frau M. hält unbeirrt daran fest, daß der Dialog weitergehen müsse. Wenn der Film endlich ins offizielle Fernsehprogramm käme, dann würden die Menschen in vielen Landesteilen begreifen, daß es heute tausend Hattenbachs gebe. Daß «Ground Zero» auch bei ihnen liegen könnte.

Und was wäre, wenn Zigtausende sich wie Frau M. aufmachen und ähnlich mahnende Briefe an Minister und alliierte Kommandeure schicken würden? Ist das nicht – neben vielem, was man sonst tun kann – ein sinnvoller Versuch von Einflußnahme? Ist es nicht ein beachtenswerter Schritt, die unheilvolle Barriere der Sprachlosigkeit zu durchbrechen, die immer noch Politiker und Militärs hindert, sich dem vollen Ausmaß des geheimen Entsetzens zu stellen, das die Massen inzwischen ergriffen hat?

Aber in Hattenbach und Hersfeld wäre nichts angelaufen ohne die Gruppe der Friedensbewegung, ohne die Initiative von Herrn F., der den Film besorgt und überhaupt zum Thema gemacht hat. Ihren raschen Lernprozeß verdankt Frau M. nicht zuletzt jenen anderen, die sich längst schon in der Bewegung engagiert hatten und ihr an Wissen und einschlägiger Erfahrung weit voraus waren. Und nach wie vor profitiert sie von der zähen Basisarbeit dieser Leute, die ihre kritische Aufklärungstätigkeit unbeirrt fortsetzen, wie immer man sie verdächtigt und diffamiert. Kampf für den Frieden geht heute nicht mehr, ohne daß man Gegenmacht bildet. Und diese braucht Menschen, die sich organisatorisch zusammentun, die sich durch Veranstaltungen, Demonstrationen, Kampagnen, Verweigerungsaktionen sichtbar machen und auch hier und da unmittelbar Sand in das Getriebe der Militarisierungsmaschinerie streuen.

Aber die Möglichkeit liegt stets nahe, daß sich die Repräsentanten des gesellschaftlich Verdrängten – das sind die Kämpfer der Friedensbewegung – und die Repräsentanten der Verdrängung – das sind die Befürworter der Abschreckungsstrategie – wechselseitig mit der eigentlichen Bedrohung verwechseln, auf die sie mit polarisierter Angst reagieren. Und da wächst nun Vermittlern eine nicht unwichtige Rolle zu. Sie müssen helfen, daß die Verfolgungsideen sich nicht nur vom Ost-West-Konflikt auf die innenpolitische Szene verlagern, wie es weithin geschieht. Sie müssen helfen, daß das Gespräch zwischen denen nicht abreißt, von denen jeder schließlich die eigene Angst in den Verfolgungsbefürchtungen der Gegenseite wiedererkennen muß. Aber was schützt sie selbst gegen die Gefahr, von der sie umgebenden Verfolgungsmentalität angesteckt zu werden? Was anderes als eine irgendwoher bezogene Kraft, an die Möglichkeit der geschwisterlichen Verständigung zu glauben, die EINSTEIN als unsere einzige und letzte Chance beschworen hat?

Anhang

Es war einmal . . .
Das Kennedy-Chruschtschow-Experiment von 1963

Es klingt heute wie ein Märchen, daß es einmal eine Episode im Amerika-Rußland-Verhältnis gegeben haben soll, in der sich die Schraube der eskalierenden Bedrohung in umgekehrtem Sinne gedreht hat. Aber der Amerikaner AMITAI ETZIONI vom Institute of War and Peace Studies an der Columbia-Universität besteht darauf, eine solche Phase entdeckt zu haben. Es muß den Politikwissenschaftlern überlassen bleiben, die Bedingungen genauer zu überprüfen, die damals diese verheißungsvollen Prozesse möglich gemacht – schließlich aber wieder gestoppt haben. Der Psychologe kann nur schwer übersehen, was sich damals genau zugetragen hat, obwohl allem Anschein nach gerade ein psychologischer Faktor eine wesentliche Rolle mitgespielt hat, nämlich der erfolgreiche Versuch, sich wechselseitig mit Zugeständnissen zu mehr Vertrauen zu ermutigen.

Heute sprechen wir gelegentlich von sogenannten «vertrauensbildenden Maßnahmen», so als ob Maßnahmen denkbar seien, die von sich aus Vertrauen erzwingen könnten. Dies ist wieder ein Beispiel für die weit verbreitete mechanistische Denkweise: erst soll etwas gemacht werden, damit sich etwas Psychisches ereignet. Aber ohne vorherigen Mut zum Vertrauen kommt es weder zu entsprechenden Maßnahmen, noch erzeugen solche automatisch den psychischen Effekt, den man sich vielleicht von ihnen verspricht. Genau das hat EINSTEIN mit seiner Formulierung gemeint: «Eine wirkliche Lösung des Sicherheitsproblems *setzt* ein gewisses gegenseitiges Vertrauen der Parteien *voraus*, das nicht durch mechanisierte Maßregeln irgendwelcher Art ersetzt werden kann.»

Aber eben diese psychische Vertrauensbereitschaft scheint als Voraussetzung damals vorhanden gewesen zu sein und beiden Seiten geholfen zu haben, den Weg der Bedrohungspolitik für eine gewisse Zeit zu verlassen und gemeinsam in umgekehrter Richtung zu gehen.

Das KENNEDY-CHRUSCHTSCHOW-Experiment von 1963 wird von CHARLES E. OSGOOD als Musterfall angewandter GRIT-Strategie angeführt. GRIT heißt: *G*raduated and *R*eciprocated *I*nitiatives in *T*ensionreduction. GRIT ist nach OS-GOOD ein Verfahren, «das darauf abzielt, ein Land zu befähigen, in einer Situation, in der eine gefährliche ‹Balance› gegenseitiger Angst existiert, die Initiative zu ergreifen.» Man kommt der anderen Seite ein Stück weit entgegen und lädt sie ein, dieses Zugeständnis zu erwidern. Nach ETZIONI sieht es in der Tat so aus, als sei diese GRIT-Strategie zwischen Juni und November 1963 wirksam gewesen.

Es war die Zeit nach der Aufhebung des CHRUSCH-TSCHOWSCHEN Berlin-Ultimatums und nach der Bewältigung der Kuba-Krise, die bis an den Rand einer Katastrophe geführt hatte. Ob diese Krise möglicherweise so sehr erschreckt hat, daß beide Seiten zu ihrer künftigen Vermeidung besondere Anstrengungen machen wollten, ist nicht näher zu belegen. Aber die Vermutung scheint plausibel. Jedenfalls ereignete sich danach, was ETZIONI wie folgt zusammengestellt hat:

Am 10. Juni 1963 hielt Präsident JOHN F. ENNEDY eine Rede an der American University. Darin entwickelte er eine «Strategie des Friedens». Er machte auf die Gefahren eines Atomkrieges aufmerksam. Er schlug einen versöhnlichen Ton gegenüber der Sowjetunion an. Er sprach von «konstruktiven Veränderungen» in der UdSSR, die bestimmte Lösungen in Reichweite bringen könnten. KENNEDY fuhr fort: «Unsere Probleme sind von Menschen gemacht und können von Menschen gelöst werden.» Die Politik der Vereinigten Staaten müsse so gestaltet werden, «daß es im kommunistischen Interesse liegt, einen echten Frieden zu vereinbaren.»

KENNEDY vermied es in dieser Rede, der Sowjetunion die Schuld am Kalten Krieg zu geben. Statt dessen sprach er von der Notwendigkeit für die Amerikaner, ihre Haltung zum Kalten Krieg zu überprüfen («to re-examine»). In diesem Zusammenhang kündigte der Präsident eine einseitige Initiative an, die man heute als «Vorleistung» bezeichnen würde. Die USA würden von sich aus alle Atomtests in der Atmosphäre einstellen und würden diese nur wieder aufnehmen, wenn ein anderes Land dies täte.

Die Sowjets reagierten prompt. KENNEDYS Rede wurde in den nächsten Tagen in der *Iswestija* wie in der *Prawda* ungekürzt abgedruckt. Die Störsender schalteten ab, um der russischen Bevölkerung einen einwandfreien Empfang der KENNEDY-Rede zu ermöglichen, die von der «Stimme Amerikas» gesendet wurde. Diese Tatsache wurde wiederum in den USA aufmerksam registriert. Am 15. Juni zog CHRUSCHTSCHOW mit einer Rede nach, in der er die Initiative KENNEDYS begrüßte. Auch er stellte fest, daß ein neuer Weltkrieg vermeidbar sei und daß die größte Konfliktgefahr im Rüstungswettlauf und vor allem in der Anhäufung der Nuklearwaffen liege. CHRUSCHTSCHOW gab bekannt, er habe angeordnet, die Produktion strategischer Bomber zu stoppen.

Bereits am 11. Juni hatte die Sowjetunion ihren Widerstand gegen die Entsendung von UN-Beobachtern in den kriegführenden Jemen aufgegeben. Darauf reagierten die USA, indem sie sich bereit erklärten, der ungarischen UN-Delegation nach sieben Jahren wieder einen vollen Status zuzuerkennen.

Als nächsten Schritt folgten die Sowjets dem amerikanischen Beispiel, indem auch sie ihre Atomtests in der Atmosphäre stoppten. So war bereits vor Unterzeichnung eines entsprechenden Vertrages ein konstruktives Einvernehmen hergestellt. Durch einseitige Schritte hüben und drüben hatte man alle Schwierigkeiten ausgeräumt, so daß am 5. August 1963 eine entsprechende Abmachung unterzeichnet werden konnte.

Nach diesem Vertrag kam es zu einer Reihe neuer Vorschläge für Ost-West-Vereinbarungen. Am 19. September

1963 schlug Außenminister GROMYKO einen Nichtangriffs-
pakt zwischen den Warschauer-Pakt-Mächten und den Mäch-
ten des Nordatlantik-Paktes vor. Außerdem regte er einen
Friedensvertrag mit Deutschland an. Am 20. September 1963
setzte sich KENNEDY in einer dramatischen Rede vor der UN
dafür ein, daß die Vereinigten Staaten und die Sowjetunion
gemeinsame Weltraumforschung betreiben sollten.

In jenen Tagen schlug GROMYKO einen Pakt vor, daß weder
die Sowjets noch die Amerikaner Nuklearwaffen im Weltraum
installieren sollten. KENNEDY stimmte zu. Eine prinzipielle
Übereinkunft in dieser Frage wurde am 3. Oktober erzielt, und
die endgültige Resolution wurde von der Generalversamm-
lung der UN am 19. Oktober verabschiedet.

Im gleichen Monat billigte KENNEDY einen Weizenverkauf
an die UdSSR in der Höhe von 250 Millionen Dollar. Unter-
strichen wurde die Klimaverbesserung, indem man sich zu
dieser Zeit auf einen umfangreichen Spionenaustausch ver-
ständigte.

Gegen Oktoberende und im November 1963 ließen diese
reziproken Initiativen nach. Nach den Untersuchungen von
ETZIONI gibt es dafür verschiedene Gründe: Im Westen
fürchtete man, daß die Hoffnungen und Erwartungen der
Massen zu hoch ansteigen und außer Kontrolle geraten könn-
ten. Bemerkenswerterweise war es speziell die westdeutsche
Bundesregierung unter ADENAUER, die gegen das Tempo des
Entspannungskurses heftig protestierte. ETZIONI zitiert den
Ausspruch ADENAUERS, der sich auf die Entspannungsstrate-
gie bezog: «Nur dumme Kälber wählen ihre Henker selber!»

In Amerika begann das Jahr der Vorwahlen. Man dachte
daran, nach Ablauf der Wahlen auf dem begonnenen Wege
fortfahren zu können. Aber die intensivere Verstrickung der
Amerikaner in Vietnam und die Ermordung KENNEDYS in
Dallas beendeten das «Experiment».

Zusammenfassend läßt sich feststellen, daß in dieser Periode
die meisten konstruktiven Initiativen der einen Seite von der

anderen Seite positiv erwidert wurden. «Ich glaube nicht», so folgert OSGOOD, «daß irgendeiner, der diese Periode miterlebt hat, abstreiten wird, daß eine deutliche Verbesserung der amerikanischen Einstellung gegenüber den Russen zu bemerken war; und dasselbe wird von der russischen Einstellung gegenüber den Amerikanern berichtet. Sie prägten sogar einen eigenen Namen für die neue Strategie: ‹Die Politik des gegenseitigen Beispiels.›»

Was nützt es, sich an diese versunkene Episode zu erinnern? Haben nicht beide Seiten ihre damals verkündeten Versprechen längst wieder gebrochen? Haben die Russen nicht doch ihre strategischen Bomber produziert? Und haben die Amerikaner nicht kürzlich erst ihre Pläne zur systematischen Militarisierung des Weltraums offiziell bekanntgegeben?

Trifft die Analyse ETZIONIS zu, was ihm von Experten überwiegend bestätigt wird, dann widerlegt sie immerhin die sich schleichend ausbreitende pessimistische These, das Wettrüsten laufe als ein irreversibler gesetzmäßiger Prozeß ab. Ähnlich wie in der Naturwissenschaft eine einzige Ausnahme ein vermutetes Naturgesetz ausschließt, so können wir aus dem Experiment von 1963 entnehmen, daß es grundsätzlich auch so herum geht. Möglich ist es also, die eskalierende Bedrohung zu stoppen und eine De-Eskalation zu verfolgen. Es kommt nur darauf an, diese Wende zu wagen und durchzuhalten – in Gedanken daran, daß in der derzeitigen Overkill-Rüstung ein viel größeres, auf die Dauer tödliches Wagnis steckt.

Wir Westdeutschen sollten noch eine besondere Lehre daraus ziehen, daß gerade wir offenbar 1963 durch unsere damalige Regierung wesentlich mitgeholfen haben, jenes ermutigende «Experiment» rasch aufzugeben. Ob wir fähig werden können, nicht erneut im Schüren, sondern künftig im Abbau von Mißtrauen nachdrücklichen Einfluß auszuüben?

Zehn Schlußthesen:

1. Die Unterwerfung unter das Dogma, der Frieden sei wie alles andere heute errechenbar und durch technische Lösungen machbar, hindert uns an der Erkenntnis, daß er zuallererst von unserem Wollen abhängt. Dieses Wollen aber wird zur Zeit durch unbewußte Gegenkräfte blockiert. Diesen Tatbestand trifft die Formel CARL FRIEDRICH VON WEIZSÄCKERS: «Friedlosigkeit ist eine seelische Krankheit.»

2. Die herrschende Abschreckungsstrategie steckt deshalb in einer Sackgasse, weil sie auf irrationalen Antrieben beruht. Diese bewirken, daß das Niveau der für eine Abschreckung nötigen Rüstung längst um ein Vielfaches überschritten wurde und laufend weiter erhöht wird. Die unbewußten Antriebe bedürfen der Klärung.

3. Die Überrüstung fördert paradoxerweise psychologische Reaktionen, die im Sinne einer kreisförmigen Selbstverstärkung eskalierend auf jene zurückwirken. Mit der Steigerung der nuklearen Potentiale wächst automatisch die Angst vor der feindlichen Bedrohung und damit das Bestreben, sich selbst ewig weiter zu verstärken.

4. Es ist eine Illusion, daß die das Atomkriegsrisiko fördernden psychischen Antriebe in der politischen Führungsschicht weniger wirksam seien und besser kontrolliert würden. Kulturspezifische Macht- und Größenwünsche kommen gerade hier um so eher zur Entfaltung, je mehr die Massen diese Tendenzen unter zunehmenden gesellschaftlichen Zwängen unterdrücken müssen. Oben soll stellvertretend erfüllt werden, was man sich unten versagen muß. In der Politikszene ist expansionistisches Rivalisieren in gefährlichem Maße institutionell verwurzelt und strukturiert das Handeln der dortigen Personen und Gremien.

5. Eine Überwindung der «psychischen Krankheit Friedlosigkeit» erfordert eine neue Grundhaltung, deren Durchbruch nicht von oben nach unten, vielmehr nur von unten nach oben möglich erscheint. Solche gesellschaftlichen Selbstheilungskräfte sind erkennbar. Die ökologische Bewegung, die Frauenbewegung und vor allem die sich zum Teil aus diesen Quellen speisende Friedensbewegung enthalten sehr wesentliche konstruktive Elemente.

6. Das wichtigste Fundament der neuen Gegenbewegung besteht darin, der herrschenden Militarisierung mit einer alternativen, lebensbejahenden und auf soziale Sensibilität gegründeten Haltung zu widersprechen, die durch sich selbst am gründlichsten und überzeugendsten die Destruktivität des herrschenden politischen, ökonomischen und militärischen Expansionismus entlarvt.

7. Eine Humanisierung der militarisierten Politik erfordert eine praktische politische Einmischung von sozialen Gruppen, die ihre humanitären Ideale und Aufgaben bislang in «Kulturgettos» oder in abgesonderten sozialkaritativen Feldern verfolgt haben. Sie müssen ihre Bildungsleitbilder, ihre hippokratischen oder christlichen Grundsätze in die Politik selbst einbringen. Das gilt für Wissenschaftler ebenso wie für Pfarrer, für Psychotherapeuten wie für Mediziner, für Pädagogen wie für Künstler. Das bedeutet freilich erhöhte Konfliktbereitschaft und u. U. Preisgabe von Privilegien.

8. Frühere Kriege hätte man abwenden können, wenn im Ernstfall – entsprechend dem modernen Slogan – keiner hingegangen wäre. Heute muß dieses Rezept umgewandelt lauten: *Wenn du einen Atomkrieg verhindern willst, darfst du nirgends hingehen, wo er vorbereitet wird!* Das heißt: Du mußt dich allem verweigern, was diesen Krieg führbar macht oder was ihn zumindest führbar erscheinen läßt. Verbale Distanzierung oder Verurteilung genügt nicht. Hinzukommen müssen gewaltfreie Widerstands-

formen, die den Militarisierungsprozeß unmittelbar stören.

9. Unvermeidlicherweise erzeugt Protest dieser Art massiven Gegendruck bei den politisch Mächtigen, die ja zur «glaubwürdigen Abschreckung» verlangen, daß wir nicht nur unsere Waffen ständig vermehren und modernisieren, sondern daß wir auch jederzeit psychisch zu deren Anwendung bereit sein sollen. Sonst wäre ja die Einschüchterung des Gegners nicht mehr garantiert. So muß sich der Verweigerer in Wahrung der Prinzipien des friedlichen Widerstandes zum Kampf stellen − entsprechend der Mahnung von Albert Einstein:

«Bloßes Lob des Friedens ist einfach, aber wirkungslos. Was wir brauchen, ist aktive Teilnahme am Kampf gegen den Krieg und alles, was zum Kriege führt.»

10. Aber dieser Kampf ist so zu führen, daß er nicht gesellschaftliche Spaltungen vertieft, sondern umgekehrt stets die Notwendigkeit des gemeinsamen Aufstandes gegen die gemeinsame Bedrohung betont. Letztlich wird er überhaupt nicht *gegen*, sondern nur *für* etwas erfolgreich durchgehalten werden können; nämlich aus der Entscheidung für ein anderes, solidarischeres und eindeutiger zukunftbezogenes Zusammenleben.

Literatur

ACHTÉ, K. A. u. M.-L. VAUHKONEN: Karzinom und Psyche. Duodecim 12, 678, 1967

ACHTÉ, K. A. u. M.-L. VAUHKONEN: Psychiatrisch-psychosomatische Gesichtspunkte der Diagnosemitteilung und der Prognose bei Geschwulstkrankheiten, Off. Organ der Schweiz. Ges. f. Psychosomat. Medizin 5, 230, 1975

AMT FÜR GEMEINDEDIENST der Evang.-Luth. Kirche in Bayern (Hg.): Wege zum Frieden, Wege des Friedens, Wege zum Frieden. Grundsatztexte. Nürnberg 1, Egidienplatz 33, 1982

ANDERS, G.: Endzeit und Zeitenende. C. H. Beck Verlag, München 1972

ARBEITSGEMEINSCHAFT Christlicher Jugend in der DDR (Hg.): Gerechtigkeit, Abrüstung, Frieden. zit. nach Frankfurter Rundschau, 8. 5. 1982

ARMBRUSTER-HEYER, R.: Die Geschichte der Internationalen Ärztebewegung zur Verhinderung eines Atomkrieges (IPPBW). Texte der Sektion BRD der IPPNW, Gießen, Friedrichstr. 33, 1982

BAHR, E.: Die nationale Frage. Die Zeit, Nr. 12, 1982

BAHR, H.-E.: Wissen wofür man lebt. In: H.-E. BAHR (Hg.): Wissen wofür man lebt – Jugendprotest – Aufbruch in eine veränderte Zukunft. Kindler Verlag, München 1982

BAHR, H.-E.: «Im eigentlichen Sinne leben.» Vorwärts, Nr. 31, 1982

BALTRUSCH, H. J. F.: Krebsdiagnose und psychische Reaktionen: Psychosomatische Beiträge zum Verständnis der Krebskrankheit. Therapiewoche 30, 714, 1980

BAUM, G.: zit. nach LINDEN, W.

BIEDERMANN, U. u. a. (Hg.): Unsere Zukunft. Die 30 ausgezeichneten Beiträge zum Schreibwettbewerb 1979. «Jugend schreibt». c/o H. Böseke, Kempener Str. 7, Köln 1979

BIRNBAUM, N.: Die «Reaganisten» sollen die Welt nicht anzünden. Vorwärts, Nr. 23, 1982

BOAG, J. W.: Physikalische Eigenschaften und Wirkungen der Nuklearwaffen. In: Die Überlebenden werden die Toten beneiden. Pahl-Rugenstein Verlag, Köln 1982

BOENISCH, P.: Wie verläßlich sind die Deutschen? Die Zeit, Nr. 24, 1982

BÖLTE, E.: Ärzte lehnen Zusammenarbeit mit dem Pentagon ab – Mediziner wollen nukleare Katastrophe nicht mitvorbereiten. Bonner Generalanzeiger, 2. 11. 1981

BORN, M.: Physik und Politik. Kleine Vandenhoeck-Reihe 93. Vandenhoeck u. Ruprecht Verlag, Göttingen 1960

BRANDT, W.: Wandel tut not: Frieden, Ausgleich, Arbeitsplätze. Einleitung zum Bericht der Nord-Süd-Kommission. Kiepenheuer u. Witsch Verlag, Köln 1980

BUBER, M.: Das dialogische Prinzip. L. Schneider Verlag, Heidelberg 4. Aufl. 1979

BUNDESVERBAND für den Selbstschutz: Schutzbaufibel. Eupener Str. 74, 5000 Köln 41

CALDICOTT, H.: zit. nach Intern. Herald Tribune,
6. 3. 1982

CALDICOTT, H.: Zu den medizinischen und biologischen Wirkungen der atomaren Waffen. In: Die Überlebenden werden die Toten beneiden. Hamburger Ärzteinitiative gegen Atomenergie, I. Peters-Parow, Arnimstr. 9, 2000 Hamburg 52

CARTER, J.: Abschiedsrede an die amerikanische Nation (14. 1. 1981). Frankfurter Rundschau, Nr. 25, 1981

CBS: Das nukleare Schlachtfeld (Film). 2. Teil der Filmreihe: Die Verteidigung der Vereinigten Staaten, 1981. Deutsche Rechte beim Bayerischen Rundfunk

CUTLER, M.: Behavioral Characteristics of 40 Women with Cancer on the Breast. In: J. A. GENGERELLI u. J. J. KIRKNER (Hg.): The Psychological Variables in Human Cancer. University of California Press, Berkeley, 1954

DENEKE, J. F. V: Ein Angriff auf die sittliche Substanz des Arzttums. Mediziner gegen Fortbildung in der Katastrophenmedizin. Deutsches Ärzteblatt, Nr. 40, 1981

DENKSCHRIFT der EKD s. AMT FÜR GEMEINDEDIENST der Evang.-Luth. Kirche in Bayern

DESCARTES, R.: Die Prinzipien der Philosophie. I. Teil: Über die Prinzipien der menschlichen Erkenntnis. In: Philosophische Werke II. Meiner Verlag, Leipzig 3. Aufl. 1911

DICK, L. v.: Eröffnungsrede zum 1. bundesweiten Pädagogen-Friedenskongreß am 22. Mai 1982, Redemanuskript

DRESDNER Friedensforum. zit. nach Spiegel, Nr. 8, 1982

EHRING, K. u. M. DALLWITZ: Schwerter zu Pfugscharen – Friedensbewegung in der DDR. Rowohlt Taschenbuch Verlag, Reinbek 1982

EINSTEIN, A.: Über den Frieden. Hg. v. O. NATHAN u. H. NORDEN. Lang Verlag, Bern 1975

EISSLER, K. R.: Todestrieb, Ambivalenz, Narzißmus. Kindler Taschenbuch, Kindler Verlag, München 1980

ELIAS, N.: Über den Prozeß der Zivilisation, I. Band. Einleitung. Suhrkamp Taschenbuch Verlag, Frankfurt 1976

EPPELMANN, R.: Berliner Appell – Frieden schaffen ohne Waffen. DDR, Berlin Januar 1982

EPPLER, E.: Wege aus der Gefahr. Rowohlt Verlag, Reinbek 1981

EPPLER, E.: «Da wurde ein fatales Eigentor geschossen.» Spiegel-Gespräch, Spiegel, Nr. 25, 1981

ERIKSON, E. H.: Gandhis Wahrheit. suhrkamp taschenbuch wissenschaft 265, Suhrkamp Taschenbuch Verlag, Frankfurt 1978

ETZIONI, A.: The Kennedy Experiment. The Western Political Quarterly 20, 365, 1967

FEDERSPIEL, J.: Der Dritte Weltkrieg und die Kinder. Schweizer Illustrierte, Nr. 11, 1982

FRANK, J. D.: Breaking the Thought Barrier: Psychological Challenges of the Nuclear Age. Psychiatry 23, 245, 1960

FRANK, PH.: Albert Einstein, sein Leben und seine Zeit. Vieweg Verlag, Braunschweig–Wiesbaden 1979

FREUD, S.: Jenseits des Lustprinzips (1920). Imago Publishing Co. Ltd., Ges. Werke, Band 13

FREUD, S.: Das Ich und das Es (1923). Ges. Werke, Band 13

FREUD, S.: Die Verneinung (1925). Ges. Werke, Band 14

FREUD, S.: Das Unbehagen in der Kultur (1930). Ges. Werke, Band 14

FREUD, S.: Warum Krieg? (1933), Ges. Werke, Band 16

FROMM, E.: Anatomie der menschlichen Destruktivität. Deutsche Verlags-Anstalt, Stuttgart 1974

GANDHI, M.: s. ERIKSON, E. H. u. KING, M. L.

GEIGER, J. H: Addressing *Apocalypse Now*: the effects of nuclear warfare as a public health concern. American Journal of Public Health 70, 958, 1980

GLOBAL 2000. Deutsche Ausgabe bei Zweitausendeins, Frankfurt 1980

HANAUSKE-ABEL, H. M.: Virchow silenced, Nicolai exiled, Eckel ignored – who is in for it next? Critical comments on military and medicine in Germany. Vortrag vor der Finnischen Sektion der «Physicians for Social Responsibility», 27. 2. 1982

HARRIMAN, W. A.: Vorwort in KENNEDY, E. M. u. M. O. HATFIELD: Stoppt die Atomrüstung. Spiegel-Buch, Rowohlt Taschenbuch Verlag, Reinbek 1982

HERBERGER, W.: Kurzverläufe von Krebspatienten und Beleuchtung ihrer «Kummerskala». Zschr. Psychosomat. Med. 9, 271, 1963

HIATT, H. H.: Preventing the last epidemic. JAMA 244, 2314, 1980

HIROSHIMA NAGASAKI 1945 (Film): ausleihbar über Hiroshima Information Deutschland e. V., c/o Yaeko Osono, Hauptstr. 27, 2733 Wilstedt

HUBER, J.: Wer soll das alles ändern – Die Alternativen der Alternativbewegung. Rotbuch Verlag, Berlin 1980

HUMPHREY, N.: Vier Minuten vor Mitternacht. Befreiung, Nr. 24/25, 1982

HUNTHAUSEN, R. G.: Abrüstung – herausgeforderter Glaube. Orientierung, Kathol. Blätter für weltanschauliche Information, Zürich, Nr. 3, 1982

HUNTHAUSEN, R. G.: zit. nach Spiegel-Gespräch, Spiegel, Nr. 16, 1982

IPPNW: 1. Kongreß der Internationalen Ärzte zur Verhinderung eines Atomkrieges. Airlie, Virginia, 23. 3. 1981. Grundlagen und Praxis Verlag, Leer 1981

IPPNW: Statement by the «International Physicians for the Prevention of Nuclear War» to the Participants in the second special Session of the United Nations General Assembly devoted to Disarmament. Cambridge 1982 (Text über Sektion BRD der IPPNW, Gießen, Friedrichstr. 33)

JAHN, E.: Gewaltfreier Widerstand in parlamentarischen Demokratien – die Erfahrungen Martin Luther Kings in der amerikanischen Bürgerrechtsbewegung. Psychosozial 5, Heft 2, 1982

JENS, W.: zit. n. TEICHERT, W.

JENTZSCH, B: US-Zivilschutz plant Leben nach der Bombe: sechs Eier pro Woche. ÖTV-Magazin, Nr. 5, 1982

JONES, E.: Das Leben und Werk von Sigmund Freud. Band 1. Huber Verlag, Bern–Stuttgart 1960

JUGEND SCHREIBT, s. BIEDERMANN, U.

JUGENDWERK der Deutschen Shell (Hg.): Jugend '81, Lebensentwürfe, Alltagskulturen, Zukunftsbilder. Hamburg 1981

JUNGE KIRCHE s. SCHÖNHERR, A.

KENNAN, G. F.: Rede anläßlich des Empfangs des Albert-Einstein-Friedenspreises 1981; zit. nach Frankfurter Allgemeine Zeitung, 21. 5. 1981

KENNAN, G. F.: Countdown zur Katastrophe – oder kann man den Krieg vermeiden?; zit. nach Frankfurter Rundschau, 24. 10. 1981

KENNEDY, E. M. u. M. O. HATFIELD: Stoppt die Atom-rüstung. Spiegel-Buch, Rowohlt Taschenbuch Verlag, Reinbek 1982

KERN, P. u. H.-G. WITTIG: Pädagogik im Atomzeitalter. Herder Verlag, Freiburg 1982

KILIAN, M.: Die amerikanische Friedensbewegung – Frühling in Amerika. zit. nach Friedenszeitung (hg. v. Schweizerischen Friedensrat), Nr. 5, 20. 4. 1982

KING, M. L.: Freiheit. Oncken Verlag, Kassel 4. Aufl. 1964

KOGON, E.: Die Angst vor den Russen, In: W. JENS (Hg.): In letzter Stunde. Kindler Verlag, München 1982

KREUZER, K.: Zivilschutz in einem Atomkrieg. In: Die Lebenden werden die Toten beneiden. Pahl-Rugenstein Verlag, Köln

LEINEMANN, J.: Die Angst der Deutschen. Spiegel-Buch, Rowohlt Taschenbuch Verlag, Reinbek 1982

LIETZMANN, S.: Es begann in den Dörfern Neuenglands. Frankfurter Allgemeine Zeitung, 11. 6. 1982

LIFTON, R. J., Death in Life: Survivors of Hiroshima. Simon and Schuster, New York 1967

LIFTON, R. J. u. K. ERIKSON: Nuclear War's Effect on the Mind. New York Times, 15. 3. 1982

LINDEN, W.: Direkte medizinische Wirkungen von Kernwaffen. In: Die Überlebenden werden die Toten beneiden. Pahl-Rugenstein Verlag, Köln 1982

LINDOP, P. u. J. ROTBLAT: zit. nach KENNEDY, E. M. u. M. O. HATFIELD

LIPTON, J. E.: The Last Traffic Jam: The Psychological Consequences of Nuclear War. Working Paper, Workshop 9, 2. Congress IPPNW, Cambridge 1982

LOWN, B., J. MULLER, E. CHIVIAN u. H. ABRAMS: The nuclear-arms race and the physician. New England Journal or Medicine 304, 726, 1981

MACCOBY, M.: Die neuen Chefs. Rowohlt Taschenbuch Verlag, Reinbek 1979

MACK, J. E.: But what about the Russians? Harvard Magazine, März/April 1982

MACK, J. E.: Psychosocial Effects of the Nuclear Arms Race. Bulletin of the Atomic Scientists, April 1982

MACK, J. E.: A. Context of Destruction – or Connection. The Graduate Review, Nr. 3, März/April 1981

McNAMARA, R.: zit. aus Gespräch mit dem Stern. Stern, Nr. 17, 1982

MIEHE, B.: Leserbrief in der Hersfelder Zeitung vom 13. 1. 1982

MILGRAM, ST.: Das Milgram-Experiment. Rowohlt Verlag, Reinbek 1974

MITSCHERLICH, A. u. M. MITSCHERLICH: Die Unfähigkeit zu trauern. Piper Verlag, München 1967

MOLANDER, R.: Wie ich lernte, die Bombe zu fürchten. Stern, Nr. 16, 1982

MYRDAL, A.: Atomare Abrüstung in Europa. Befreiung, Nr. 22/23, 1981

NEGT, O. u. A. KLUGE: Geschichte und Eigensinn. Zweitausendeins Verlag, Frankfurt 5. Aufl. 1982

OSGOOD, CH. E.: Die Grit-Strategie. Vorgänge 52, 98, 1981

OTTO, K. A.: Vom Ostermarsch zur APO. Campus Verlag, Frankfurt–New York 1977

OVERBECK, A.: Krieg – Gewalt – Tod. Zur Sozialpsychologie und Anthropologie des Kriegswunsches. Psychosozial 5, Heft 15, 1982

PÄDAGOGEN gegen Rüstungswahnsinn: Öffentliche Verpflichtung. Pädagogen gegen Rüstungswahnsinn, Postfach 2841, 2000 Hamburg 19

PALME, O.: zit nach Gespräch mit dem Vorwärts: Krieg ist nicht begrenzbar. Vorwärts, Nr. 19, 1982

PALME, O.: zit. nach «Der Palme-Bericht. Bericht der Unabhängigen Kommission für Abrüstung und Sicherheitsfragen.» Severin u. Siedler Verlag, Berlin 1982

PASCAL, B.: Gedanken. Reclam jun. Verlag, Stuttgart 1979

QUINN, J.: s. BÖLTE, E.

REIFENBERG, J.: Wissenschaftler, Fachleute und Bischöfe – in Amerika eine Friedensbewegung mit begrenztem Ziel. Frankfurter Allgemeine Zeitung, 29. 3. 1982

RICHTER, H. E.: Flüchten oder Standhalten. Rowohlt Verlag, Reinbek 1976

RICHTER, H. E.: Der Gotteskomplex. Rowohlt Verlag, Reinbek 1979

RICHTER, H. E.: Sind wir unfähig zum Frieden? Psychosozial 3, Heft 4, 1980

RICHTER, H. E.: Alle redeten vom Frieden. Rowohlt Verlag, Reinbek 1981

RICHTER, H. E.: Vom Umgang mit der Angst. In: Sich der Krise stellen. Rowohlt Taschenbuch Verlag, Reinbek 1981

RICHTER, H. E.: Der Krebs als psychisches Problem. Medizinische Welt 32, 177, 1981

RICHTER, H. E.: Die neue Sensibilität. 19 Thesen über die Hintergründe der Jugendbewegung. In: M. HALLER (Hg.): Aussteigen oder rebellieren. Jugendliche gegen Staat und Gesellschaft. Spiegel-Buch, Rowohlt Taschenbuch Verlag, Reinbek 1981

RICHTER, H. E.: Lernziel: Verantwortung für den Nächsten. Festrede anläßlich der Verleihung des Theodor-Heuss-Preises am 1. 3. 1980 in München. In: U. EHEBALD u. F.-W. EICKHOFF: Humanität und Technik in der Psychoanalyse: Festschrift für G. Scheunert zum 75. Geburtstag. (Jahrbuch der Psychoanalyse, Beiheft Nr. 6) Huber Verlag, Bern–Stuttgart–Wien 1981

RICHTER, H. E.: Verdrängen oder sich einmischen (1981). In: H. FREVERT (Hg.): Das Buch für junge Menschen. Signal Verlag, Baden-Baden 1982

RICHTER, H. E.: Die Angst kann lehren, sich zu wehren. In: W. JENS (Hg.): In letzter Stunde. Aufruf zum Frieden. Kindler Verlag, München 1982

RICHTER, H. E.: Psychosoziale Medizin und Prävention von

Militarisierungsbereitschaft. In: Die Überlebenden werden die Toten beneiden. Pahl-Rugenstein Verlag, Köln 1982

RICHTER, H. E.: Psychoanalytische Aspekte der Friedensfähigkeit. Psychosozial 5, Heft 15, 1982

RICHTER, H. E.: Psychologische Wirkungen der Atomkriegsdrohung. Vortrag auf dem 2. Kongreß der IPPNW in Cambridge, April 1982, abgedruckt in der Frankfurter Rundschau, 22. 4. 1982

RICHTER, H. E.: Wie verstehen wir uns als Sektion der IPPNW? Texte der Sektion BRD der IPPNW, Gießen, Friedrichstr. 33, 1982

RICKOVER, H. G.: zit. nach Spiegel, Nr. 6, 1982

SATRE, J.-P.: «Ich sterbe in Hoffnung.» zit. nach Frankfurter Allgemeine Zeitung, 15. 4. 1980

SERGER, B.: «Wer so verkniffen ist.» ZdK-Präsident legt sich mit Friedensbewegung an. Frankfurter Rundschau, 7. 5. 1982

SIDEL, V., J. GEIGER u. B. LOWN: The physician's role in the post-attack period. New England Journal of Medicine 266, 12, 1962

SOMMER, Th.: Leben, Überleben und Übertod. Die Zeit, Nr. 12, 1982

SPECIAL STUDY SECTION of the Physicians for Social Responsibility: The medical consequences of thermonuclear war: editor's note. New England Journal of Medicine 266, 1126, 1962

DER SPIEGEL: Angstlücke und Vertrauensschwund. SPIEGEL-Umfrage (durchgeführt von EMNID) zum Streit um Frieden und Rüstung (III). Spiegel, Nr. 50, 1981

DER SPIEGEL: Signal von der Basis – Amerikas Kirchen formieren sich zum Widerstand. Spiegel, Nr. 10, 1982

SPRANGER, E.: Lebensformen. Niemeyer Verlag, Halle 1930

SROKA, K.: Ziele, Arbeitsweise und künftige Struktur der BRD-Sektion der IPPNW. Texte der Sektion BRD der IPPNW, Gießen, Friedrichstr. 33, 1982

SCHELER, M.: Wesen und Formen der Sympathie. Schulte-Bulmke Verlag, Frankfurt 5. Aufl. 1948

SCHELER, M.: Von zwei deutschen Krankheiten. Ges. Werke, Band 6, Francke Verlag, Bern–München 1963

SCHELER, M.: Der Formalismus in der Ethik und die materiale Wertethik. Ges. Werke, Band 2. Francke Verlag, Bern–München 4. Aufl. 1966

SCHILDER, P.: Wenn von Gott die Rede ist. Frankfurter Allgemeine Zeitung, 29. 5. 1982

SCHÖNHERR, A.: Über Auftrag und Weg der Kirche in der sozialistischen Gesellschaft der DDR; zit. nach Frankfurter Rundschau, 8. 5. 1982

SCHOPENHAUER, A.: Über das Fundament der Moral (1840). In: Die beiden Grundprobleme der Ethik. Deutsche Buch-Gemeinschaft, Berlin 2. Aufl. 1860

STRASSER, J.: Sicherheit als destruktives Ideal. L '80, Nr. 17, 1981

TEICHERT, W.: Ein Eid gegen Krieg. Deutsches Allg. Sonntagsblatt Nr. 25, 1982

TROST, F. J.: Wie sagt man Frieden auf katholisch? Vorwärts, Nr. 24, 1982

TSCHASOW, J.: Die Erfahrungen der «Internationalen Ärzte zur Verhinderung des Atomkrieges.» (1981) Psychosozial 5, Heft 15, 1982

TSCHASOW, J.: Statement für die Eröffnungssitzung des 2. Kongresses der IPPNW, Cambridge, 3. 4. 1982, im Druck

VERHEGGEN, W.: Die «Niederländische Medizinische Vereinigung zur Verhinderung des Krieges». In: Die Überlebenden werden die Toten beneiden. Pahl-Rugenstein Verlag, Köln 1982

WAGNER, R. G.: Ästhetische Fragen des Nuklearkrieges – Rezension des Buches von Milowidow/Safranow: «Die marxistisch-leninistische Ästhetik und die Erziehung der Soldaten.» Befreiung, Nr. 24/25, Juni 1982

WEBER, K.: US-Bischöfe gegen nukleare Bewaffnung. Orientierung, Kathol. Blätter für weltanschauliche Information, Zürich, Nr. 3, 1982

WEIZENBAUM, J.: Die Macht der Computer und die Ohnmacht der Vernunft. Suhrkamp Verlag, Frankfurt 1977

WEIZSÄCKER, C. F. v.: Wege in der Gefahr. Hanser Verlag, München–Wien 1976

WEIZSÄCKER, C. F. v.: Der bedrohte Friede. Hanser Verlag, München–Wien 1981

WEIZSÄCKER, C. F. v.: Abschreckung – nur eine Atempause? Die Zeit, Nr. 13, 1982

WIRTH, H.-J.: Verweigerungswünsche – Über die Jugend als Projektionsleinwand unerfüllter Bedürfnisse. In: M. HALLER (Hg.): Aussteigen oder rebellieren. Jugendliche gegen Staat und Gesellschaft. Spiegel-Buch, Rowohlt Taschenbuch Verlag, Reinbek 1981

WOLF, CH.: «Komm! ins Offene, Freund!»; zit. nach Süddeutsche Zeitung, 20. 2. 1982

ZUELZER, W.: Der Fall Nicolai. Societäts Verlag, Frankfurt 1981

Horst-Eberhard Richter

Alle redeten vom Frieden

Versuch einer paradoxen Intervention
253 Seiten. Kartoniert

«Das Besondere dieses Buches ist die Persönlichkeit seines Autors. Denn er will eben nicht aus Neurosen Profit machen. Er ist Arzt, der täglich erlebt, was seine Patienten schlaflos macht, zittern läßt. Aus der Summe ihrer Ängste, die sie einander nicht mitteilen können, hat er seinen Text komponiert. Das ist der Stoff, aus dem die Alpträume gemacht sind. Ein Rezept aus seiner eigenen Wissenschaft hat Horst-Eberhard Richter hier abgewandelt. Er läßt zu Ende denken, berühren, was Abscheu erweckt, Furcht erzeugt. Das ist ein verzweifelter, ein unbequemer – hoffentlich auch ein wenig erfolgreicher – Versuch, das Undenkbare nicht nur zu schildern, sondern unsere Phantasie anzuregen, sich ihm nicht auszuliefern. Darum ist dieser ‹Versuch einer paradoxen Intervention› ein zeitgemäßes Buch. Es wird seinen Zweck dann erfüllt haben, wenn aus dem Imperfekt im Titel ein Präsens geworden ist: ‹Alle reden vom Frieden›.»
Wolfgang Rieger/*Norddeutscher Rundfunk*

«We know that this earth has now become a powder keg on which we are sitting smoking our pipes. And the physicists have some responsibility for this state of affairs . . . Perhaps I can recommend to you a book recently written by a German psychiatrist, Horst Richter, which is titled ‹Alle redeten vom Frieden›.»
Der französische Nobelpreisträger Prof. Dr. Alfred Kastler in seiner «Maikäfer»-Rede beim Treffen der Nobelpreisträger 1982 in Lindau.

Rowohlt

Horst-Eberhard Richter

Der Gotteskomplex

Die Geburt und die Krise des
Glaubens an die Allmacht des Menschen
340 Seiten. Broschiert

«Seit der Philosoph Karl Jaspers im Jahre 1931 in der Sammlung Göschen als Band 1000 ‹Die geistige Situation der Zeit› veröffentlichte, hat sich kein Autor mehr an eine umfassende Bestimmung des Zeitgeistes und dessen Hintergründe gewagt. Mit dem Buch ‹Der Gotteskomplex. Die Geburt und die Krise des Glaubens an die Allmacht des Menschen› zieht Horst-E. Richter Bilanz über unsere Zivilisation, nachdem er jahrzehntelang auf seiten der Benachteiligten und Unterdrückten sich für die Randgruppenexistenz unserer Gesellschaft persönlich eingesetzt hat.» Siegmar Gassert, *Baseler Zeitung*

«Das mit einer ungemein spannend berichteten Fallgeschichte . . . abgestützte Buch gibt keine Patentrezepte. Aber wie in seiner Arbeit ‹Lernziel Solidarität› liefert Richter auch hier Ansatzpunkte zur Überwindung der psychischen und sozialen Selbstspaltung des Menschen.»
Hans Jansen, *Westfälische Allgemeine Zeitung*

Rowohlt

Horst-Eberhard Richter

Rowohlt

Familie und seelische Krankheit

Eine neue Perspektive der Psychologischen Medizin
und der Sozialtherapie

herausgegeben von

Horst-E. Richter, Hans Strotzka und Jürg Willi

in Zusammenarbeit mit den übrigen Mitgliedern der Arbeitsgemeinschaft für Familienforschung und Familientherapie

378 Seiten. Kartoniert

«Der von Horst-E. Richter, H. Strotzka und J. Willi heraus-
gegebene Sammelband widmet sich im ersten Teil dem Thema
Ehe und Familie in der Gesellschaft, im zweiten Teil der
Familientherapie in der Praxis, im dritten Teil den Ergebnis-
sen von Paar- und Familientherapien und im vierten Fragen
der Ausbildung von Familientherapeuten. Das Buch ist nicht
nur für den Fachmann, sondern auch für den interessierten
Laien gedacht: ist doch das Wissen und die Methodik von
Analyse und Therapie bereits Teil des Heilungsprozesses. Das
Nachdenken über sich selbst und über die sozialen Beziehungen, in denen man sich befindet, kommt nicht von selbst,
sondern bedarf der wissenschaftlichen Anleitung, der theoretischen Durchdringung und empirischen Überprüfung. So
vermittelt der Band auch immer wieder Fallstudien, die einen
sowohl konkreten als auch praktischen Bezug zur Thematik
garantieren.» *Nürnberger Nachrichten*

Rowohlt